厚实功底
匠心之作

陈正则　王燕燕◎著

理性投资

价值投资的秘密　第二版

中国经济出版社
CHINA ECONOMIC PUBLISHING HOUSE
北京

图书在版编目（CIP）数据

理性投资 / 陈正则，王燕燕著. -- 北京 ：中国经济出版社，2025. 6. -- ISBN 978-7-5136-8225-1

Ⅰ. F830.59

中国国家版本馆 CIP 数据核字第 2025CN8091 号

策划编辑　崔姜薇
责任编辑　黄傲寒
文字编辑　张瑛琪
责任印制　李　伟
封面设计　久品轩

出版发行　中国经济出版社
印 刷 者　天津嘉恒印务有限公司
经 销 者　各地新华书店
开　　本　710mm × 1000mm　1/16
印　　张　20.5
字　　数　356 千字
版　　次　2025 年 6 月第 1 版
印　　次　2025 年 6 月第 1 次
定　　价　78.00 元
广告经营许可证　京西工商广字第 8179 号

中国经济出版社　**网址** http://epc.sinopec.com/epc/　**社址** 北京市东城区安定门外大街 58 号　**邮编** 100011
本版图书如存在印装质量问题，请与本社销售中心联系调换（联系电话：010-57512564）

北京润泽兄弟资产管理有限公司简介

北京润泽兄弟资产管理有限公司成立于2014年9月，注册地为北京，2015年1月取得私募证券投资基金管理人资格，牌照编号为P1006907。

本机构的核心投资理念：在确保整体风险可控的前提下，以真实价值为支撑，追求可持续、稳健、长期的复利收益。《理性投资》是本机构所秉持的投资理念的系统性合集，面向的读者为本机构定向合作伙伴及合格投资者。

北京润泽兄弟资产管理有限公司

“

坚持下去，只要方法没有错误，你就不会失败。

”

——《伊索寓言》

读者赞誉

这本书非常棒，通俗易懂，干货满满，有很多实操的内容，对于光有理论不懂实操的人来说无疑是雪中送炭！

微信读书 @ 大项

本书让你真正读懂 A 股背后的秘密，认识股票投资的本质，合理配置个人资产，把握经济周期。

投资者 @ 蔡照红

很好，很实用，有拨云见日之感。谢谢陈正则。

微信读书 @ 煦日东升

值得真正的投资者认真阅读，仔细咀嚼，慢慢消化。难得一见的好书！

微信读书 @ 小小草

通俗易懂，干货满满，值得收藏反复阅读。

微信读书 @ 蒲公英的约定

理性投资的精髓，投资框架，信心之锚。

微信读书 @ 清新

非常棒的一本关于价值投资的入门书。说是入门书主要是因为本书深入浅出，读起来不枯燥而且流畅有趣；本书的价值投资理念尤为深刻，能够从书中看到作者对于理性投资的深刻领悟和深度践行。

投资者 @ 鑫淼

全书通俗易读，深入浅出，既化繁为简，又丰盈翔实，循循相因，环环相扣，在举重若轻间洞悉价值，在见微知著中计安天下。

读者 @ 杨成辉

深读完这本书，我从一个十赌九输的投机客真正地进化成为一个坚定的理性投资者。

业余投资人 @ 张旭

书中诸多价值连城的金玉良言，令我这个专业投资人受益匪浅。

职业投资人 @ 东旭

一本创业者学习企业经营、财务知识和经济常识的必读好书。

创业者 @ 储诚长

读《理性投资》有三点深刻体会：一是内容有血有肉、翔实丰满，可谓格局与地气并存，亦可见作者是一个有着丰富人生经历的人。正如作者书中所言“缴了天价的学费”，也正因如此，本书才更显弥足珍贵；二是本书的通俗性、专业性、实战性、全面性都极强，集理性投资之大成，可谓一书在手，胜券在握；三是理性投资不仅是一门艺术和哲学，更是一种人生的态度和做人的准则。市场波动正如人生的顺境和逆境，总会不期而至。既会有一帆风顺，也会有艰难险阻，唯有坚定正确的信念和原则，才能把握住命运之舵，长期立于不败之地，成就波澜壮阔的人生。

理性投资者 @ 小龙

陈正则用真挚的感情写下生动的文字，将追梦的能量注入坚定的初心，十几载风雨兼程，不负磨砺，投资界终成又一部罕见佳作。

理性投资者 @ 汪超

作者简介

陈正则（曾用笔名：陈年往事）

二十年前，陈正则怀揣梦想，身无长物却无畏无惧，毅然踏上了创业的征途。在那些奋斗的日子里，风雨从未停歇，困难接踵而至。他栉风沐雨、披荆斩棘，在激烈的市场浪潮中拼搏，每一个抉择、每一次突破，都书写出一段波澜壮阔的奋斗篇章。

时至今日，“能够经受任何风险考验，始终立于不败之地”，已成为陈正则人生信条中最为坚定、不可撼动的核心准则，如同他心中屹立不倒的巍峨山峰，支撑着他走过无数艰难险阻。

近年来，陈正则渐渐告别了那些应接不暇的交际应酬，放下了烦琐的生产经营事务，远离了商业江湖的喧嚣纷扰。他将精力投入理性投资事业，“星星之火，可以燎原”，在这个充满机遇与挑战的领域里，他凭借敏锐的洞察力和精准的判断力，稳步前行。

如今的他，回归本真，生活简单而纯粹。他热爱读书，在书中探寻智慧的宝藏，与古今中外的智者对话；他珍惜与家人相伴的每一刻时光，享受那份温馨与宁静。在他眼中，这样的每一天都充实而有意义。

王燕燕

理性投资理念的践行者，拥有十五年金融领域从业经验，具备广阔的金融产品视野。中华人民共和国执业律师。曾任中国银行客户经理，中国人寿分公司银保负责人，北京润泽兄弟资产管理有限公司投研部经理、基金经理、副总经理。现任北京润泽兄弟资产管理有限公司总经理。

扫码与作者交流

陈正则微信

陈正则应用号

陈正则雪球号

陈正则笔名的出处

“正则”一词，源自屈原的不朽诗篇《离骚》：“名余曰正则兮，字余曰灵均。”在这千古传颂的诗句里，屈原自述其名为正则，字为灵均。

在现代汉语的语义范畴中，“则”字蕴含着丰富而深刻的内涵，它代表着规则，是社会有序运转的基石；象征着道路，指引着人们前行的方向；寓意着原则，是为人处世坚守的底线；体现着法则，是万事万物运行的依据；还意味着规律，揭示着自然与世界的内在逻辑。

“正则”二字组合，便是对“正确的规则”“正确的道路”“正确的原则”的凝练表达。它象征着一种遵循规律、尊重规则的理性态度，以及一种秉持正直、胸怀坦荡的高尚品格，时刻激励着人们在人生道路上，以正确的准则约束自身，以光明磊落的姿态面对生活，无论是面对艰难险阻，还是面对纷繁诱惑，都能坚守正道，行稳致远。

第二版序言

从 1978 年到 2024 年，中国改革开放 46 年，资本市场重启 24 年，本人有幸参与其中 20 年，本书的问世也经过数次修订，历经了十载光阴。从 2019 年至 2024 年，时隔 5 年，《价值投资的秘密》一书经过增订再度问世，我们给它的第二版确定了书名——《理性投资》。在序言中，我们对更名的缘由作了一些说明。

我们在《理性投资》中，增加了一些新文章，并对原有的章节作了增订，使理性投资思想在整体上更加成熟；增加了公司近 5 年的一些财务数据，拓宽了观察视野，使新书更具时效性；增加了一些在第一版中已发表的核心理念在 5 年中得到成功验证的说明（即使在面临极端市场环境的情况下）。

这 5 年，在诸多不利因素影响下，我国经济总量依然稳健增长，从 2019 年的 98.6 万亿元，增长到 2024 年的 134.9 万亿元，按可比价格计算①，5 年经济总量增长 24.8%。在本书的第一版中，我们曾多次强调中国经济巨大的发展潜力，在最近 5 年的高压测试下，中国经济的发展韧性和潜力得到了验证。在可及的未来至少 20 年，中国经济整体的发展趋势一定是向上的、向好的，发展空间和增长潜力一定是广阔的、巨大的，我们依然坚持这一基本观点不变。

这 5 年，股价、估值、成交、监管、货币、利率等数据都在持续变化。贵州茅台的估值［市盈率（TTM），下同］最低时 20 倍出头，最高时近 70 倍，四大国有银行的估值长期徘徊在 5 倍，腾讯控股的估值从近 40 倍一路下跌至 10 倍，沪深两市的日成交量最高时高达 3 万亿元，最低时仅 5000 亿元。5 年来，上证

---

① 按可比价格计算：是在经济统计和分析中，为了消除价格变动因素的影响，使不同时期的统计指标能够进行科学、合理的对比而采用的一种计算方法。在衡量一个国家或地区的经济增长速度时，使用按可比价格计算的国内生产总值（GDP）等指标，可以清晰地看出实际经济增长情况，避免通货膨胀等价格因素导致对经济增长的高估或低估。

指数几乎原地踏步，资本市场的运行依然随性而为，很多人高呼捉摸不透。

这 5 年，贵州茅台的股价达到了 2627 元，市盈率 69.9 倍，那时很多人高喊 69 倍市盈率并不高，100 倍市盈率指日可待。两年后贵州茅台的市盈率回到了 20 多倍，股价 1400 元。腾讯控股的股价跌至 10 倍市盈率的时候，大家认为这个公司很快就要衰落，但后来它的股价却静悄悄地上涨了 1 倍。国有四大行备受冷落，股价数年原地踏步，很多人瞧不上银行那点分红，但实际上分红复投后，再加上 2024 年银行股毫无征兆地“大象起舞”，近 5 年投资银行的收益完胜各种成分复杂、频繁买卖的投资组合。太阳之下无新事。上市公司的价格始终还是围绕它的真实价值上下波动，资本市场依然遵循其内在规律，表象似乎无常，本质丝毫未变。资本市场的这种价格与价值的偏离和回归的现象还会持续下去，那些不能抓住投资本质的人，注定会一直如同盲人摸象。

理性投资者需要克服人类情绪的弱点，不要在高峰时慕名而来，也不要在低谷时转身离开。我们要站上历史的台阶，以宏阔的视野，正确地把握价值与价格的关系。正确判断真实价值和安全边际，是理性投资者能够无惧市场的剧烈波动并能进退自如的根本原因。看看过去的 5 年吧，风险总在人声鼎沸处，市场越是惨不忍睹的时候，重大机会越是俯拾即是。那些被情绪左右的人，注定会再次错失机会。

这 5 年，许多会讲故事却不能创造自由现金流的公司跌下了神坛，许多竞争力不足的公司股价跌无止境，也有更多的公司退市。这种公司的暴跌与贵州茅台、腾讯控股的暴跌性质是不一样的，它们的股价永远也涨不回来了，那些参与投机的人遭受的是永久性损失。今天，在世界各国的资本市场上，那些热衷于参与投机的人还是会前赴后继、乐此不疲。

这 5 年，很多人起高楼，很多楼又塌了。我们再一次看到了那些通过激进举债推动野蛮扩张的公司，它们看似强大，实则在风雨面前脆弱不堪。

这 5 年，金融立法不断完善，金融监管不断趋严。金融立法和金融监管是守法者的守护神，也是不法者的噩梦。一大批无视规则和投资者利益的违法作弊者付出了沉重的代价。中国资本市场并不是法外之地，君子爱财，必须取之有道。

我们一直强调发展的前提是安全，遵循规律、尊重周期、管控人性、敬畏规则，强调墨菲定律、拒绝侥幸思维。那些忘记失败的人，注定会再次失败。

5 年来，货币供应量 M2 依然在稳健增长，从 2019 年的 195.22 万亿元，增长到 2023 年的 313.53 万亿元，5 年增长了 60.6%。我们持有的资产，无论是动产还是不动产，无论是有形的还是无形的，财富计价都要使用货币单位。5 年来，全社会货币供应总量增长了 118.31 万亿元，您的实际财富是被稀释了还是水涨船高了？

保卫和创造财富的无形战场，硝烟弥漫。唯有正确理解财富的创造原理、理性认识财富的创造过程，我们才能掌握这场战役的主动权。

理性投资，也许正如您所愿。

北京润泽兄弟资产管理有限公司

陈正则　王燕燕

2025 年 1 月 1 日

第二版书名由来

在投资领域，本杰明·格雷厄姆对投资的定义极具权威性："投资是经过深入分析，确保本金安全，并获取令人满意回报的行为。"沃伦·巴菲特也曾指出："投资本就是围绕价值展开，为何还要在投资前加上'价值'二字？"这两位投资大师都认为，自己所从事的是纯粹的投资行为，以此区别于投机。在理念传播与翻译过程中，为凸显他们投资理念的卓越之处，久而久之，人们便习惯性地将其统称为价值投资。

价值投资在中国投资界声名远扬，我们同样是价值投资的坚定追随者。然而近年来，我们却越发不愿提及这四个字，这背后有着诸多深层原因。

"价值"一词主观性极强，不同人对"价值"的定义和判断存在显著差异。倘若用"价值"统一描述一种投资理念，必然会使秉持不同"价值"认知的人产生理解偏差，进而徒增沟通成本。正如"一千个读者眼中有一千个哈姆雷特"，投资领域同样如此。有人觉得买入低市盈率股票就是价值投资，有人将长期持有等同于价值投资，有人认定格雷厄姆"捡烟蒂"策略才是价值投资的正统，有人坚信中国只有贵州茅台符合价值投资标准，有人认为传统行业高分红才是价值投资的体现，也有人觉得买入几百倍市盈率的明星公司股票也算价值投资。此外，还有人认为价值投资收益率低，缺乏吸引力；有人觉得美国股市与中国股市存在本质区别，巴菲特的成功只是偶然，价值投资在中国行不通；甚至有人宣称价值投资已然过时，当下应转向价值投机。值得注意的是，无论市场参与者是否真正理解投资，他们都有一个共性：对自己的认知极度自信。许多人还坚称自己对巴菲特及价值投资的理解远超常人。

其实真正的价值投资者数量稀少。当"价值投资"成为市场热门，众多自我标榜的价值投资者纷纷涌现。而一旦"价值投资"不再受市场追捧，这些人便迅速消失不见。由于"价值投资"影响力巨大、号召力强，近年来被众多水平参差不齐的市场参与者广泛借用、套用，甚至恶意滥用。一时间，投资界仿佛人人都在高举“价值投资”大旗，号称自己是价值投资者。这种乱象导致市场对价值投资概念的理解变得模糊不清，鱼目混珠、滥竽充数、挂羊头卖狗肉、浑水摸鱼的现象屡见不鲜，令真正追求价值投资的人感到困惑，难以辨别真伪，无所适从。

基于上述情况，在与投资者交流时，我们越来越“忌惮”提及“价值投资”。因为一旦提出，极有可能引发关于这一概念的无意义讨论，甚至激烈争论，从而白白浪费大量宝贵时间。我们期望投资者将关注点放在投资理念的本质上：理念是否正确？是否理性？是否具备实操性？而非过度纠结于一个因翻译产生的学术概念，并为此付出不必要的代价。

陈正则理性投资的核心理念深深扎根于中国历史文化，顺应新时代经济、政治和社会发展趋势，遵循市场规律，尊重经济周期，管控人性弱点，坚持底线思维，追求良性循环，博采众长，已逐步构建起一套完整、理性、成熟的投资体系。若要为这个投资体系命名，既要突出理念的优势与特色，又要避免陷入概念的争论，“底线投资”“良性投资”“理性投资”成为候选。对于不太了解陈正则投资理念的朋友而言，前两种称呼可能稍显陌生、拗口，“理性”一词则显得更为熟悉、亲和。从词义角度分析，“理性”也比“价值”更具客观性，人们对“理性”的认知和判断也更容易达成一致。同时“理性”一词也很难被别有用心的人滥用。

经过深思熟虑，陈正则决定减少对“价值投资”这一术语的使用，改用更为贴切的“理性投资”来阐释和界定我们的投资理念，以此让投资理念更加清晰，传播更加高效，避免不必要的误解与争议。

陈正则坚持的理性投资，是一种在确保整体风险可控的前提下，以真实价值为支撑，追求最优收益的投资方法。

陈正则理性投资的核心原理：在不确定性的金融市场中，通过捕捉公司价值与价格的周期性偏离，在安全边际、适度分散和底线思维等多重保护下，获得确定性的现金分红、盈利增长和估值回归的收益，在经济规律推动的周期循环中，通过长期坚持，实现良性循环和复利增长。

理性投资的根本特点：将本金的安全放在压倒一切的首要位置（底线思维），并将真实价值作为确保良性循环发展最重要的支撑力量，正确处理安全与发展的关系，寻找两者之间的最佳平衡点，这个平衡点就是理性投资追求的最优收益。

理性投资思想简图

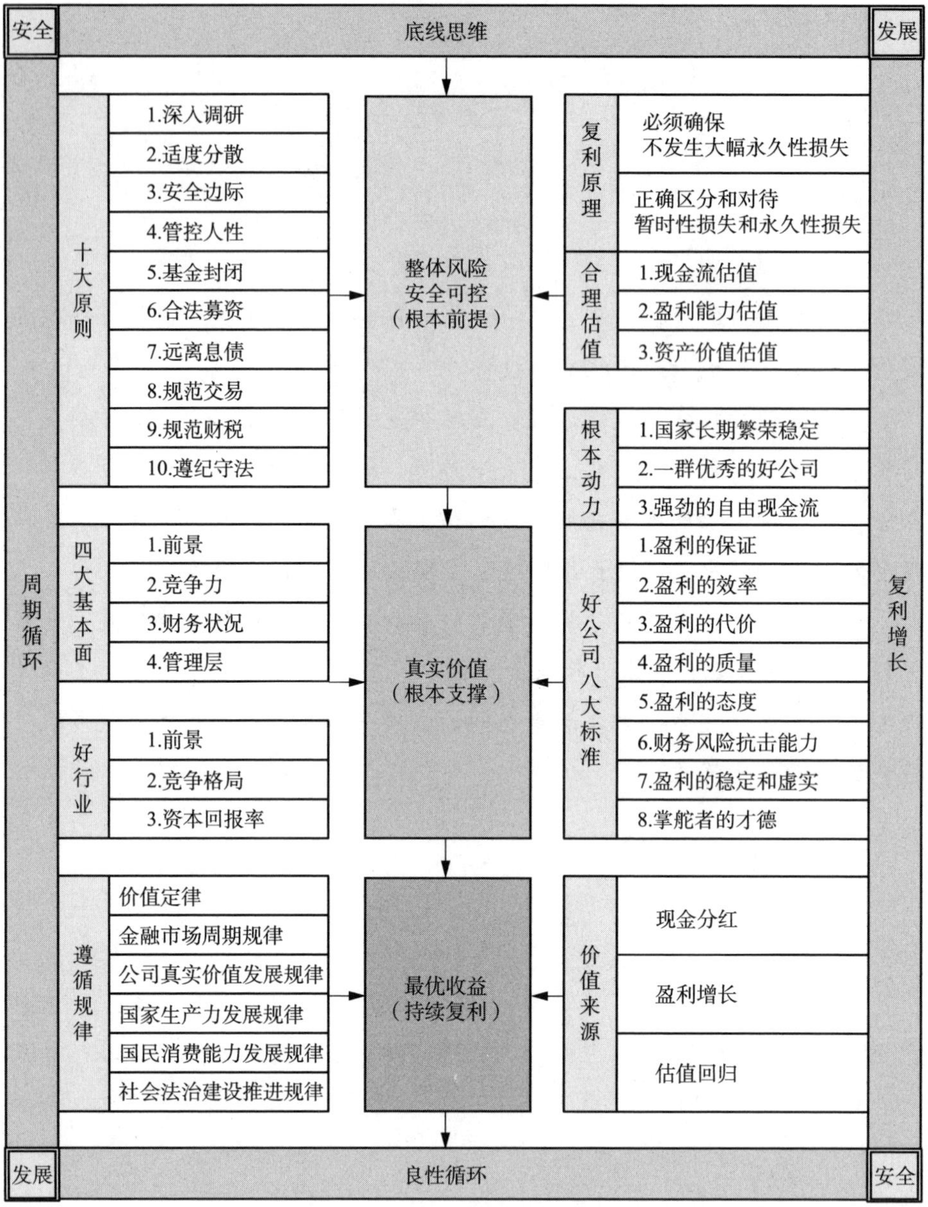
安全
底线思维
发展
周期循环
复利增长
十大原则
1.深入调研
2.适度分散
3.安全边际
4.管控人性
5.基金封闭
6.合法募资
7.远离息债
8.规范交易
9.规范财税
10.遵纪守法
整体风险
安全可控
（根本前提）
复利原理
必须确保
不发生大幅永久性损失
正确区分和对待
暂时性损失和永久性损失
合理估值
1.现金流估值
2.盈利能力估值
3.资产价值估值
四大基本面
1.前景
2.竞争力
3.财务状况
4.管理层
好行业
1.前景
2.竞争格局
3.资本回报率
真实价值
（根本支撑）
根本动力
1.国家长期繁荣稳定
2.一群优秀的好公司
3.强劲的自由现金流
好公司八大标准
1.盈利的保证
2.盈利的效率
3.盈利的代价
4.盈利的质量
5.盈利的态度
6.财务风险抗击能力
7.盈利的稳定和虚实
8.掌舵者的才德
遵循规律
价值定律
金融市场周期规律
公司真实价值发展规律
国家生产力发展规律
国民消费能力发展规律
社会法治建设推进规律
最优收益
（持续复利）
价值来源
现金分红
盈利增长
估值回归
发展
良性循环
安全

前　言

相信每一位理智的投资者都不会去参与赌博，因为人人都知道十赌九输的道理，但是股市中依然有无数的投机者正在参与愚蠢的赌博而不自知。陈正则希望能以一种有说服力的方式，向社会大众传播一种靠谱的投资理念，这是陈正则决定写作本书的最大初衷。

在新时代的中国，有无数的创业者正走在开疆拓土艰辛创业的路上，也有无数的投资者正秣马厉兵时刻准备追击新时代的浪潮，但他们中的许多人往往会在激烈的竞争中感到困惑和迷茫，在急功近利中忘却了初心而随波逐流，结果常常是事与愿违、徒走弯路、得不偿失。如果本书能够让这些怀揣梦想者豁然开朗、始终不忘初心，更加坚定信念、砥砺前行，那么，本书就有了最大的价值。

在世界投资史上，价值投资是少数真正能够经受住时间考验的投资策略之一，在投资的实践中，价值投资的有效性已经被众多睿智的投资者屡屡验证，从长期看，它所创造的投资业绩也远远超过了其他任何一种投资策略。

《孙子兵法》说："善用兵者，修道而保法，故能为胜败之政。"意思是说：善于用兵的人，要研究兵家之道，确保必胜的法度，才能够主宰战争的胜败。孙子的这句话与格雷厄姆所定义的"投资是以深入分析为基础，确保本金安全，并获得适当的回报"有异曲同工之妙。

陈正则写作本书时，力图把逻辑清晰、最贴近中国国情的文字献给读者。本书没有复杂的会计公式，没有令人眼花缭乱的图形，没有云里雾里的经济预测，本书只讨论公司最本质的真实价值。只有看清了这个本质，投资者才不会成为愚蠢行为的参与者，并能从投机者的愚蠢行为中获得令人满意的回报。

在艰险创业的路上奋力拼搏，陈正则缴了天价的学费，肺腑之言都已融入书中的字里行间。

本书适合以下五类读者。

一、十赌九输的股市投机客。

二、扛着价值投资大旗的专业投机者。

三、令人肃然起敬的创业者和企业家。

四、谨小慎微手握巨额现金等待机会的高净值人群。

五、所有热爱生活、热爱学习，坚定“星星之火，可以燎原”的伙伴。

千里之行，始于足下。愿在理性投资的康庄大道上，我们能够坚定初心，一路同行。

北京润泽兄弟资产管理有限公司

陈正则　王燕燕

目录

作者按：本文作为《理性投资》全书的导读，使读者对理性投资有一个初步的认识，文中难免会出现一些浅显的名词，非专业读者不必忧虑，本书脚注和后文中都会有详尽的解读。

导读　理性投资在中国有效吗

我经常遇到投资者提出疑问：中国资本市场有前途吗、理性投资在中国有效吗？这是一个很难具体解答的抽象问题，但是这么重要的疑问又必须解开，特别是对于新晋投资者。

针对这个问题，我们需要从以下几个方面来解答。

一、发展规律的磅礴力量

我们经常强调遵循规律，因为规律具有普遍适用性，规律具备已被验证的历史正确性。违背发展规律办事就是开倒车，就会失败。历史总是在螺旋式的上升中前进，人类从奴隶社会和封建社会必然发展到资本主义社会和社会主义社会，这是历史发展的趋势，不可逆转。当年秦始皇称帝是历史进步、是伟大的成功，因为他顺应了历史发展的规律，但是到了20世纪袁世凯还搞封建去称帝就是倒行逆施、就是历史的小丑了，因为他违背了历史发展的规律。社会发展的进程虽有曲折，但社会演进的方向不会改变，历史的背后有一种磅礴的无形力量在推动，这个力量就是规律。我们必须认识它、承认它、顺应它。

一开始人类从结绳记事到以物换物，从发明货币到形成商品市场，从发明公司到形成资本市场，从完善秩序和法治，到兼顾效率与公平，再到形成有为政府和有效市场。人类经过数千年的发展，终于摸索出一条最有利于社会进步和生产力发展的道路。目前世界上所有繁荣的现代化国家都在遵循这些经济发展规律办事。当年清政府闭关锁国夜郎自大抗拒经济发展规律、苏联政府不按经济发展规律办事，都是导致它们崩溃失败的主要原因。邓小平实行改革开放，解放思想，学习先进，顺应了经济发展规律，是中国能取得今日成功的主要原因之一。经济的发展规律，同样是一种磅礴的无形力量，我们必须认识它、承认它、顺应它。

二、资本市场的发展规律

大多数市场参与者笃信各种投机思想和古怪理论，认为中国的月亮与外国的月亮不一样，认为公司股价与真实价值并不存在必然的联系，也不屑于理解、学习资本市场运行的根本原理和规律，就得出理性投资无效，或者得出理性投资在中国无效的结论。

经过四百多年[①]的发展实践，资本市场同样遵循以下已被验证的规律。

（一）价值定律

价值定律，即价格始终围绕价值上下波动。公司股价的长期走势与真实价值的变化保持一致，而股价的短期波动受情绪的影响，具有不可预测性，如图 0–1 所示。

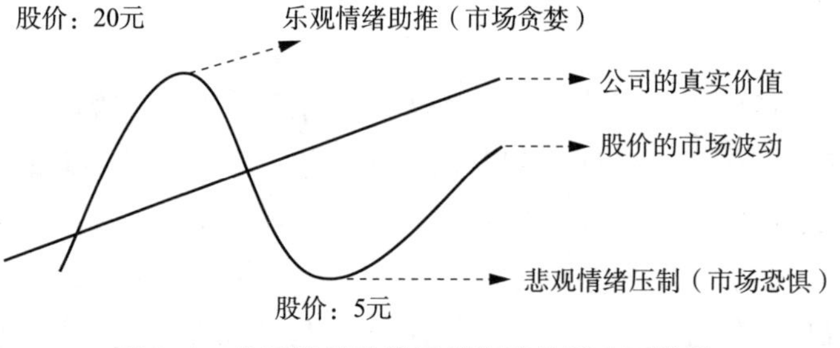

图 0–1　公司价格始终围绕真实价值上下波动

价值定律，作为经济运行的底层逻辑与资本市场颠扑不破的真理，是我们坚守理性投资的坚实根基。四百余年间，放眼全球，无论哪一个国家、哪

---

① 1602年，荷兰东印度公司成立并首次发行股票。为了使股票能够流通，1608年荷兰建立了阿姆斯特丹证券交易所。1611 年，东印度公司的股东们在阿姆斯特丹证券交易所进行股票交易，并且有了专门的经纪人撮合交易，阿姆斯特丹股票交易所形成了世界上第一个股票市场，标志着资本市场的初步形成。

一处资本市场，抑或哪一家公司，皆在价值定律的万有引力牵引之下，无人能挣脱它的制约。

荷兰郁金香泡沫时期，郁金香球茎价格被狂热的投机浪潮推至天际，全然背离其真实价值。当虚幻的泡沫轰然崩塌，财富如梦幻泡影般消散，众多投资者倾家荡产，尝尽苦果。再看 1929 年美国经济大崩溃前夕，股市投机氛围炽热，股价如脱缰野马，远远脱离上市公司真实业绩与价值支撑。泡沫破裂后，美国经济陷入漫长而黑暗的大萧条，企业倒闭、失业率飙升，社会经济遭受重创。

反观那些在资本市场中稳立潮头、久经考验的投资巨擘，巴菲特堪称他们中的典范。他仿若一位耐心的寻宝人，深入钻研公司的基本面，精准挖掘被市场误判、价值低估的公司。一旦锁定目标，便坚定买入持有。以《华盛顿邮报》、盖可保险、美国运通、可口可乐、苹果公司为例，巴菲特基于对其内在价值的深刻洞察与精准判断，在市场的跌宕起伏中果断出手并耐心持有。随着时间推移，在这些公司现金分红、盈利增长、估值回归[①]三者的共同作用下，真实价值逐步彰显，股价也水涨船高，为他带来了丰厚的长期复利回报。

陈正则出于对价值铁律的捍卫，愿与读者立下赌约：倘若您能找出一个长期违背价值定律而成功的反例，老陈便公开发文认输，从此闭口不谈价值定律。

（二）市场反复博弈[②]与周期规律

围绕市场（看不见的手）和政府（看得见的手）、公平和效率两大关系展开反复博弈，资本市场呈现出周期性牛熊和螺旋式发展的特征。

在市场的反复博弈与周期规律中，市场这只“看不见的手”基于自由竞争与价格机制，高效地调配资源，促使企业在追逐利润的过程中不断创新、

---

① 估值回归是指资产的价格在长期内会趋向于其真实价值的现象。真实价值是通过对资产的各种基本面因素，如盈利能力、资产状况、增长潜力等进行分析和评估后得出的理论价值。当资产价格高于真实价值时，被认为是高估，价格可能会下跌向真实价值靠拢；反之，当资产价格低于真实价值时，就是低估，价格往往会上涨以回归到真实价值水平。

② 博弈，英文为“Game”，本义是下棋、游戏等，后来引申为在一定的规则约束下，基于相互依存的策略选择和决策过程，参与者（也称局中人）通过选择合适的策略，以实现自身利益最大化或达成特定目标的行为。在这个过程中，每个参与者的决策都会影响其他参与者的利益，同时也受到其他参与者决策的影响。

提升效率，进而推动产业的升级与经济的增长。然而，市场机制并非万能，信息不对称、外部性[①]以及垄断等问题的存在，会导致市场失灵[②]，这就为政府这只“看得见的手”提供了干预的空间。政府通过财政政策、货币政策以及产业政策等手段，在市场失灵时进行调节，致力于维护市场的公平竞争环境，保障社会的公平正义。

公平与效率的关系始终是市场与政府博弈的关键所在。过于追求效率、任由市场自由发展，可能会导致贫富差距拉大、社会矛盾滋生；而过度强调公平、采取过多的平均主义措施，又会抑制市场主体的积极性和创造性，阻碍经济的发展。因此，政府需要在两者之间寻求微妙的平衡，既要激发市场活力，又要保障社会的公平稳定。

资本市场的周期性牛熊交替和螺旋式发展，深刻地反映了市场与政府的博弈过程。以美国股市的标普 500 指数为例，其走势就是资本市场这一特征的有力例证。自 1927 年 12 月 30 日基点 10 起，截至 2024 年 6 月 12 日，标普 500 指数达到 5421 点，在将近 100 年的时间里，涨幅超过 500 倍。在这漫长的发展历程中，标普 500 指数并非一帆风顺地直线上升，而是呈现出明显的周期性牛熊交替和螺旋式发展态势。

回顾美国股市近 200 年的发展历程（如图 0–2 所示），能更清晰地看到市场“看不见的手”和政府“看得见的手”、公平和效率两大关系的反复博弈。早期，亚当 · 斯密[③]的“看不见的手”理论深入人心，美国秉持自由放任的经济理念，市场在自由竞争中蓬勃发展。企业在追求自身利益的过程中，通过价格机制调配资源，实现了经济的快速增长。当时，美国的工业在市场的推动下迅猛发展，大量资本涌入新兴产业，工厂不断扩张，生产效率大幅提升，产业结构逐步优化。

---

① 外部性是指一个经济主体的经济活动对其他经济主体产生的正面影响和负面影响。

② 市场失灵是指在某些情况下，市场机制无法有效配置资源，导致经济效率低下或资源配置不合理的现象。

③ 亚当 · 斯密，英国著名经济学家，被誉为“经济学之父”。1776年发表《国富论》，标志着古典自由主义经济学诞生。他主张经济自由主义，认为人的利己本性在“看不见的手”引导下可增进社会利益，其理论为现代经济学发展奠定基础，对资本主义经济政策影响深远。

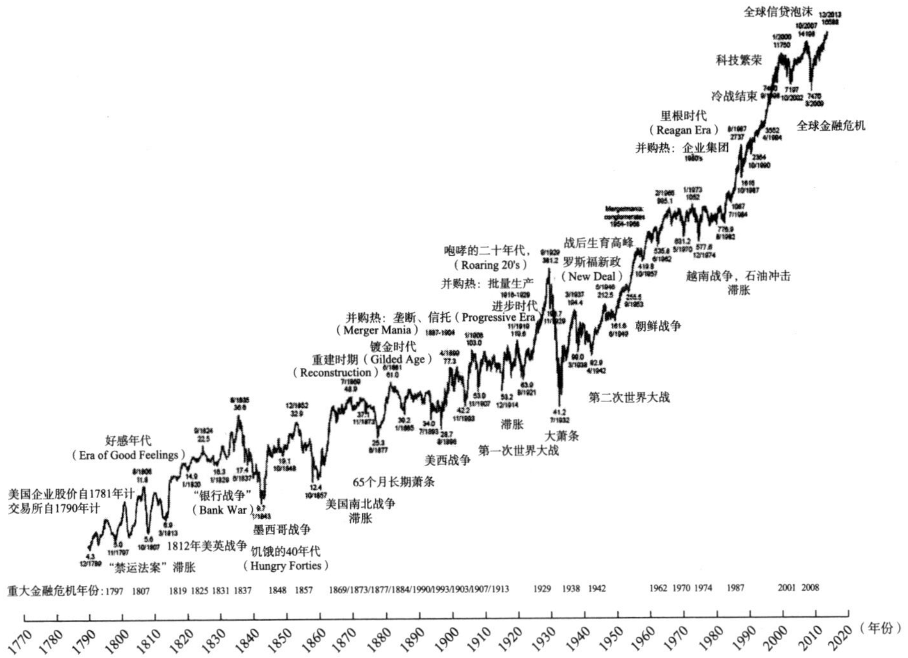

图 0–2　美国标普 500 和道琼斯工业指数长期综合走势

然而，随着时间的推移，市场失灵的问题逐渐显现。1929 年，美国股市遭遇了灾难性的大崩盘，标普 500 指数也随之大幅下跌，这一时期股市泡沫破裂，投资者信心遭受重创，市场进入了漫长的熊市阶段。这一事件暴露出自由市场的弊端，过度的投机和市场的无序竞争，导致经济陷入了严重的大萧条。企业大量倒闭，失业率飙升，贫富差距进一步拉大，社会矛盾激化。此时，政府意识到不能再任由市场自由发展，为了恢复经济、保障社会公平，开始运用"看得见的手"进行干预。美国 1929 年至 2012 年单日市场波动十大排名见表 0–1。

表 0–1　美国 1929 年至 2012 年单日市场波动十大排名　　单位：%

上涨排名	日期	单日上涨幅度	下跌排名	日期	单日下跌幅度
1	1933–03–05	15.34	1	1987–10–19	–22.61
2	1931–10–06	14.87	2	1929–10–28	–12.82
3	1929–10–30	12.34	3	1929–10–29	–11.73
4	1932–09–21	11.36	4	1929–11–06	–9.92
5	2008–10–13	11.08	5	1899–12–10	–8.72

续表

上涨排名	日期	单日上涨幅度	下跌排名	日期	单日下跌幅度
6	2008–10–28	10.88	6	1932–08–12	–8.40
7	1987–10–21	10.15	7	1907–10–26	–8.29
8	1932–08–03	9.52	8	1987–10–26	–8.04
9	1932–02–11	9.47	9	2008–10–15	–7.87
10	1929–11–14	9.36	10	1993–07–21	–7.84

20世纪30年代，凯恩斯主义[①]兴起，主张政府对经济进行积极干预。美国政府推出了一系列新政，通过扩大财政支出、兴办公共工程、加强金融监管等措施，刺激经济复苏，增加就业机会。政府的这些举措，在一定程度上缓解了经济危机，稳定了市场秩序，促进了社会公平。在政府的干预下，美国股市逐渐企稳回升，开启了新的一轮上涨行情。此后，政府在经济中的作用日益凸显，政府通过货币政策和财政政策的调整，对经济进行宏观调控。

在随后的几十年里，美国资本市场又经历了多次牛熊转换[②]。例如，在2000年互联网泡沫破裂以及2008年全球金融危机期间，标普500指数都出现了大幅下跌，进入熊市。在这些危机时刻，政府再次发挥了重要作用。政府通过降息、量化宽松[③]等货币政策，以及大规模的财政刺激计划，为市场注入流动性，稳定金融市场，防止经济进一步衰退。同时，政府也加强了对金融机构的监管，以防止过度投机和市场操纵，维护市场的公平竞争。

美国股市在市场与政府的反复博弈中，不断调整和完善自身的运行机制。政府的干预在一定程度上弥补了市场失灵的缺陷，保障了社会公平，为经济的稳定发展创造了条件；市场的自由竞争则激发了企业的创新活力，提高了经济效率。正是在这种市场与政府相互配合、相互制约的过程中，美国资本市场不断发展壮大，成为全球规模最大、发展程度最高的资本市场之一。未来，美国资本市场仍将在市场与政府的博弈中前行，不断探索如何在公平与

① 凯恩斯主义，又称凯恩斯主义经济学，是建立在凯恩斯著作《就业、利息和货币通论》的思想基础上的经济理论，它在宏观经济学领域具有极其重要的地位，对现代经济理论和政策实践产生了深远影响。

② 1982年至2012年，美国经历47次经济衰退，平均历时近19个月。扩张期平均为34个月。

③ 量化宽松是指中央银行向市场注入大量货币的干预方式，目的是鼓励投资和借贷、刺激经济增长。

效率之间找到更好的平衡，实现经济的可持续发展。

那么，中国资本市场的发展是否也符合市场博弈与周期规律？

从资本市场的发展规律和成长史来看，中美两国遵循着相同或相近的规律，并不存在本质差异。美国资本市场历经数百年发展，已成为全球最为成熟的市场之一；中国资本市场虽起步较晚，但在短短 30 多年间迅速崛起，在发展轨迹上也与美国有着诸多相似之处，如表 0–2 和表 0–3 所示。

表 0–2 道琼斯工业指数 1920 年至 2022 年的主要牛熊周期

牛市周期（年）	涨幅（%）	初始点位	结束点位
1920—1929	433	71.95	381.17
1949—1959	273	200.13	679.36
1982—1987	251	776.92	2722.42
1990—1999	315	2633.66	10981.84
2009—2019	172	6547.05	28399.81
2020—2022	102	18213.25	36952.65
熊市周期	跌幅	初始点位	结束点位
1929—1932	–89	381.17	41.22
1969—1979	–37	800.00	504.00
2000—2009	–26	11357.51	8375.45

表 0–3 中国香港回归前后恒生指数 1973 年至 2022 年的主要牛熊周期

时间	熊市持续时间	跌幅（%）	之后的牛市持续时间	涨幅（%）
1973–03–09—1974–12–10	1 年 9 个月	–91.54	6 年 9 个月	1086.88
1981–07–16—1982–12–02	1 年 5 个月	–62.04	4 年 10 个月	484.02
1987–10–01—1987–10–07	2 个月	–52.02	1 年 5 个月	74.66
1989–05–15—1989–06–05	1 个月	–36.74	1 年 1 个月	70.04
1990–07–23—1990–09–28	2 个月	–22.45	3 年 3 个月	341.94
1994–01–04—1995–01–23	1 年	–42.89	2 年 6 个月	139.29
1997–08–07—1998–08–11	1 年	–59.34	1 年 7 个月	169.94

续表

时间	熊市持续时间	跌幅	之后的牛市持续时间	涨幅（%）
2000-03-28—2003-04-25	3年	-54.05	4年6个月	276.24
2007-10-30—2008-10-27	1年	-65.18	2年1个月	125.83
2010-11-05—2011-10-04	1年1个月	-34.68	3年8个月	73.84
2015-05-26—2016-02-12	9个月	-35.15	2年	80.98
2018-01-26—2020-03-25	2年2个月	-34.56	11个月	43.27
2021-02-17—2022-03-15	1年1个月	-39.10	无尽循环	

自20世纪90年代沪深交易所相继成立，中国资本市场踏上了从无到有、由小到大的发展征程。在发展初期，市场机制初步建立，“看不见的手”开始发挥作用，大量企业通过股份制改革进入资本市场融资，为企业发展注入活力，推动了经济的快速增长。这与美国早期资本市场兴起时，企业借助市场自由竞争和融资渠道实现扩张如出一辙。彼时，美国的铁路、钢铁等行业也在资本市场的助力下蓬勃发展。

然而，在发展过程中，市场失灵的问题也时有显现。早期中国资本市场存在信息披露不规范、内幕交易频发等现象，这在一定程度上阻碍了市场的健康发展。美国资本市场同样经历过类似阶段，1929年经济大崩溃前，美国股市也充斥着过度投机、信息造假等乱象。面对市场失灵，两国政府都选择及时介入。中国政府通过不断完善法律法规，加强监管力度，如建立更严格的信息披露制度，严厉打击内幕交易、操纵股价、财务造假等行为，致力于营造公平公正的市场环境。同时，还通过产业政策引导资金流向国家重点扶持的产业，促进产业结构优化升级。美国政府在1929年大萧条和2008年金融危机之后，也出台了一系列金融监管法案，加强对市场的规范与监管。

从市场周期看，中国资本市场也经历了多次牛熊转换。例如2005年至2007年的大牛市，股权分置改革解决了长期困扰中国资本市场的制度性问题，极大地激发了市场活力，上证指数从998.23一路飙升至6124.04，但随后受全球金融危机的冲击，市场迅速进入熊市，指数大幅下跌。再如2014年至2015年，指数在杠杆资金的推动下迅速上涨，但过度投机引发了市场泡沫（见表0–4）。

表 0–4　1990 年至 2015 年 A 股 9 轮主要牛市时间

1990 年至 2015 年 A 股 9 轮主要牛市时间	指数点位	涨幅（%）	备注
1990 年 12 月 19 日—1992 年 5 月 26 日	95.79—1429.01	1391.82	—
1992 年 11 月 17 日—1993 年 2 月 16 日	386.85—1558.95	301.00	邓小平表态“坚决地试”
1994 年 8 月 1 日—1994 年 9 月 13 日	325.89—1052.94	224.40	三大利好
1995 年 5 月 18 日—1995 年 5 月 22 日	582.89—926.41	60.50	T+0 → T+1
1996 年 1 月 19 日—1997 年 5 月 12 日	512.03—1510.18	194.50	—
1999 年 5 月 19 日—2001 年 8 月 14 日	1047.83—2245.44	114.30	允许三类企业上市
2005 年 6 月 6 日—2007 年 10 月 18 日	998.23—6124.04	513.50	股权分置、人民币升值、外资
2008 年 10 月 28 日—2009 年 8 月 4 日	1664.93—3478.01	108.90	四万亿元经济刺激计划
2014 年 7 月—2015 年 8 月	2054.00—5178.00	152.09	降准、杠杆

美国资本市场同样有着明显的牛熊周期，2000 年互联网泡沫破裂以及 2008 年全球金融危机期间，美国股市也经历了大幅下跌与后续的复苏调整。在熊市期间，两国政府都会采取积极的政策措施助力市场走出困境。中国政府使用了降低利率、下调存款准备金率等货币政策，以及出台经济刺激计划等财政政策；美国政府则通过降息、量化宽松等手段稳定经济与市场。

公平与效率的博弈也贯穿于两国资本市场发展始终。中美两国在追求市场效率，鼓励企业创新发展、快速融资的同时，都将公平放在重要位置。中国通过加强立法、完善投资者保护制度、强化投资者教育等措施，保障中小投资者的合法权益；美国也有成熟的投资者保护体系，对违规行为进行严厉惩处。

有人断言西方已经成熟的、成功的投资理念无法在中国实践，并随意得出一个结论：理性投资在中国无法成功。

真的是这样吗？显然，这种观点是对中国资本市场的严重误读。市场博弈与周期规律在世界上有效，在中国同样有效。回顾中国资本市场的发展历程，这一规律体现得淋漓尽致。

曾经，中国资本市场在摸索前行的阶段，确实存在一些不规范的现象，争抢国库券时的混乱、财务造假、内部交易、操纵股价、暴涨暴跌等，都成了部分人对中国资本市场的刻板印象，但是他们选择性地忽视了中国资本市场在短短几十年间取得的巨大飞跃。

经过 30 多年的发展与完善，中国资本市场的法治建设已取得显著成效。《中华人民共和国公司法》（以下简称《公司法》）、《中华人民共和国证券法》（以下简称《证券法》）、《中华人民共和国证券投资基金法》（以下简称《证券投资基金法》）等一系列法律法规不断修订完善，构建起了坚实的法律保障，严厉打击内幕交易、操纵市场、财务造假等违法行为，将资本市场纳入法治轨道，彻底告别了曾经的法外灰色地带。如今，信息披露制度日益严格，上市公司的透明度大幅提升，投资者能够更容易地获取更准确、更全面的信息，从而做出理性的投资决策。当然，市场永远云谲波诡，上市公司也良莠不齐，在这个过程中投资者还需要具备基本的识别和筛选能力。

在监管层面，中国的新型举国体制展现出了其他体制难以比拟的能力和优势。新型举国体制能够高效整合各方资源，实现跨部门、跨领域的协同合作。在面对复杂的资本市场监管和宏观调控问题时，各部门可以迅速形成强大合力。例如，在应对金融科技带来的监管挑战时，中国人民银行、证监会、国家金融监管总局等部门协同合作，联合科研机构开展技术攻关，迅速建立起适应金融科技发展的监管科技体系，实现对市场的实时、精准监管，有效防范系统性金融风险。这种高效的协同监管，是其他体制难以在短时间内达成的，也是中国在市场博弈中应对复杂情况的独特优势。

新型举国体制非但不会阻碍资本市场的发展，反而为其提供了强大的支持。新型举国体制具备强大的资源调配能力，能够集中力量办大事。在国家战略的引导下，资本市场能够更有效地将资源配置到关键领域和新兴产业，助力科技创新和产业升级。在新能源汽车、半导体等领域，国家通过政策扶持和资金引导，吸引了大量稀缺资源进入，推动了相关企业的快速发展，也为投资者创造了新的投资机遇。当某一新兴产业面临关键技术瓶颈时，新型举国体制还可以整合科研资源，集中顶尖科研力量进行联合攻关，攻克技术难题，推动产业发展。这种对关键产业发展的强大推动力，使资本市场能够在更具潜力的领域进行投资布局，为经济发展和投资者收益带来长期利好。

从市场周期看，中国资本市场也经历了多次牛熊转换，周期循环和价值定律在中国同样适用。

从投资理念看，理性投资在中国不仅可行，而且正逐渐被越来越多的理性投资者采纳。随着投资者教育的不断深入，越来越多的投资者开始关注企业的基本面，注重价值投资。长期以来，一些极为优秀的好公司并不是“吸金的怪兽”和价值的毁灭者，而是凭借稳定的业绩增长、强大的品牌价值和优秀的管理团队成为社会财富的创造者，为投资者带来了丰厚的长期回报。

好公司的相对数量是极其有限的。少数的好公司为投资者创造了大多数的价值。中国资本市场与世界资本市场遵循着相似的投资逻辑，证明了理性投资在中国同样适用的道理。

三、理性投资是否符合发展规律

陈正则所倡导的理性投资是一种在确保整体风险安全可控的前提下，以真实价值为支撑，追求最优收益的投资方法。

理性投资的核心原理：在不确定性的金融市场中，通过捕捉公司价值与价格的周期性偏离，在安全边际、适度分散和底线思维等多重保护下，获得确定性的分红、盈利增长和估值回归的收益，在经济规律推动的周期循环中，通过长期坚持，实现良性循环和复利增长。

理性投资的根本特点：将本金的安全放在压倒一切的首要位置（底线思维），并将真实价值作为确保良性循环发展最重要的支撑力量，正确处理安全与发展的关系，寻找两者之间的最佳平衡点，这个平衡点就是理性投资追求的最优收益。

（一）墨菲定律与安全边际

爱德华·墨菲先生提出过一个著名的定律：事情如果有变坏的可能，无论这种可能性有多小，它总会发生。墨菲定律提醒我们必须对风险保持高度警惕，风险没有发生绝不代表它不会发生。只要它存在，就一定会发生。

跟随市场的乐观情绪以较高的估值买入可能导致本金出现大幅永久性损失、借钱加杠杆可能导致崩盘失败的危险、将短期资金用于长期投资可能导致半途而废的风险、过度集中于某一个行业和某一家公司可能面临行业变革和突发事件的风险、非法交易偷税漏税可能面临东窗事发的风险……这些风险短期内不一定会发生，但是只要它存在，就一定会发生。我们必须尊重规则、遵循规律。理性投资追求一种让整体风险处于安全可控的状态，这就要求我们把一切可能影响安全、可能导致被动和失败的危险因素，都控制在安全的范围之内，使这些危险消弭于无形，而不能兴风作浪。

1934 年，本杰明·格雷厄姆先生在著作《证券分析》中提出：**安全边际是价格相对于价值的折扣**。无论资本市场上的价格如何波动，安全边际就像一副黄金盾牌，保护着本金的安全。认识到风险的必然性，并恪守安全边际的原则，是投资者在复杂多变的市场中生存并取得成功的关键。

真正的投资高手，在面对每一次投资决策时，都会如临深渊、如履薄冰。他们会仔细权衡每一个潜在风险，哪怕是最微小的可能性也绝不放过。在买入任何资产之前，他们会深入研究其真实价值，确保价格与价值之间存在足够的安全边际。近一百年来，安全边际的有效性已经被世界各国聪明的投资者所验证。

一个低估且有很好安全边际保护的项目，是获得证券长期收益的可靠手段。

——沃伦·巴菲特《1958 年致股东的信》

投资于那些拥有卓越的竞争力、优秀的管理层，并且被明显低估的好公司，是投资成功的唯一可靠途径。

——彼得·林奇《彼得林奇的成功投资》

很多人问我股市这么低了怎么办？这么低了，你应该买呀。一个东西以前 10 元钱你想买，现在 5 元钱你反而想卖，这个很可笑，对不对？

——段永平《投资的本质》

中国资本市场目前尚处于从初级、成长阶段到成熟阶段的发展时期，市场的波动性和周期性可能相对于成熟市场更加剧烈，也就是说**高估时可能更高，低估时可能更低，这就为应用安全边际提供了更为有利的市场环境。安全边际的原理不仅在中国有效，而且还更有效。**

不仅如此，在构建投资组合时，分散投资也是控制风险的重要手段。过度集中于某一个行业或某一家公司，无疑是将所有的鸡蛋放在一个篮子里，一旦遭遇行业变革或突发事件，后果便不堪设想。而通过合理的分散投资，将资金分配到不同的资产类别、行业和地区，可以有效降低单一风险对整体投资组合的影响。

投资是一场没有硝烟的战争，也是一场需要智慧和耐心的马拉松。我们要时刻牢记墨菲定律，敬畏风险；同时，要紧握安全边际这副盾牌，坚持底线思维，斩断风险的荆棘。只有这样，我们才能在投资的道路上稳步前行，实现财富的复利增长，在风云变幻的市场中，成为最后的赢家。

（二）真实价值与投资收益

我们把一家企业真实存在的净资产[①]和盈利的效率、持续创造自由现金流[②]的能力作为大致测算它真实价值的最终依据。真实价值是客观存在的，它不因股价波动、宏观政策变动、国际形势动荡等外部因素而大幅改变。真实价值是经济运行的内在规律决定的，是可靠的、真实的、客观的，具有决定性的力量。请读者朋友不用着急，本书中，陈正则将向读者详尽论述如何分析、判断公司的真实价值，这里先埋下伏笔。

由于价值定律决定性作用的存在，只要我们对公司真实价值的判断大致正确，就可以在不确定性的金融市场中，通过捕捉公司价值与价格的周期性偏离，在安全边际、适度分散和底线思维等多重保护下，获得确定性的现金分红、盈利增长和估值回归的收益。以真实价值为支撑，是投资中最大的确定性之一，也是理性投资实现良性循环和复利增长的关键。

许多人不理解我们为什么把本金的安全放在第一重要的位置，认为我们过于谨慎的行为会影响投资收益的最大化。不可否认，驾驶汽车用 200 公里的时速行驶的确可以更快到达目的地，但是车毁人亡的概率也会更大。我们坚持认为：安全压倒一切，发展速度必须建立在安全的基础上，太快和太慢都不适宜。我们不能要求太快，而是要保持在一个符合规律的、合理的尺度上。

任何违背规律的现象和行为都是不可靠的、不可持续的。那么，什么样的投资收益速度是既能确保安全，又能符合规律，还可以持续实现呢？

国家经济的发展情况用**国内生产总值**[③]**增长率**来衡量，具体行业和社会的整体资本回报水平用**净资产收益率**[④]来衡量。我们认为，由于经济发展规律和

---

① 净资产是指企业或个人的资产总额减去负债总额后的剩余权益，它代表了所有者在企业或个人财务状况中所拥有的实际权益，也被称为所有者权益或股东权益。净资产 = 资产总额 – 负债总额。

② 自由现金流是指企业在经营活动中产生的、在满足了再投资需求之后剩余的、可供企业资本提供者（包括股东和债权人）自由支配的现金。它体现了企业真正的经营活力和财务健康状况，是衡量企业可持续发展能力和为股东创造价值能力的核心指标。本书中也将作为重点讨论。

③ 国内生产总值是指经济社会（一国或地区）在一定时间内运用生产要素所生产全部最终产品或服务的市场价值，是衡量一个国家或地区经济状况和发展水平的重要指标。

④ 净资产收益率是衡量企业盈利能力和效率的核心指标，是本书将重点探讨的核心内容。

市场竞争规律的存在，资本持续取得最优收益的合理速度，大致由这两个指标确立。

2023年，我国国内生产总值增长率为5.2%，全国非金融类上市公司的平均净资产收益率为7.70%[①]。一般来说，因为上市公司的盈利能力相比全社会公司整体的盈利能力具有更大优势，在扣除物价因素后，上市公司的整体增长率会比国内生产总值略高，好公司的资本回报率也会高于社会平均资本回报率。能持续获得社会平均资本回报率两倍的公司已经非常优秀，一般很难超过3倍。只要我们从市场上千挑万选，找出一批可以持续获得社会平均资本回报率两倍左右的好公司，投资组合的真实价值就可能达到15%左右的增长速度。因此，陈正则认为，15%左右的增长速度是符合客观发展规律的，也是理性投资的我们可以追求的。

（三）周期波动与投资收益

由于资本市场的周期规律，同样的金融资产，在一个周期内的不同时间，价格一般会呈现出大幅波动。周期处于高峰时，估值偏高；周期处于低谷时，估值偏低。同样的金融资产，在一个周期内的最高价和最低价之间的波动差价经常能达到1倍，甚至出现更离谱的波动。

我们认为，只有真实价值的大幅波动，才是真正的风险。而由周期和情绪的变化所引起的股价大幅波动，是正常的周期现象，不仅不是风险，反而还是机会。由于市场的短期波动无法精准预测，我们不可能每次都踩准最高点和最低点，但只要能够大致正确判断周期所处的阶段，就能在一个周期内稳稳地使整体收益再提高0~70%。一个市场周期内，峰谷之间整体收益再提高0~70%，是符合客观规律的，也是理性投资的我们可以追求的。

真实价值持续15%左右的增长速度，叠加一个周期内的峰谷之间整体收益再提高0~70%，两项收益叠加后，长期综合复利水平就可能达到20%左右。这是符合发展规律的、可以持久的安全速度，也是理性投资的我们可能追求的最优收益。

陈正则所倡导和坚持的理性投资理念，根植于中国的历史文化，顺应世界经济、政治和社会的发展趋势，遵循规律、尊重周期、管控人性，坚持底线思维、坚持良性循环，经过了长达10年的实践与磨砺，已经形成了能够抵御市场风险、抓住市场机遇的较为完善和成熟的投资体系。这部《理性投资》

① 该数据来自中国上市公司协会发布的相关报告。

正是为了完整、系统地阐述理性投资而存在。

小　结

数千年的人类社会发展史、四百年的世界资本市场发展史，都向我们揭示了事物发展的本质规律。欧洲不例外、美国不例外、日韩不例外，中国当然也不会例外。根据历史演进和社会经济发展规律，我们不难推测，中国在不久的将来一定能建成世界一流资本市场，成为金融强国。完成这一历史使命唯一的变量就是时间，就是理性投资的作用。

展望未来，中国资本市场的长期发展前景一定是光明的。随着注册制改革的稳步推进，市场的活力将进一步激发，更多优质企业将获得融资机会，为投资者提供更丰富的投资选择（当然，良莠不齐的上市公司也一直会存在）。同时，资本市场的国际化进程也在加速推进，与国际市场的互联互通不断加强，将吸引更多的国际资本流入，提升中国资本市场的国际影响力。在新型举国体制的保驾护航下，中国资本市场必将在规范中持续发展，在发展中不断创新，为中国经济的高质量发展注入强大动力，成为全球资本市场中不可或缺的重要力量。当然，罗马并不是一天建成的，机遇与挑战也将并存。在这一发展进程中，中国资本市场也将继续遵循价值定律、市场博弈与周期规律，在全球资本市场的舞台上展现独特魅力与价值。

回首过往，中国金融市场在时代的浪潮中蓬勃发展，每一次潮起潮落，都见证着无数兴衰沉浮。那些被情绪左右、盲目跟风的非理性投机者①，往往在市场的剧烈波动中黯然失色，甚至血本无归。而秉持理性投资理念的投资者，却能凭借冷静的分析、科学的决策，在复杂多变的市场环境中稳步前行，收获令人满意的回报。

理性投资在中国是否有效？相信您已经有了一个基本的判断。

下面就让我们开始对《理性投资》全书的阅读吧。

陈正则

2024 年 7 月

---

① 投机者是指在金融市场等领域中，为获取短期高额利润，愿意承担较高风险，通过对市场价格波动进行预测，利用各种金融工具进行买卖操作的市场参与者。

第一章

天下大势

> 兵者，国之大事，死生之地，存亡之道，不可不察也。
>
> ——《孙子兵法·始计篇》

［译文］军事研究是国家的大事，关系着百姓的生死、国家的存亡，不能不深入考察。

作者按： 为便于初学者以开阔的视野理解理性投资的基础逻辑，本章将从宏观经济常识、复利常识、市场常识、投资与投机、股票估值和投资准备几方面来展开。已掌握知识的专业人士可跳过阅读。

第一节 宏观常识

宏观经济① 指整个国民经济或国民经济总体及其经济活动和运行状态。

国内生产总值指一个国家（或地区）所有常住单位在一定时期内生产活动的最终成果，主要衡量的是一个国家或地区的经济总体规模和生产能力，是国民经济核算的核心指标。

货币供应总量指一国经济中所拥有的货币存量，它反映了整个经济体系中可用于各种交易和支付的货币总规模。它包括全社会所有流通中的现金 + 单位在银行的活期存款 + 单位的定期存款 + 个人存款 + 其他各类存款。

通货膨胀指在一定时期内，一般物价水平的持续上涨幅度，反映了货币购买力的下降速度。通货膨胀可以悄无声息稀释我们手中现金、银行存款。

过去 20 年，国内生产总值一路飞奔，国家经济这块“蛋糕”越做越大。与此同时，货币供应总量也在快速增长，再加上通货膨胀，曾经“沉甸甸”的百元大钞，如今似乎越来越“轻薄”，买不了多少东西了（如表 1–1 所示）。

① 与之对应的是微观经济，指单个经济单位（如单个消费者、单个生产者、单个市场等）的经济活动及其相互关系，以及这些活动在市场机制作用下对资源配置产生的影响等一系列经济现象和经济行为的总称。

表 1-1　2005 年至 2024 年中国国内生产总值和货币供应总量

年份	国内生产总值（亿元）	增长率（%）（按可比价格）	货币供应总量（万亿元）	增长率（%）	通货膨胀率（%）
2005	185896	11.30	29.88	—	1.78
2006	217657	12.70	34.56	15.66	1.65
2007	268019	14.20	40.34	16.72	4.82
2008	316752	9.60	47.52	17.80	5.93
2009	345629	9.20	60.62	25.57	−0.73
2010	408903	10.60	72.59	19.75	3.18
2011	484124	9.50	85.16	17.32	5.55
2012	534123	7.70	97.41	14.38	2.62
2013	588019	7.70	110.65	13.59	2.62
2014	635910	7.30	122.84	11.02	1.92
2015	676708	6.90	139.23	13.16	1.44
2016	744127	6.70	151.95	8.63	2.00
2017	827122	6.90	167.58	11.05	1.59
2018	919281	6.75	179.29	6.98	2.07
2019	986515	5.95	195.22	8.88	2.90
2020	1013567	2.24	218.68	12.01	2.42
2021	1144907	8.45	238.29	8.96	0.98
2022	1210207	3.00	266.43	11.80	1.97
2023	1282874	5.20	292.27	9.69	0.20
2024	1349084	5.00	313.53	7.30	0.20

要是咱们手头资产的增值速度，跑不过货币供应总量和通货膨胀的增速，那手里财富的购买力就会被慢慢“稀释”，也就意味着我们经济发展的脚步慢了一拍。

处在这样的新时代，该如何打理好自己的钱袋子，让财富不被物价上涨和货币增发“偷走”呢？

第二节 复利常识

一、“慢就是快”之惊人的复利[①]

在投资领域，“慢就是快”这句看似违背直觉的话，却蕴含着深刻的复利哲理。复利，被爱因斯坦称为世界第八大奇迹，它就像一个神奇的魔法，能让财富随着时间产生惊人的增长。理解复利原理，并将其融入理性投资的理念中，我们便能深刻领悟“慢就是快”的真谛。

复利的本质是利滚利，即把上一期的利息加入本金中，再计算下一期的利息。这使得资产增长不是简单的线性增长，而是指数级增长。一个简单的例子便能生动展现其威力：假设一张厚度 1 厘米的纸板可以对折 20 次，对折 1 次后厚度变为 2 厘米，对折 2 次是 4 厘米，以此类推，对折 20 次后纸板厚度竟达到惊人的 10485.76 米，相当于一架波音客机的飞行高度，最原始的数字增长了 1048575 倍。这就是复利的神奇力量，它在投资中同样有着巨大的影响力。

从长期投资的角度看，复利的效果令人惊叹。回顾美国 1802 年至 2012 年主要资产的总体收益率，1802 年 1 美元纸币年化收益率为 –1.4%（贬值），2012 年其购买力仅为 0.05 美元，贬值了 95%；而 1 美元股票的年化收益率为 6.6%，2012 年的购买力达到 704997 美元，总收益高达 704997 倍，如表 1–2 所示。

表 1–2 1802 年至 2012 年美国主要资产的总体收益率

1802 年价值	年化收益率[a]（%）	2012 年的购买力（美元）（210 年后）	购买力变化情况
1 美元纸币	–1.4（贬值）	0.05	贬值 95%
1 美元黄金	0.7	4.52	总收益是原来的 4.52 倍

① 复利是一种计算利息的方法，指在每经过一个计息期后，都要将所生利息加入本金，以计算下期的利息。这样，在每一个计息期，上一个计息期的利息都将成为生息的本金，即俗称的“利滚利”。

续表

1802 年价值	年化收益率[a]（%）	2012 年的购买力（美元）（210 年后）	购买力变化情况
1 美元短期国债	2.7	281	总收益是原来的 281 倍
1 美元长期国债	3.6	1778	总收益是原来的 1778 倍
1 美元股票[b.]	6.6	704997	总收益是原来的 704997 倍

注：a. 相当于复利系数。

b. 可以简单理解为所有股票的平均收益率，并非指某一个公司的股票。

资料来源：西格尔 . 投资者的未来［M］. 李月平，等译 . 北京：机械工业出版社，2007.

再看巴菲特的投资生涯，1956 年至 2024 年的 69 年间，他的投资本金增值超过 50 万倍。其管理的伯克希尔 + 哈撒韦公司在 1965 年至 2017 年的 53 年间，整体收益的复利系数为 20.9%，让投资者的财富增值达到惊人的 24037 倍，如表 1–3 所示。

表 1–3　53 年间（1965—2017 年）伯克希尔 – 哈撒韦公司复利效应对比

指标	53 年的复利系数（%）	总增长倍数
每股账面价值（净资产）	19.1	10880
股价（市值）	20.9	24037

这些数据充分证明，长期获得可持续的复利收益，即使每年的收益率看似并不高，但经过多年积累，能带来超乎想象的财富增长。这也意味着，在投资中不追求短期暴利，稳稳地获取复利收益，看似缓慢，实则是实现财富快速增长的有效途径。

与复利投资形成鲜明对比的是追求短期暴利的投机行为。例如，一些人幻想通过放高利贷、赌博、玩期货等方式短期内获取超高收益率。然而，这些投机行为往往伴随着极高的风险，可能让投资者在短期内倾家荡产。因为这些高风险投资无法确保本金安全，一旦失败，所有收益都将化为乌有。历史已经无数次证明，没有人能通过长期投机取得持久的成功。那些追求短期暴利的人，如同在薄冰上行走，看似速度很快，但随时可能掉进冰窟，前功尽弃。而坚持复利投资的人，虽然短期内财富增长速度可能不如投机者，但他们如同稳健的行者，一步一个脚印，在时间的积累下，最终能实现财富的大幅增长。

在实际投资中，要实现复利增长，需要遵循一定的原则。一是要确保本金安全，这是复利投资的基础。就像在战场上，只有先保护好自己，才能更好地进攻。投资者应避免盲目跟风、追涨杀跌，不参与高风险的投机活动，选择那些具有稳定基本面和良好发展前景的投资标的。二是要注重长期投资。复利的效果需要时间来积累，短期的市场波动不会影响长期的投资收益。投资者要有耐心，不能被短期的利益所诱惑，频繁买卖。以贵州茅台为例，从2001年上市到2018年，其出厂价从185元提到989元，18年来净利润增长超100倍，市值也增长超100倍。那些长期持有贵州茅台股票的投资者，充分享受到了公司成长带来的复利收益。

表1–4直观展示了不同利率与时间组合下的财富累积效果。

表1–4　复利累计倍数对照

持续年数	复利系数（%）																
	10	11	12	13	14	15	16	17	18	19	20	21	22	23	24	25	26
1	1.1	1.1	1.1	1.1	1.1	1.2	1.2	1.2	1.2	1.2	1.2	1.2	1.2	1.2	1.2	1.3	1.3
2	1.2	1.2	1.3	1.3	1.3	1.3	1.3	1.4	1.4	1.4	1.4	1.5	1.5	1.5	1.5	1.6	1.6
3	1.3	1.4	1.4	1.4	1.5	1.5	1.6	1.6	1.6	1.7	1.7	1.8	1.8	1.9	1.9	2.0	2.0
4	1.5	1.5	1.6	1.6	1.7	1.7	1.8	1.9	1.9	2.0	2.1	2.1	2.2	2.3	2.4	2.4	2.5
5	1.6	1.7	1.8	1.8	1.9	2.0	2.1	2.2	2.3	2.4	2.5	2.6	2.7	2.8	2.9	3.1	3.2
6	1.8	1.9	2.0	2.1	2.2	2.3	2.4	2.6	2.7	2.8	3.0	3.1	3.3	3.5	3.6	3.8	4.0
7	1.9	2.1	2.2	2.4	2.5	2.7	2.8	3.0	3.2	3.4	3.6	3.8	4.0	4.3	4.5	4.8	5.0
8	2.1	2.3	2.5	2.7	2.9	3.1	3.3	3.5	3.8	4.0	4.3	4.6	4.9	5.2	5.6	6.0	6.4
9	2.4	2.6	2.8	3.0	3.3	3.5	3.8	4.1	4.4	4.8	5.2	5.6	6.0	6.4	6.9	7.5	8.0
10	2.6	2.8	3.1	3.4	3.7	4.0	4.4	4.8	5.2	5.7	6.2	6.7	7.3	7.9	8.6	9.3	10.1
11	2.9	3.2	3.5	3.8	4.2	4.7	5.1	5.6	6.2	6.8	7.4	8.1	8.9	9.7	10.7	11.6	12.7
12	3.1	3.5	3.9	4.3	4.8	5.4	5.9	6.6	7.3	8.1	8.9	9.8	10.9	12.0	13.2	14.6	16.0
13	3.5	3.9	4.4	4.9	5.5	6.2	6.9	7.7	8.6	9.6	10.7	11.9	13.3	14.7	16.4	18.2	20.2
14	3.8	4.3	4.9	5.5	6.3	7.1	8.0	9.0	10.1	11.4	12.8	14.4	16.2	18.1	20.3	22.7	25.4
15	4.2	4.8	5.5	6.3	7.1	8.1	9.3	10.5	12.0	13.6	15.4	17.4	19.7	22.3	25.2	28.4	32.0
16	4.6	5.3	6.1	7.1	8.1	9.4	10.7	12.3	14.1	16.2	18.5	21.1	24.1	27.4	31.2	35.5	40.4
17	5.1	5.9	7	8	9	11	12	14	17	19	22	26	29	34	39	44	51
18	5.6	6.5	8	9	11	12	14	17	20	23	27	31	36	42	48	56	64
19	6.1	7.3	9	10	12	14	17	20	23	27	32	37	44	51	60	69	81
20	6.7	8.1	10	12	14	16	19	23	27	32	38	45	53	63	74	87	102

续表

持续年数	复利系数（%）																
	10	11	12	13	14	15	16	17	18	19	20	21	22	23	24	25	26
21	7.4	8.9	11	13	16	19	23	27	32	39	46	55	65	77	92	108	128
22	8.1	9.9	12	15	18	22	26	32	38	46	55	66	79	95	114	136	161
23	9.0	11.0	14	17	20	25	30	37	45	55	66	80	97	117	141	169	203
24	9.8	12.2	15	19	23	29	35	43	53	65	79	97	118	144	175	212	256
25	10.8	13.6	17	21	26	33	41	51	63	77	95	117	144	177	217	265	323
26	11.9	15.1	19	24	30	38	47	59	74	92	114	142	176	218	269	331	407
27	13.1	16.7	21	27	34	44	55	69	87	110	137	172	215	268	333	414	513
28	14.4	18.6	24	31	39	50	64	81	103	130	165	208	262	329	413	517	646
29	15.9	20.6	27	35	45	58	74	95	122	155	198	252	319	405	512	646	814
30	17.4	22.9	30	39	51	66	86	111	143	185	237	304	390	498	635	808	1026
31	19.2	25.4	34	44	58	76	100	130	169	220	285	368	476	612	787	1010	1293
32	21.1	28.2	38	50	66	88	116	152	200	262	342	446	580	753	976	1262	1629
33	23.2	31.3	42	56	75	101	134	178	236	311	410	539	708	927	1210	1578	2052
34	25.5	34.8	47	64	86	116	155	208	278	370	492	653	863	1140	1501	1972	2586
35	28.1	38.6	53	72	98	133	180	244	328	441	591	790	1053	1402	1861	2465	3258
36	30.9	42.8	59	81	112	153	209	285	387	524	709	956	1285	1724	2308	3081	4105
37	34.0	47.5	66	92	127	176	243	333	457	624	851	1156	1568	2121	2862	3852	5173
38	37.4	52.8	74	104	145	203	281	390	539	743	1021	1399	1913	2609	3548	4815	6517
39	41.1	58.6	83	118	166	233	326	456	636	884	1225	1693	2334	3208	4400	6019	8212
40	45.3	65.0	93	133	189	268	379	534	750	1052	1470	2048	2847	3946	5456	7523	10347

复利是理性投资实现指数级增长的基本原理，关于复利还有更多核心的内容没有展开讨论，为了本书内容的深入浅出和循序渐进，陈正则将在“复利有话说”一节中再深入探讨复利的秘密。

二、安全与收益的平衡

在投资领域，本金安全与收益就像天平的两端，始终考验着投资者的智慧与决策能力。人们都渴望在确保本金安全的基础上，获取尽可能高的收益，实现财富的稳健增长，但这并非易事。正如我们在生活中常见的各类投资方式，都在不同程度上反映了两者之间复杂而微妙的关系。

银行存款和保本理财，为投资者提供了较高的安全性，尤其是工、建、农等六大银行，凭借国家信用的坚实后盾，让投资者对本金安全充满信心；但其较低的收益率成为其明显短板，0.25%~6% 的收益区间，远远落后于社会财富和货币供应总量的复利增长速度，意味着资金购买力会随时间下降，投资者虽保住本金，却难以实现财富有效增值。

黄金在特殊历史时期，如 1948 年上海的乱世，能发挥强大的财富守护作用；但在和平年代，从 10 年、20 年，甚至更长期限看，其投资收益甚至低于银行活期存款，无法满足投资者对资产增值的需求，在本金安全与收益的平衡上表现欠佳。

国债和货币基金以国家信用为依托，本金安全性高，是风险承受能力较低的投资者的选择。不过，它们的收益水平有限，只能在一定程度上抵御货币供应总量增长带来的稀释效应，难以助力财富快速增长。

期货、外汇、大宗商品和金融衍生品等领域，充满不确定性和高风险。期货虽初衷是为实体经济规避风险，但脱实就虚后易变成危险的赌博游戏。这些市场价格波动剧烈，影响因素繁多，投资者难以把握走势，本金安全难以保障，普通投资者贸然进入，风险极大。

公募基金作为常见投资渠道，存在体制性问题。基金管理人和经理有时会因自身利益忽视投资者利益，加上较高的中间费用，导致投资者实际收益不佳，长期看难以战胜货币供应总量的增长速度，在本金安全和收益获取方面难以达到理想状态。

民间借贷市场因中小微企业融资难而兴起，看似能提供高利率，然而，18%~36% 甚至更高的年利率，对中小微企业是沉重负担，其偿债能力存疑，投资者本金回收风险大，还可能卷入法律纠纷，并非可靠的投资方式。

人寿保险从投资收益率角度看，表现并不突出。其利用保险资金产生的投资收益率约为货币供应总量增长速度的一半，扣除公司利润后，投资者最终收益也可能低于银行理财收益，难以满足投资者对本金安全和收益增长的双重需求。

古玩收藏领域对普通投资者来说挑战重重。收藏品真伪鉴定需要专业知识和经验，价格波动频繁，变现能力不确定，投资古玩不仅本金风险大，收益也不稳定，不适合普通投资者。

房产，在过去 20 年曾是中国老百姓偏爱的投资品种。房价涨幅与货币供应总量增幅相当，一线城市优质地段涨幅甚至更高，成为省心省力的保值增值方式。随着社会经济发展，人口结构变化，如老龄人口比例上升，房子遗产供给增多，而刚性需求因年轻人口增长放缓而减少，再加上房产税的推行，房价高速上涨时代逐渐过去。如今投资房产，交易成本高、变现速度慢、投资效率低，虽然在未来 20 年仍有一定抵御物价上涨的能力，但与货币供应总量增长速度相比，抵御能力明显减弱。从投资角度看，房产投资在本金安全方面，虽不会出现急剧贬值，但流动性变差可能影响资金灵活调配；在收益方面，难以再像过去那样带来高额回报，难以同时满足本金安全和高收益的要求。

自主创业，对于很多人来说是实现财富梦想的途径。如果投入 1 万元开烧烤摊，运气好且经营得当，第 1 年便可能获得 10 倍的收益，但从长远看，这种超高收益难以持续。随着规模扩张，无论是选择保守经营还是进取扩张，都会面临各种问题。保守经营下收益增长有限；进取扩张则会遇到员工管理、成本控制、环保、城管、税收等诸多挑战，资本回报水平往往在 20% 以下，甚至低于 10%，而且自主创业成功率较低，中国每天有大量新创业公司诞生，但 90% 会在 18 个月内失败。创业者不仅要面对市场、人才、技术等各种不可控因素，还要应对工商、税务等难题。这意味着自主创业虽然有可能获得高收益，但本金面临巨大风险，很难保障本金安全。

创业投资和风险投资①是投资者对创业类的公司进行投资，成为这家创业公司的股东，并与创业者共同致力于使这家公司不断地发展壮大，直至成为上市公司后卖掉股权获得巨大收益为止。在投资界被称为“创业投资”或“风险投资”。这种投资若获得成功，投资者就可以获得几倍、几十倍，甚至几百倍的回报，但是失败率也非常高②。

---

① 创业投资和风险投资：由专业的投资机构或个人，将资金投向处于初创期或成长期的、具有高增长潜力和高风险的企业或项目的一种权益性投资行为。其目的是通过帮助被投资企业发展壮大，实现资本增值，并在合适的时机通过股权退出获取高额回报。

② 在 2005 年至 2014 年的 10 年中，美国硅谷地区有案可查的获得风险投资的公司每年大约有 4000 家，而上市的公司每年只有 100 家左右，只占全部创业公司的 2%~3%，另外约 22% 的公司可以让投资者基本收回本金，75% 的公司会以失败告终。与大多失败的投资平摊后，整体收益率就不是特别突出了。

第三节　市场常识

一、资本市场①

新中国股市自1990年开市以来，经过了30多年的发展，逐步规范，渐渐壮大，如今已发展成为拥有5000多家上市公司、总市值超过70万亿元的全球第二大资本市场，仅次于美国，稳居世界第二位。表1–3呈现了2024年3月全球主要证券交易所总市值TOP20。

表1–5　2024年3月全球主要证券交易所总市值TOP20

排名	证交所	运营所在地	国家	总市值（亿元）	上市公司（家）
1	纽约证交所	纽约	美国	2016928.11	2260
2	纳斯达克—美洲	纽约	美国	1804949.41	3389
3	泛欧证交所	巴黎	法国	512683.08	1896
4	东京证交所	东京	日本	472704.27	3940
5	上海证交所	上海	中国	465016.84	2272
6	印度证交所	孟买	印度	329934.56	2431
7	深圳证交所	深圳	中国	290914.28	2851
8	香港证交所	香港	中国	274705.63	2611
9	伦敦证交所	伦敦	英国	233537.62	1881
10	加拿大证交所	多伦多	加拿大	227825.20	3558
11	沙特证交所	利雅得	沙特	208002.59	319
12	德国证交所	法兰克福	德国	163189.18	491
13	纳斯达克—北欧	斯德哥尔摩	瑞典	144632.05	1210
14	台湾证交所	台北	中国	143353.25	1016
15	韩国证交所	釜山	韩国	140417.14	2572

① 资本市场是指期限在一年以上的各种资金借贷和证券交易的场所，是提供长期资本融通和交易的市场，用于满足政府、企业等主体对长期资金的需求以及投资者对长期投资回报的追求。资本市场主要包括股票市场、债券市场、基金市场和期货市场，在本书中主要指股票市场。

续表

排名	证交所	运营所在地	国家	总市值（亿元）	上市公司（家）
16	瑞士证交所	苏黎世	瑞士	138737.99	221
17	德黑兰证交所	德黑兰	伊朗	125726.43	387
18	澳大利亚证交所	悉尼	澳大利亚	120495.24	2043
19	巴西证交所	圣保罗	巴西	68525.96	353
20	南非证交所	约翰内斯堡	南非	67840.43	283

二、上市公司的数量和优势

投资上市公司为投资者打开了参与资本市场的大门。截至 2023 年底，上海、深圳和北京证券交易所共有 5346 家上市公司（陈正则不认为所有的上市公司都是好公司，其中只有不足 3% 的上市公司是其认可的好公司）。能从众多市场主体中脱颖而出成为上市公司，说明这些公司在规模、行业地位和抗风险能力等方面具备更强的优势。

如表 1-6 所示，其中区区 5330 家上市公司，仅占全社会市场主体[①]总数 1.84 亿元的 2.9/100000，但营业总收入却占到了国内生产总值的 56.67%[②]，那么投资已经上市的公司、成为上市公司的股东，有没有我们想要的确定性呢？

表 1-6 2023 年中国资本市场 5330 家上市公司营业总收入和净利润总额与国内生产总值对比

单位：万亿元

2023 年中国资本市场 5330 家上市公司	2023 年国内生产总值
营业总收入：72.70	128.2874
净利润总额：5.71	

注：5330 为剔除退市后的上市公司数量。

发展相对成熟的上市公司相比发展中的中小微企业具有很多的确定性，如在市场地位、抗风险能力、管理规范程度、融资能力、股权变现能力等方

① 市场主体是指在市场上从事经济活动，享有权利和承担义务的个人和组织体，包括公司、个体工商户等。

② 注意公司的营业收入与国内生产总值不可以画等号，这里仅作粗略比较。

面，上市公司都具有非常明显的优势（表1–7）。这也是众多中小微企业主希望把公司做成上市公司的重要原因。

表1–7　上市公司与非上市公司对比

对比项	上市公司	非上市公司
发展成熟度	大型、相对成熟的公司	因公司而异，大多处于发展中
市场地位	行业龙头、区域龙头或在行业内具有相对强势的地位	因公司而异，大多处于弱势地位
抗风险能力	强	大多数弱
财务规范程度	财务相对透明、规范，股东可以随时监督，管理层定期向社会出具经营报告（注：有些上市公司会有不同程度的财务造假，后文将重点讨论）	财务状况一般不会公开，可信度较低，财务造假是家常便饭
管理规范程度	有相对健全的规范治理机制，否则不能成为上市公司	因公司而异，大多管理不够规范
融资能力和资本实力	以股权融资为主、债权融资为辅，形式多种多样，期限较长，成本较低，财务抗风险能力较强。由于退市制度尚不完善，上市公司很难关门大吉	以银行抵押贷款等债权融资为主，或者向民间借贷，期限较短，成本较高，经常遇到银行“晴天送伞，雨天收伞”。资本实力、抗风险能力较弱，有时倒闭只在朝夕之间（注：60%的小微企业无法获得银行贷款）
股权变现能力	1. 只要上市公司的股份没有限制出售，上市公司的股东（如对公司失去信心或有更好的投资机会）就可以在市场上随时以市价出售变现 2. 上市公司的股权可以很轻松获得金融机构质押贷款，流通变现能力非常强 3. 一旦公司出现重大风险，则大股东有多种方式自救、小股东可以轻易变现撤离	1. 只能以协议方式转让，股权的评估、交易方式较为烦琐，有时经营变差的公司股权很难找到买家 2. 一般银行也不支持以非上市公司的股权质押贷款，一旦公司出现重大风险，大小股东的股权变现能力就会变得更弱。墙倒众人推，很容易产生恶性连锁反应[a]
转型和变卖难度	上市公司可以通过兼并收购实现转型，有的上市公司控股股东见公司业务没有希望，出售上市公司控制权让别的公司“借壳”上市，还可以获得一笔巨额的“壳费”收入	非上市公司出现困境后转型非常困难。通常只有破产、清算、倒闭，资产大幅折价还债，股东的投资常常血本无归

注：a. 恶性连锁反应包括公司产品价格下降、销量下滑、利润锐减甚至巨额亏损等，与此同时，银行只收不贷、资金筹措艰难、供应商和客户逼债等，这一系列的恶性连锁反应可能将公司逼上绝路。

无论是中国内地，还是中国香港、美欧等地区，上市公司并非都优质。以2023年中国内地5346家上市公司为例，随着时间的推移，其盈利能力和资产质量较上市之初变化更大，加上部分公司诚信不足、退市制度不完善、投资者风险识别能力差，沪深两市有不少无盈利能力、资产质量差、扭亏无望，但受散户投机客追捧的烂公司。据陈正则研究，此类公司在A股约1500家，占总数1/3，它们占用了大量资源，却只是赌博游戏的筹码。

三、优秀上市公司

陈正则按照“八大标准[①]”筛选好公司，这些好公司的数量是极为稀少的，只占到所有上市公司的3%，不足150家。表1–8为部分优秀上市公司在过去15年间交出的好成绩。

表1–8 部分优秀上市公司15年间市值、盈利及分红表现
（截至2024年12月31日）

公司名称	上市时间	上市当年市值（亿元）	市值（亿元）	市值增长倍数	净利润增长倍数	累计融资（亿元）	计现金分红（亿元）
贵州茅台	2001–08–27	88.83	19100	215	190	22.44	2493.59
格力电器	1996–11–18	37	2545	69	149	42.6	1252.98
美的集团	2013–09–18	511	5724	11	6	143.96	1074.82
泸州老窖	1994–05–19	4.63	1842	398	126	4.5	453
山西汾酒	1994–01–06	16	2247	140	238	7.86	199.33
福耀玻璃	1996–08–22	4.6	1564	340	147	20.24	239.29
海螺水泥	2002–02–7	20.88	1190	57	10	29.94	595.64
恒瑞医药	2000–10–18	58.5	2213	38	49	24.7	252.38
伊利股份	1996–03–12	9.5	1843	194	125	48.5	699.34
云南白药	1993–12–15	2.5	1153	461	131	2.1	348.42
双汇发展	1998–12–10	24	967	40	12	19.7	593.39
五粮液	1998–04–27	20.8	4937	237	108	20.09	1023.47

注：不同统计口径，数据会有细微误差，以上公司过去成功也不代表未来会成功。

① 本书将在后面章节中深入讨论好公司的八大标准。

四、资本市场的长期收益

长期复利是资本增值的核心动力，但不同市场、不同策略下的收益率规律差异显著。如表 1–9、表 1–10 和表 1–11 所示。

表 1–9　中美股市长期复利收益率　　单位：%

指数	统计时间	指数复利收益率（含分红）
美国标普 500 指数	1985—2024 年	9~10
美国道琼斯指数	1985—2024 年	13.7
美国纳斯达克指数	2005—2024 年	7.4
中国沪深 300 指数	2004—2024 年	9.93
中国上证 50 指数	2005—2024 年	7~9

表 1–10　1900 年至 2000 年世界主要股市长期复利收益率　　单位：%

国家	股市长期复利收益率	国家	股市长期复利收益率
澳大利亚	11.6	比利时	8.3
加拿大	9.5	法国	12
爱尔兰	10	德国	8.9
瑞士	7.2	意大利	11.9
英国	10	日本	12.7
瑞典	11.9	荷兰	8.9
美国	10.1	西班牙	10.9
丹麦	9.1		

资料来源：荷兰银行《千禧报告第二卷》。

注：以上数据未扣除物价因素；以上数据包含分红再投资；瑞士统计年限为 1911 年至 2000 年。

表 1-11 部分著名理性投资人长期复利业绩

管理人	管理公司或基金名称	起止年份	持续年限（年）	复利系数（%）	资产总收益倍数
沃伦·巴菲特	投资生涯整体	1956—2024	68	约 20	超过 50 万
沃伦·巴菲特	伯克希尔－哈撒韦公司	1965—2017	53	20.9	24047
沃伦·巴菲特	巴菲特合伙公司	1957—1969	13	29.5	27.9
戴维斯家族	投资生涯整体	1947—1994	47	23	18000
安妮·沙伊贝	投资生涯整体	1944—1994	51	18	4400
约翰·邓普顿	投资生涯整体	1939—2008	50	14	700
马里奥·加贝利	GAMCO 基金	1967—2007	40	15	267
沃尔特·施洛斯	WJS 有限合伙	1956—1984	28	21.3	231
里克·格林	太平洋有限合伙	1965—1983	19	32.9	222
赛思·卡拉曼	Baupost 基金	198—2009	27	20	94.09
约翰·聂夫	温莎基金	1964—1995	32	13.7	55.46
斯坦·珀尔米特	珀尔米特投资公司	1965—1983	18	23	42.77
罗·辛普森	盖可保险	1980—1996	17	24.7	42.62
安迪·戈尔登	普林斯顿捐赠基金	1995—2024	29	12.6	33.54
吉恩·迈瑞·埃韦尔	投资生涯整体	1979—2009	30	13.8	32
查尔斯·布兰帝	布兰帝有限合伙	1981—2001	21	17.9	31.91
彼得·林奇	麦哲伦基金	1977—1990	13	29	27
大卫·斯文森	耶普基金	1985—2020	36	10 以上	23
霍华德·马克斯	橡树资本	1988—2019	30	11	22.98
汤姆·纳普	TBK 公司	1968—1983	15	20	16.61
约翰·梅纳德·凯恩斯	剑桥切斯特基金	1927—1945	18	13.2	9.19
查理·芒格	芒格有限合伙	1962—1975	14	19.8	11.56
特维迪·布朗	特维迪·布朗公司	1968—1983	16	16	10.73
比尔·鲁安	红杉树基金	1970—1984	14	17.2	7.75

注：以上投资人的投资策略均以理性投资为主。

综合上述数据可见，复利的优势并非线性无限。复利持续的时间越长，总资产的规模就会越庞大，而有限的投资机会和资金灵活性的降低，一定会导致复利系数的逐步降低。复利持续 10 年至 20 年，综合复利系数为 15%~35%；复利持续 20 年以上，综合复利系数为 10%~25%。

拓展小链接

猛将必发于卒伍，宰相必起于州部

在巴菲特投资生涯的早期，他曾深度参与所投资公司的经营和管理，如：《布法罗新闻报》、登普斯特农机公司等，这些宝贵的经营管理经验，为他日后做出更大的投资决策提供了更准确的判断能力。2019 年，巴菲特先生的“全球总部”只有区区 25 个人，却管理着各个下属公司 30 多万名员工和数千亿美元资产。巴菲特先生不仅是一位世界顶级的投资大师，还是一位高明睿智的企业管理大师。如今已经 95 岁高龄的他，依然坚持每天读书学习，每年阅读大量公司的《年度报告》和各种讯息，以保持和不断提升他对公司真实价值的判断力。“股神”享誉世界的威名背后凝结着他 60 多年的智慧与付出。[①]

第四节　投资与投机

我们来看 3 个案例。

兔宝宝：因 2023 年是兔年，股票简称与生肖年完美匹配，在 2023 年 1 月 5 日出现涨停。两个交易日内兔宝宝的市值膨胀了 17 亿元。

多伦股份（现名岩石股份）：曾趁着 P2P 概念大火，2015 年 5 月 10 日宣布改名为“匹凸匹”。当时 P2P 行业在金融领域是热门话题，多伦股份改名后，其股价在短期内出现了大幅上涨，吸引了众多投资者的目光和资金流入。然而，实际上该公司并没有真正开展 P2P 业务，只是单纯地通过改名蹭热点。

① 对巴菲特感兴趣的朋友，陈正则推荐罗杰·洛温斯坦著《巴菲特传》和罗伯特·哈格斯特朗著《巴菲特之道》。

中国人寿：2024 年 12 月 31 日，A 股[1]的收盘价为 41.92 元，H 股[2]的收盘价为 13.5 港元。以港元兑人民币汇率 0.90 左右计算，13.5 港元换算为人民币约 12.15 元。在中国内地交易的股价却比在中国香港交易的股价高了 245.03%。

从上述 3 个例子可以看出，在金融市场的宏大版图中，投机与投资犹如两条相互交织却又截然不同的道路，引领着参与者走向不同的结局。因此，深入理解它们之间的关系，对我们在市场中做出明智决策至关重要。

投机，往往是基于市场短期波动和不确定信息进行的交易行为。在股票市场中，一些投资者如同赌徒一般，仅仅依据小道消息、股票代码的吉利与否，或者盲目跟风市场热点进行买卖。他们对所投资公司的基本面知之甚少，不关注公司的真实价值，追涨杀跌，期望在短期内获取高额利润。这种行为就像是在菜市场，不顾菜品质量，仅仅因为价格的短暂波动就盲目交易。例如，一家公司改个时髦名字，股价便莫名连续涨停，市值大幅增长，投机者便一拥而上，却忽略了公司的实际经营状况。这种投机行为缺乏对投资本质的深刻理解，其收益具有极大的不确定性，就像在波涛汹涌的海面上驾驶一艘没有导航的小船，随时可能被风浪打翻。

而投资是一项基于深入分析和理性判断的活动。真正的投资者以上市公司股东的审慎态度，深入研究公司的前景、竞争力、财务状况和管理层等基本面情况。他们运用各种估值方法，如市盈率倍数法、市净率倍数法等，结合公司和行业的历史数据，对公司的真实价值进行评估，寻找被市场低估的投资机会。就如同在选购一件珍贵的商品一样，仔细考察其品质、价值，等待合适的价格出手。投资者明白，公司的真实价值是决定股价长期走势的关键因素，他们注重长期的复利增长，通过耐心持有优质公司的股票，分享公司成长带来的收益。

投机与投资的区别体现在多个方面，如表 1–12 所示。从参与心态上看，投机炒股者是被市场的暴富故事吸引，怀着侥幸心理参与其中；理性投资者则是经过深思熟虑，基于对公司的深入了解做出投资决策。在选择标准上，投机炒股者随大溜、蹭热点，理性投资者则关注公司的内在价值和长期发展

① A股的全称是人民币普通股票，它是由中国境内的公司发行，供境内机构、组织或个人（不含中国港、澳、台投资者）以人民币认购和交易的普通股股票。

② H 股指注册地在中国内地、上市地在中国香港的中资企业股票。

潜力。在专业能力方面，投机炒股者往往缺乏基本的财务和投资知识；而理性投资者具备一定的专业素养，能够分析公司的四大基本面①，判断公司的投资价值。

表 1-12 投机炒股者与理性投资者的差异

对比项	投机炒股者（股民心态）	理性投资者（股东心态）
参与心态	听闻炒股能赚钱便跟风参与	审慎研究公司真实价值后决策
选择标准	随热点、听他人推荐	分析行业和公司基本面
专业能力	缺乏基本财务、投资知识	具备财务、经营等专业能力
判断依据	小道消息、股评、追热点等	依据公司报告、行业信息等
心理情绪	高估时盲目乐观买入， 低估时盲目悲观卖出	高估时卖出，低估时买入
日常关注	紧盯股价	关注公司真实价值变化
精神状态	焦虑不安	泰然自若
十年业绩	多数亏损	穿越牛熊，长期复利

顶级投资大师们也不忘忙里偷闲调侃这些投机者。

巴菲特曾在《1984 年致股东的信》中风趣地道出了这些公募基金经理业绩平庸的原因："大部分的经理人没有什么动力去做一些看起来像白痴，但实际上却很有智慧的决策。他们在乎个人的利弊得失太过明显了，如果一个有点特立独行的决策成功了，上头可能会拍拍他的肩膀，以示鼓励，但如果决策失败了，他们就要卷铺盖走人。循规蹈矩的失败者看来是可取的，作为一个整体身负骂名，而不需要任何一个人独自出来承担这种责任。"

彼得·林奇也曾在他的著作《彼得·林奇的成功投资》中调侃道："基金经理人中绝大多数属于心智平平的、愚笨迟钝的、懒惰懈怠的、溜须拍马的、懦弱犹豫的，以及各种盲目从众的随大流者，因循守旧的老顽固，死搬照抄毫无主见的模仿者。"

凯恩斯也在著作《就业、利息和资本理论》中指出："世俗的智慧教导我们，以常规的方式失败，比以非常规的方式成功，对声誉更为有利。"

表 1-13 总结了标榜价值投资的专业投机者和理性投资者之间的差异。

① 公司的四大基本面是指前景、竞争力、财务状况和管理层，是本书重点讨论的内容。

表 1-13 专业投机者与理性投资者的差异

对比项	专业投机者	理性投资者
专业程度	非专业，多数无经营公司经验	专业，部分有经营公司实践经验
资金规模	资金庞大，机制古板	规模各异，机制灵活
决策人	决策受干扰，业绩考核周期短	独立决策，考核周期较长
考核周期	1 年以内	3 年以上
决策依据	注重短期利益和个人利益	公司基本面和实地调研
对待股价波动的态度	追高杀跌	坚持理性投资原则
精细程度	分散投资 20~100 家甚至更多	投资 3~20 家透彻了解的公司
操作模式	频繁买卖做波段，期望短期获利	买卖频率低，以股东心态决策
盈利模式	固定管理费，按短期考核发薪	缩减开支，主要按业绩提成
十年业绩	综合业绩平庸[a]	可获超市场平均水平复利

注：a. 过去 30 年的历史数据显示，即使在欧美发达成熟的资本市场上，能够战胜大盘平均指数的基金经理仍然不超过 20%，摩根大通的研究数据表明，近 70% 的主动型基金经理不能战胜大盘的平均指数，其中 41% 的基金经理甚至落后于平均指数 2.5% 以上。据《中国证券报》2020 年 9 月 10 日报道，中国过去十年年化复利在 10% 以上的公募基金经理不足 40 人。

尽管投机与投资存在明显差异，但它们在金融市场中并非完全孤立。投机在一定程度上为市场提供了流动性①，使市场交易更加活跃。然而，如果市场中投机行为过度，就会导致股价大幅偏离公司真实价值，形成泡沫，增加市场的不稳定因素。投资则是市场稳定发展的基石，它促进资本的合理配置，推动实体经济的发展。理性的投资行为能够引导资金流向优质公司，支持企业的成长和创新，为市场的长期健康发展提供动力。

投资者应努力摒弃投机思维，转向理性投资。要做到这一点，首先需要树立正确的投资理念，认识到投资是一项长期的、需要耐心和专业知识的活动。加强对投资知识的学习，掌握财务分析、估值方法等专业技能，深入研究公司的四大基本面，关注公司的长期发展前景。同时，要克服人性的弱点，避免被市场情绪所左右。在市场低迷时保持冷静，寻找被低估的投资机会；在市场狂热时保持警惕，不盲目跟风。

数家公司上市后现金分红远远大于“圈钱”的金额（见表 1-14）。这些股市中的“千里马”用实实在在的真盈利、真分红和股价持续上涨向我们证

① 流动性：资产能够以一个合理的价格顺利变现的能力。也就是说，资产可以在不引起价格大幅波动的情况下，快速地转化为现金或其他易于交易的资产形式。

明了股市中好公司的能量。

表 1-14　上市公司融资分红与市值增长比较（截至 2024 年）

上市公司	上市日期	至 2024 年共融资（亿元）	至 2024 年共分红（亿元）	分红募资比例（倍）	上市当年市值（亿元）	2024 年 12 月 31 日市值（亿元）	上市以来市值涨幅（倍）
贵州茅台	2001–08–27	22.44	2493.59	111	88.88	19100	214
格力电器	1996–11–18	52.69	1252.98	23	37	2545	68
美的集团	2013–09–18	143.96	1074.82	7	511	5724.59	11
泸州老窖	1994–05–19	41.45	453	11	4.63	1842	397
山西汾酒	1994–01–06	2.26	199.33	88	16	2247	140
福耀玻璃	1996–08–22	7.13	239.29	33	4.6	1564	340
海螺水泥	2002–02–07	164.29	595.64	4	20.88	1190	57

注：不同统计口径，数据会有细微误差。

许多投机炒股的大爷大妈认为股市中的股票只是一个代码，看不见也摸不着，实际上**持有股票就代表你拥有了相应公司的财产所有权、投票决策权、分红权等股东的权利**。自己创立经营一家公司做老板和买入一家上市公司的股票成为它的股东，在本质上是相同的。

按照《公司法》的规定，每一股股票所拥有的权利是平等的，即每一股股票都平等地拥有这个公司的资产所有权、决策权、投票权、分红权等权利，当公司股东意见不一致的时候，则由所有股东投票决定重要的事情，少数服从多数。这是现代公司法赋予公司每一份额股权平等权利的法律基础，即**公司的股票本质上就是这个公司相应的部分所有权。**①

下面这个故事是陈正则身边真实发生的案例，愿对读者能有所启发。

有个朋友叫老周。老周早年靠做生意勤恳打拼，积累了上亿元财富，为人优秀且踏实。2012 年，听闻白酒行业暴利，老周心动不已，打算开酒厂大干一场。他拿出全部家当，投入买地、规划、建设，购置设备、引进人才；然而，酒厂还未投产，资金就捉襟见肘，无奈之下，他抵押全部资产向银行贷款。

好不容易酒生产出来了，可无论怎么砸广告、搞推广，酒都既卖不上价，也卖不出量，资本回报远低于预期。酒的单品生产成本虽不高，但扣除巨额

① 本书将在第七章第四节“小论参股与控股”做深入探讨。

折旧和各类费用后，净利润为负。此时后悔已晚，酒厂不仅没效益，每年还得背负高额折旧和银行利息，他的财富迅速缩水。

但老周不服输，2015 年仍咬牙坚持，为开拓市场，借高利贷投入酒厂。他每天以厂为家，起早贪黑，几年没休息过一天，可经营状况依旧毫无起色。2016 年，老周被银行和债权人告上法庭，酒厂被封，他也锒铛入狱，落得个妻离子散的悲惨下场，从亿万富翁沦为阶下囚，令人唏嘘。

再看白酒行业龙头贵州茅台。2013 年，茅台股价被严重低估，市值约 2000 亿元，而陈正则认为其真实价值应在 4000 亿元左右。倘若 2013 年老周没开酒厂，而是用 1 亿元买入茅台股份成为股东，那这 5 年他无须操心建厂、运营难题，不用贷款，更不会入狱。他只需要定期研读茅台的经营报告，每年去茅台镇参加股东大会投投票，顺便旅游，其余时间都能用来享受生活、自我提升。

到 2017 年 10 月，随着茅台酒销量和利润稳步增长，茅台股价回升，市值接近 9000 亿元，陈正则认为当时真实价值在 6000 亿元左右。短短 5 年，1 亿元投资就增值到超 5 亿元，还收获约 2000 万元现金分红，随时可变现。同样是 1 亿元，不同选择，命运截然不同。

拓展小链接

投机炒股和赌博为何“十赌九输”

股市其实就是一个人性大博弈的角斗场。人类祖先遗传下来的基因，决定了人类在市场波动面前很难保持耐心。市场乐观时人性更贪婪，市场悲观时人性更恐惧。

投机者在市场中就像一个赌徒身在赌场一样，其实命运已经被别人所掌控。这些赌徒并非没有赢过大钱，而是人类的贪婪基因让他们中的大多数人不会在赢钱之后马上离开赌场，所以赌徒在进入赌场的那一刻就几乎已经注定了倾家荡产的命运。对于大多数投机炒股者来说，他们的命运与赌徒没有区别。

陈正则非常反感投资者将投资股票称为“炒股”，因为这是一种危险的投机倾向和赌博思维。当你从口中说出“炒股”这两个字时，就说明你还有投机赌博的思维。

其实这个世界上 100% 没有一夜之间暴富的事情，虽然投机和赌博有可能让你一夜暴富，但是人性中致命的弱点最终会让你输得倾家荡产。

第五节 股票估值

一、股票估值的定义

股票估值是指对股票的价值进行评估的过程，旨在确定股票在特定时间点的合理价格，为投资者的买卖决策提供重要依据。表 1–15 为公司的八种价值说明与应用。

表 1–15 公司的八种价值说明与应用

公司的八种价值	说明	常用于
清算价值	公司破产或清算时还清所有欠债后剩余的残值。破产清算时，公司资产大幅打折处理。这个价值会很低甚至为零	濒临破产，无力回天的公司
账面价值	指公司资产负债表上的净资产价值，又称“净资产”或“股东权益”。 注意：这个账面价值猫腻很多，有可能“虚胖”也有可能保守，套路有很多，投资者需要学会读资产负债表	作为公司价值的参考，一般的中小型公司有时会以账面的价值进行股权的交易，但是上市公司很少使用账面价值买卖股权，一般都会溢价
评估价值	由具有专业资质的评估机构进行评估得出的价值。这个价值一般比较接近公司合理的价值	公司间收购、兼并、融资担保等
盈利能力价值	指根据公司每年的净利润和净利润增长预期而得出的公司价值	拟上市公司或上市公司的价值评估
重置价值	指最强劲的竞争对手购买同等公司所需的最少花费或以现在市场价重建一个同样的公司需要多少钱	一些特定行业
自由现金流价值	一个公司未来所有自由现金流量按照一定比例折算后的价值。很多书中常讲的“内在价值”通常就是指自由现金流价值	盈利稳定、确定性较高的公司

续表

公司的八种价值	说明	常用于
市场价格（股价）	指上市公司股票在市场中买卖交易时的价格，市场价格随市场波动，短期的变化毫无规律。 注意：任何声称可以预测股价短期波动的方法都是骗人的	常说的“股价”“市值”就是指市场价格。 注意：市场价格常常会偏离以上各种价值
真实价值	**根据上述七种价值综合判断后得出的大致价值区间**	**理性投资者的买卖决策**

注：本书后文将重点讨论自由现金流。

从长远看，公司的市场价格（股价）最终是由公司的真实价值决定的，对公司真实价值能否做到相对准确的评估将直接决定投资的收益和成败。给公司合理估值需要结合公司千变万化的四大基本面（前景、竞争力、财务状况、管理层）做出判断，并能够经得起时间的检验，这是投资中最难把握的环节。如图 1–1 所示。

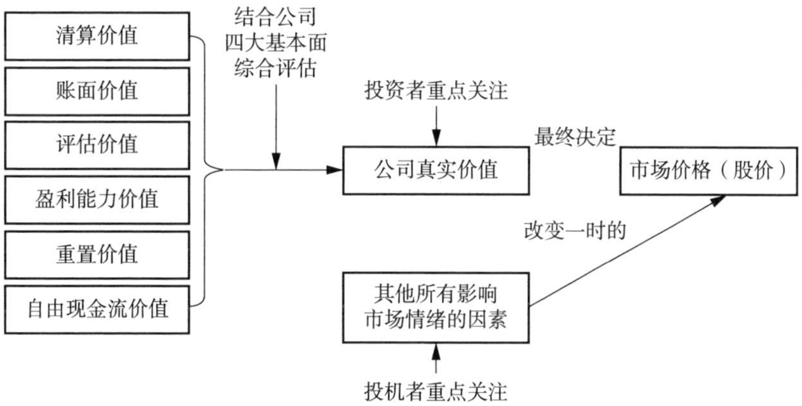

图 1–1　公司的七种价值与真实价值之间的关系

二、常用会计名词

在开始学习和理解理性投资之前，我们需要了解并牢记几个简单的会计名词，有些名词在后文中会多次出现，如果阅读时记忆模糊，可以翻回这一节多对照几遍，就能加强记忆了。[①]

图 1–2 是贵州茅台（600519）2017 年 11 月 10 日 15:00 点收盘的股价图。以图 1–2 为例，我们来认识几个常用的会计名词。

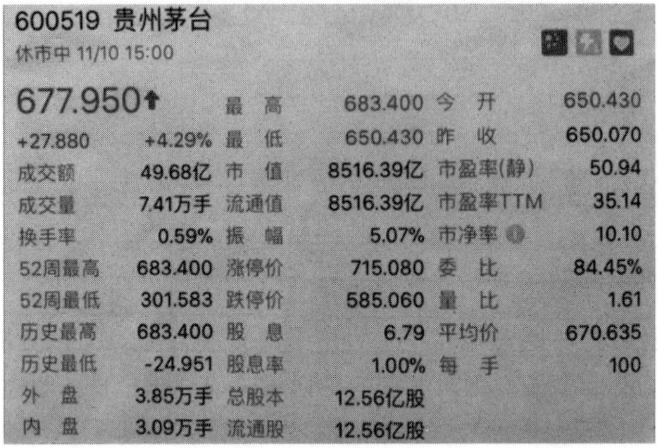

600519 贵州茅台
休市中 11/10 15:00

677.950↑		最　高	683.400	今　开	650.430
+27.880	+4.29%	最　低	650.430	昨　收	650.070
成交额	49.68亿	市　值	8516.39亿	市盈率(静)	50.94
成交量	7.41万手	流通值	8516.39亿	市盈率TTM	35.14
换手率	0.59%	振　幅	5.07%	市净率	10.10
52周最高	683.400	涨停价	715.080	委　比	84.45%
52周最低	301.583	跌停价	585.060	量　比	1.61
历史最高	683.400	股　息	6.79	平均价	670.635
历史最低	-24.951	股息率	1.00%	每　手	100
外　盘	3.85万手	总股本	12.56亿股		
内　盘	3.09万手	流通股	12.56亿股		

图 1–2　贵州茅台股价

总股本， 把一个上市公司的所有权平均“切成”的股数。例如，贵州茅台被“切成”了 12.56 亿股。

流通股， 上市公司总股本中当前可以买卖交易的股票。有些股份有限售期，限售股票在限售期内不能交易。

净利润， 利润表中扣除所有成本、税费后得到的数字。

扣非净利润， 净利润中扣除变卖家当、政府补助等偶然性的盈亏后的净利润称为“扣除非经常性损益后的净利润”，简称“扣非净利润”。

每股收益， 净利润除以总股本等于每股收益，又称每股净利润（EPS）。例如贵州茅台 2016 年全年的每股收益为 13.31 元。

每股股息， 现金分红总额除以总股本等于每股股息。例如贵州茅台 2016 年全年每股股息为 6.79 元。

每股净资产， 最近一期财务报告上的净资产除以总股本等于每股净资产，又称“每股净值”。例如，贵州茅台 2017 年 9 月 30 日报表上净资产为 843.6 亿元，总股本为 12.56 亿股，则计算出的每股净资产为 67.16 元。

股价， 每一股股票在市场上最近某一时点的交易价格。例如贵州茅台 2017 年 11 月 10 日 15:00 的股价为 677.95 元。

① 心理学研究表明，反复练习（复习）是强化记忆的最有效方法。

市值，上市公司在某个交易时点的股价乘总股本，得出此上市公司在该时点的总市场价值（市值）。市值随股票交易价格变动而变动，市值只是市场上买方和卖方在买卖中所形成的短时间的交易价格，所以市值经常与上市公司真实价值之间存在着偏离，投资者必须充分认清和理解这一现实。

流通值，所有流通股本的市值（因为部分限售股不能交易）。

股息率，每股股息（每股现金分红）除以当前股价等于股息率。注意，股息率的大小随股价波动而变化，仅表示最近一年的每股现金分红占当时股价的比例。

派息率，每股股息（每股现金分红）除以每股收益等于派息率，指最近一年的每股现金分红占每股收益的比例，又称“现金分红率”或“派现率”，派息率与股息率是两回事，请注意区别。

市盈率（静态），简称“PE”，是指当前股价除以上一个年度每股收益得到的倍数。例如，贵州茅台 2017 年 11 月 10 日的股价 677.95 元除以 2016 年全年的每股收益 13.31 元约等于 50.94 倍，这个静态市盈率表明如果茅台以 2016 年全年的净利润来计算，需要 50.94 年可以赚到 8516.39 亿元的市值，市盈率是衡量股票价格高低的指标之一。

市盈率（滚动），简称“TTM”，由于上市公司的净利润是不断变化的，如果以上年的盈利来衡量今年的市值就会不合理，滚动市盈率解决了这个问题，国内的上市公司按规定必须每个季度披露一次财务报告，滚动市盈率是指当前股价除以最近四个季度每股收益之和得出的数字。[①] 例如，贵州茅台 2017 年 11 月 10 日的股价 677.95 元除以 2016 年四季度、2017 年一、二、三季度，共四个季度每股收益之和为 19.29 元，得出 35.14 倍，意思是说按照最近四个季度的净利润，需要 35.14 年可以赚到市值 8516.39 亿元。滚动市盈率（TTM）是衡量股票价格高低最常用的指标之一。本书所提的市盈率，如无特别说明，则指滚动市盈率（TTM）。

市净率，简称“PB”，是指当前股价除以最近一期财务报表上的每股净资产[②]得出的数据，市净率也是衡量股票价格高低的重要指标。例如，贵州茅台 2017年11月10日的股价677.95元除以2017年9月30日的每股净资产67.16元约等于 10.1 倍，即指贵州茅台 2017 年 11 月 10 日的股价约是每股净资产的

---

① 有的人根据预测出的公司当年或下一年的净利润，得出所谓的动态市盈率。陈正则认为这种尚未实现的盈利预期，不能作为评估公司当前股价水平的可靠依据，因此未将动态市盈率列入此表。

② 也可以除以每股加权平均净资产来进行计算。

10.1 倍。

图 1–3 展示了影响上市公司市值的各种因素之间的关系。

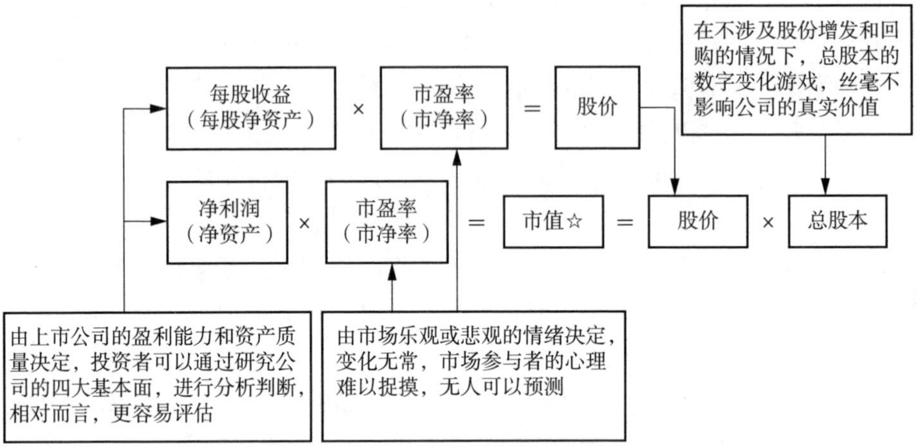

图 1–3　影响上市公司市值的各种因素之间的关系

三、股价误区

我们周围有许多散户投机客朋友，在茶余饭后讨论“炒股”时，经常把股价挂在嘴边，陈正则经常能听到这些投机客朋友说：“这个股票 100 多元，太贵了！”“这个股票才 2 元，很便宜……”实际上，单从股票单价并不能判断股票是便宜还是贵，判断股价是贵还是便宜也根本不能简单地直接比较股价的高低。

陈正则建议初学者牢记以下四个简单公式：

每股收益 × 市盈率 = 股价

每股净资产 × 市净率 = 股价

净利润 × 市盈率 = 市值

净资产 × 市净率 = 市值

为方便初学者理解，我们以贵州茅台 2017 年 11 月 10 日的收盘价来假设。

“送股”在增大总股本的同时，也会相应地减少每股股票对应的每股收益和每股净资产，因此每股股价就会相应变小，虽然你手中的股票数量变多了，但是你手中所有股票的总真实价值还是不变的，对应的市盈率和市净率也没有变化。贵州茅台每股单价虽然高达 677.95 元，但是只要通过“送股”把总股本扩大 100 倍，就可以让股价变成 6.78 元了，这就像 1 张 100 元的钞票换成了 100 张 1 元的钞票一样，你手中钞票的总价值其实没有任何变化。如表 1–16 所示。

表 1–16 贵州茅台“1 送 99 股”指标变化

指标	总股本 12.56 亿股	假设每“1 股送 99 股” 总股本摇身一变成了 1256 亿股，则：
总市值	8526 亿元	8526 亿元（不变）
市盈率（TTM）	35.14 倍	35.14 倍（不变）
市净率（PB）	10.1 倍	10.1 倍（不变）
每股收益	19.29 元	0.19 元（相应变化）
每股净资产	67.16 元	0.67 元（相应变化）
股价	677.95 元	6.78 元（相应变化）

在一些投资类的名著中，作者将公司送转股本的行为视为公司发展的利好信号，陈正则是不赞同的。送转股本的数字游戏无论怎么玩，都不会让公司的真实价值产生任何提升。

比较股价的便宜还是贵绝不能简单地比较股价数字的大小，而是要比较股价所对应的市盈率和市净率的大小。

贵州茅台 2017 年 11 月 10 日市盈率为 35.14 倍，市净率为 10.1 倍。这个价格不算低，但也不是最贵的，因为在 2025 年 1 月 31 日 A 股上市公司中，市盈率超过 100 倍的公司比比皆是。

中国 A 股中市盈率大于 100 倍的上市公司还有许多，表 1–17 中，前 4 家公司 2025 年 1 月 27 日的股价对应的每股收益分别需要 234.61 年、338.9 年、131.10 年、103 年才能等于当前市值。大家看到这些三位数的市盈率，还会觉得它们的股价 3.61 元、6.58 元、19.33 元和 25.4 元比贵州茅台便宜吗？

表 1–17 2025 年 1 月 27 日部分市盈率大于 100 倍的公司

公司名称	2025 年 1 月 27 日 股价（元）	2025 年 1 月 27 日 市盈率（TTM）（倍）
辽宁能源	3.61	234.61
积成电子	6.58	338.90
杰恩设计	19.33	131.10

续表

公司名称	2025 年 1 月 27 日 股价（元）	2025 年 1 月 27 日 市盈率（TTM）（倍）
华曙高科	25.4	103
ST 金一	2.5	8745.51
盛通股份	7.49	6624.34
澄天伟业	26.5	5388.77
捷邦科技	76.97	5232.17
金健米业	6.47	4989.92
康美药业	2.22	4851.14

2024 年 8 月 30 日，巴菲特所掌管的伯克希尔 – 哈撒韦公司每股股价高达 71.52 万美元，但市盈率也只有 10 倍左右，市净率为 1.6 倍，71.52 万美元 1 股的股票虽然价格是全世界最高，但是相对于每股的真实价值，其实还很实惠。

自股市诞生以来，有无数投机客栽倒在这些所谓股价便宜的公司身上，这些上市公司单价数字看似很小，实际上却非常昂贵。

四、低迷、兴旺和疯狂

与其将市场分为牛市和熊市，陈正则更倾向于将市场周期划分为低迷期、兴旺期和疯狂期。大多投机客喜欢疯狂期的市场，但往往受伤也最深，真正的理性投资者喜欢低迷期和兴旺期的市场，面对疯狂期的市场则十分警惕。图 1–4 为市场周期轮回示意。表 1–18 为股市低迷期、兴旺期和疯狂期的对照。

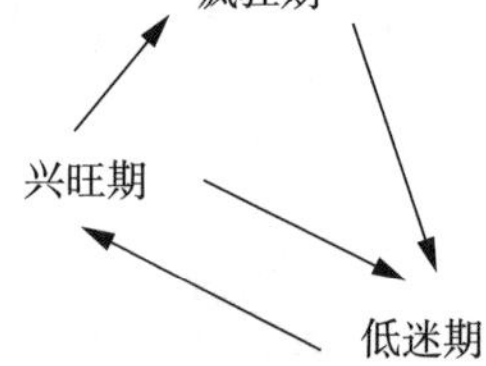

图 1–4　市场周期轮回示意

表 1–18 股市低迷期、兴旺期和疯狂期的对照

状态特征	低迷期	兴旺期	疯狂期
市盈率、市净率整体水平	低于历史平均水平，整体上公司市场价格低于真实价值	在历史平均水平附近，整体上公司市场价格与真实价值偏离不大	高于历史平均水平，整体上公司市场价格大幅高于真实价值
成交量	成交低迷，市场萧条	稳中有升，合理水平	天量成交，市场疯狂
市场情绪	极度悲观，谈股色变	乐悲交织，稳中有进	极度乐观，陷入疯狂
新开户人数	开户数很少，证券公司门可罗雀	正常水平，稳步提高	大幅增加，证券公司人满为患
好公司市场价格	大幅低于真实价值，“遍地黄金”	价值回归，甚至大幅高于平均涨幅	涨涨涨！公司市场价格超过真实价值
烂公司市场价格	打回原形，“尸横遍野”	死灰复燃，部分“烂货”有所抬头	涨涨涨！变成空中楼阁
投机炒股者的状态	空中楼阁让他们损失惨重，解套无望“割肉”离场，发誓永不炒股	后知后觉，在兴旺期开始追高、满仓，甚至借钱炒股	满仓，幻想股市一直疯下去，连卖菜的大妈都自称“股神”
理性投资者的状态	**满仓买入被抛售的优秀公司股票，用“大盆”接住“黄金雨”。股价还有可能继续下跌，但理性投资者已经稳操胜券**	高仓位持有的优秀公司随着市场回暖，估值提升，盈利增长，尽享股价增值的超额收益	当公司市场价格超过真实价值时，不贪不恋，逐步减仓，自有投机客和投机者接盘，此时**股价还可能继续疯涨，但理性投资者已经逐步减仓离场，手持现金类资产静待潮起潮落，准备迎接下一场“黄金雨”**

投资者可以通过以下 3 种简单的方法大致判断股市所处的周期。

（一）通过整体市盈率和市净率水平判断股市的状态

1999 年至 2015 年，上证指数的整体市盈率在 10 倍与 70 倍之间徘徊，其中 2007 年大牛市顶峰时最疯狂，整体市盈率达到不可思议的 70 倍[①]（见图 1–5）。2025 年 1 月 27 日上证指数整体市盈率为 14.16 倍，在我国历史上处于中位偏低的水平。我们可以大致判断当前（2025 年 1 月）的股市处于低迷期。

① 成熟股市的整体市盈率波动区间一般在 10 倍至 30 倍。2007 年中国股市 70 倍的整体市盈率是当年市场极不成熟的表现，未来很难重现。

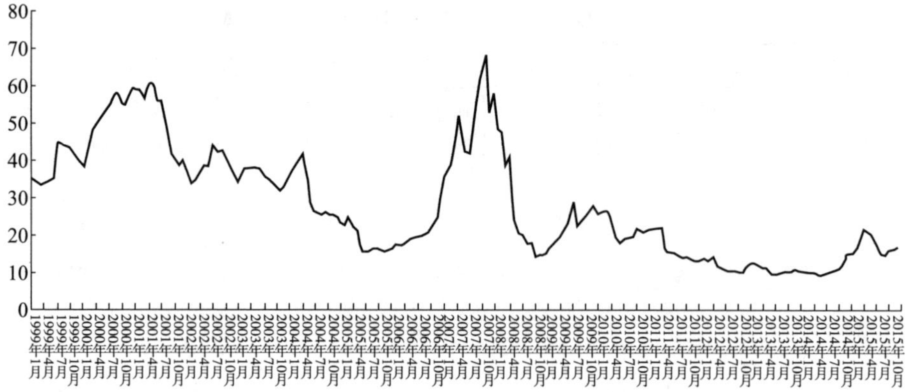

图 1-5　中国上证指数历史市盈率水平

通过市盈率和市净率水平，同样可以大致判断世界上其他国家的股市所处的状态。从图 1-6 中我们可以看出，1929 年至 2009 年美国标准普尔 500 指数的整体平均市盈率是 15.35 倍，高峰时达到 30 倍左右的水平，高峰期后出现市盈率的大幅回落，并随即进入低迷期，但低迷期之后又会进入兴旺期，**当市场整体市盈率高估了以后必然下降，当整体市盈率低估了以后必然上升。**这个必然规律也是中长期的理性投资者无惧短期市场波动的重要原因。

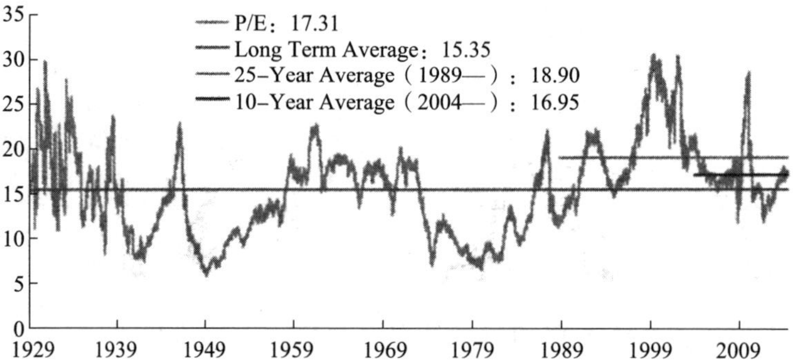

图 1-6　美国标准普尔 500 指数 1929 年至 2009 年整体市盈率水平

注：此图仅表示市盈率水平的变化，而非指数的变化，指数是整体上升的趋势，而市盈率是上下波动的趋势，初学者容易混淆。

（二）通过成交量大致判断股市状态

2015 年 6 月，上证指数达到 5000 点，中国股市处于全民炒股的疯狂期，上海、深圳两大交易所平均日成交量超过 2 万亿元。而 3 年后的 2018 年 6 月 12 日，上海证券交易所日成交 1702 亿元，深圳证券交易所日成交 2170 亿元，两市总成交量竟不足 4000 亿元，仅有疯狂期的 1/5。

通过疯狂期和低迷期的成交量数据，我们可以大致判断市场所处的状态。2018 年 6 月 28 日，上海证券交易所日成交量仅有 1297 亿元，这个成交量处于近年历史最低位附近，据此可以大致判断 2018 年 6 月的股市处于低迷期。如表 1–19 所示。

表 1–19　2016 年 2 月至 2018 年 6 月上海证券交易所交易量最低的交易日

单位：亿元

交易日	交易量
2016 年 2 月 15 日	1293
2016 年 3 月 11 日	1285
2016 年 5 月 10 日	1285
2016 年 8 月 02 日	1293
2016 年 9 月 28 日	1164
2017 年 1 月 25 日	1268
2017 年 6 月 06 日	1278
2018 年 6 月 22 日	1272
2018 年 6 月 28 日	1297

（三）通过大爷大妈对股市的态度判断股市状态

走访身边的大爷大妈和投机客们，询问他们对当前股市的态度。如果大多数人认为他们选股比你还牛，人人自称“股神”的时候，毫无疑问，股市正处于疯狂期。理性投资者此时应该卖出一些被高估的股票了。如果身边的大爷大妈和投机客们人人谈股色变，跟他们谈股票就要翻脸的时候，很可能股市正处于低迷期，这时候理性投资者就该用“大盆”来接“黄金雨”了。

拓展小链接

上证指数为何 10 年止步不前

陈正则曾和许多读者一样，简单地认为 3300 点的市场比 6124 点的市场低了 46%，10 年来难道中国股市在倒退吗？答案当然是否定的。

通过对 2007 年 10 月 16 日与 2018 年 3 月 31 日的比较，虽然上证指数和深成指数比起 2007 年有大幅下降，但是中国 A 股的上市公司数量由 1462 家增至

3504家，A股总市值也由27.6万亿元增加至61万亿元，10年间虽然上证指数下降了近一半，但上市公司的数量和总市值均上升了1倍以上，从上市公司数量和总市值看，中国股市10年来的发展不但没有倒退，反而增长很快，整体上与我国经济发展的趋势一致，如表1-20所示。

表1-20　2007年与2018年市值扩容与指数表现对比

指标	2007年10月16日	2018年3月31日
A股总市值（万亿元）	27.6	61
A股上市公司数量（家）	1462	3504
国内生产总值（万亿元）	26.8万亿元（2007年）	82.7（2017年）
上证指数（点）	6124	3168
深成指数（点）	19600	10868

再来看下当年1462家上市公司2007年10月16日至2017年10月16日的股价表现，如表1-21所示。

表1-21　上市公司10年股价表现

2007年10月16日的6124点时的股价	2017年10月16日3300点时的股价（注：已将转、送股本后的股价复原）	
1462家上市公司股价10年后	992家上涨	占比67.85%
	472家下跌	占比32.28%
其中上涨的992家公司中	776家	上涨超过30%（占比53.08%）
	446家	上涨超过1倍（占比30.51%）
	54家	上涨超过5倍
	13家	上涨超过10倍

这意味着，如果有一位投机客在10年前6124点顶点那天闭着眼睛随便买了一只股票，一直持有10年没卖，也有67.85%的概率解套了，还有30.51%的概率中奖，获得翻倍收益！这一点也证明了，即使投机客买在了疯狂期的顶点，随着中国经济和股市的迅猛发展，10年后大部分人也解套盈利了，可见我国股市不仅没有倒退，反而发展、进步很快。

10年间，上市公司数量增加了1倍多，总市值增长了1倍多，上市公司的净利润增长了两倍多，大部分在6124点被套的人也解套获利了，为何上证指数还在3300多点的半山腰上呢？

都是权重股惨案惹的祸！

请大家参考本书第四章第九节中讨论的“惨案”。

2007 年 10 月 16 日，上证指数 6124 点时，整个 A 股总市值为 27.6 万亿元。而以下 10 家大块头：中国石油、中国石化、中国神华、中国铝业、中远海控、中国国航、鞍钢股份、东方航空、中国人寿、交通银行合计总市值达到了 16.57 万亿元，这 10 家上市公司就占了 1462 家上市公司总市值的约 60%。后来大家都知道了，10 年后仅中国石油一家就跌了 6.57 万亿元，10 家大块头“合伙”跌去了 12.25 万亿元！

这 10 家大块头中除了中国人寿和交通银行，其他 8 家全是“阴晴不定型”的强周期型公司，2007 年是盈利高峰期，再加上疯狂期超高的估值水平，如今遭遇“戴维斯双杀”（指净利润和估值水平双双下降），股价大多是当年的零头。不是今天的股价太低，而是当年的股价太疯狂、太离谱了，正是这些大块头股价的大跌严重拖累了上证指数的上升。

第六节 投资准备

如果您立志成为一名既能立于不败之地，又能实现长期较高复利的理性投资者，务必做到以下三点。

一是坚定投资信念。必须毫不动摇地坚守理性投资理念，这与投机理念截然不同。投机者目光短浅，易受非理性情绪左右。当下，市场仍以投机者为主，在牛市疯狂、股灾悲观时，若不能坚守理性投资核心原则（后文重点讨论），就可能在牛市高位买入被高估的股票，在熊市时又恐慌抛售被低估的股票。不妨先问问自己：牛市时能否保持冷静？熊市时能否稳住心态？若无法战胜人性中的过度乐观与悲观，不能深刻理解真实价值决定市场价格的规律，便不适合参与理性投资。

二是规划投资期限。人性渴望短期暴利，但这在理性投资中并不可取。理性投资者能识别、研究并投资于多家优质企业，且能确保其中的多数企业未来表现出色；而没人能预测公司股价明日或下月的涨跌。短期内，即便优质企业经营向好，股价也可能因市场非理性而下跌，但只要是真正的优质企业，随着时间推移，市场一定会给予合理定价。若用于理性投资的资金没有中长期投资规划，就无法享受现金分红、股价回归与企业成长带来的超额收益。陈正则认为，理性投资资金的锁定期应该至少是3年，投资时间越长，复利效果越显著。所以，在准备用于理性投资的资金时，应提前预留未来至少3年的必要开支，避免中途撤资影响投资计划和长远收益。

三是确保资金来源。我们从事的是投资而非投机，陈正则强烈建议，用于理性投资的资金必须是无须支付利息的自有资金或权益资金（如股东出资、基金认购等），坚决反对使用有息负债（需支付利息的债务）进行中长期投资，也不赞成运用杠杆（融资融券）。若投资资金需要付利息，则不仅会增加经济负担，还会在市场非理性下跌时，给投资人带来巨大心理压力，引发财务状况恶化的连锁反应，导致投资人违背理性投资原则，做出错误决策，最终得不偿失。在世界投资史上，有无数个聪明绝顶的人因使用有息负债而破产，我们其实并不比他们更聪明。

小 结

本章主要对宏观常识、复利常识、市场常识、投资与投机、股票估值和投资准备做了通俗的讲述，如果您能够读到这里，还没有将本书丢进垃圾筒，陈正则感到很欣慰。

接下来的第二章“必胜之师”、第四章“不败之地”、第五章“攻守之道”、第六章“见微知著”和第七章“计安天下”是本书的干货章节，希望这些通俗的文字能给投资菜鸟和专业人士带来一些启发。

第二章

必胜之师

> 胜兵先胜而后求战，败兵先战而后求胜。
>
> ——《孙子兵法·军形篇》

［译文］能够取得胜利的军队，先确保具备战胜敌人的各种条件后再与敌人作战；而失败的军队，会先冒险作战，再侥幸求胜。

陈正则在本章将结合自身经营公司的体会以及顶级投资大师们的成功经验向大家讲述什么生意才是真正的好生意（而不是听起来或看起来像好生意），选择**投资好生意是理性投资取得持久成功的关键**。一个好生意需要达到三好标准，即处于好行业、是个好公司、拥有好管理。陈正则偏爱那些同时达到三好标准的公司去深入研究，这些公司就像巴西男足一样，具备高度的确定性。

如果把一家上市公司比喻成一匹马，把这家公司的管理层比喻成驾驭这匹马的骑士，把这家公司所处的行业比喻成马儿奔驰的疆场，那么这匹马能跑多快、跑多远、跑多好，马儿自身的优劣（是不是好公司）、骑士的骑术水平（有没有优秀的管理层）和马儿奔驰的疆场（是不是好行业）都至关重要，三者缺一，马儿都不可能跑出好成绩。**处于好行业，是个好公司，拥有好管理，是一个好生意必备的三大重要条件。**

第一节 处于好行业

一、不同行业的投资确定性比较

我们在生活中可以看到这样的现象：有些行业忽好忽坏、忽冷忽热、喜怒无常；有些行业会提前或者滞后于经济冷热的变化；有些行业受国家政策影响大；而有些行业只要不发生战争或者社会动乱，小小的经济危机或者经济冷热的变化就对这些行业影响甚微。我们将不同的行业大致分成几种类型，如表 2–1 所示。

表 2–1 行业分类表

行业分类	行业典型	行业特征
强周期型行业	钢铁、水泥、化工、汽车、地产、航运、建筑材料、石油、采掘、机械设备、有色金属、煤炭等	大多属于重资产型行业，随经济周期的冷热变化而变化，好坏反差特别大

续表

行业分类	行业典型	行业特征
弱周期型行业	银行、保险、证券等	受经济周期影响，但表现时间上不同步
抗周期型行业	食品饮料、医药[a]、日常生活消费品等	无论经济形势是好还是坏，老百姓的吃喝、看病、日常消费变化都不大
其他分类方法		
政策型行业	道路交通、污水处理、电力、水务、燃气等公共事业	业绩稳定，但受政策影响较大，公司没有定价权
新兴行业	机器人、人工智能、共享单车、基因生物、可燃冰、量子通信等	行业增长潜力巨大，但同时变化巨大，不确定性巨大，专业度非常高
夕阳行业	蜡烛、马鞭、传统自行车、非智能手机、摩托车、手电筒等	行业衰退严重，难逃下滑命运
成熟行业	银行、地产、白酒、服装等	行业处于成熟期，整体增长较慢

注：a. 医药行业，在我国社会主义制度下，其民生属性很强，行业的发展受政策因素影响较大。

本节我们不需要讲太复杂的经济周期、行业周期和其他理论，投资者只需要明确一点：**不同行业的确定性是不同的。**

从历史看，**强周期型行业**都有一个大致冷热轮回的周期，如石油行业的周期约 30 年，钢铁行业约 8 年，水泥行业则短一些。如果投资者不能够相对准确地判断行业拐点的变化，就不要碰强周期型行业，因为如果你不懂这些行业，就没有投资需要的确定性。

如果你对水泥行业不甚了解，就无法判断行业冷热变化的拐点，那么即使是优秀的水泥公司也不建议你去投资，但是如果你是海螺水泥的一位销售部经理，那么你就具备了投资水泥这个强周期型行业的独特优势，在行业低迷时，即使是优秀的水泥行业龙头——海螺水泥，它的股价也可能会跌到很低的水平，当你在日常的工作中发现客户不停地主动大幅增加购货量，并且公司大幅提高售价后仍然销售火爆，你甚至不需要懂任何经济原理，也不需要会看公司财务报告，只要此时购入海螺水泥的股票就可以获得超越金融街[①]专业人士的投资回报了。

对于强周期型行业，投资者一定要具备能提前相对准确判断行业冷热变化趋势的能力或优势，否则，就不要去碰自己根本不甚了解的强周期型行业。

弱周期型行业对经济的冷热反应会提前或滞后，金融业就属于典型的弱

① 金融街一般是指城市中集中了大量金融机构、金融市场以及相关金融服务配套设施的特定区域，例如北京金融街。

周期型行业。弱周期型行业中存在一些好公司，适合巨额资金的长期投资，并且收益很稳健。

抗周期型行业是理性投资者钟爱的行业，中美股市历史上厉害的高速复利成长的公司大多来自抗周期型行业。

美国股市在1957年至2003年的47年间，经营业绩和股价表现最牛的20家基业长青的公司中竟然有18家（11家消费品业、6家医药业、1家零售业）来自抗周期型行业。美国标普500指数在47年中的总涨幅是123倍，复利系数是10.85%，这18家公司的表现远超市场平均复利系数，菲利普·莫里斯公司在47年里的总收益倍数达到4625倍，复利系数达19.75%。如表2–2所示。

表2–2　1957年至2003年美国股市中20家公司

排名	公司名称	所处行业（主要产品）	投资47年总收益倍数	年复利收益率（%）	年均盈利增长率（%）	历史平均市盈率
1	菲利普·莫里斯公司	消费品（烟草）	4625	19.75	14.75	13.13
2	雅培制药	医药	1280	16.51	12.38	21.37
3	百时美施贵宝公司	医药	1208	16.36	11.59	23.52
4	小脚趾圈公司	消费品	1090	16.11	10.44	16.80
5	辉瑞医药	医药	1054	16.03	12.16	26.19
6	可口可乐公司	消费品（可乐）	1051	16.02	11.22	27.42
7	默克公司	医药	1002	15.90	13.15	25.32
8	百事可乐	消费品（可乐）	865	15.54	11.25	20.42
9	高露洁公司	消费品（牙膏）	760	15.22	9.03	21.60
10	克瑞公司	制造	736	15.14	8.22	13.38
11	亨氏公司	消费品（番茄酱）	635	14.78	8.94	15.40
12	箭牌公司	消费品（口香糖）	603	14.65	8.69	18.34
13	富俊公司	消费品	579	14.55	6.20	12.88
14	克罗格公司	零售	546	14.41	6.21	14.95
15	先灵葆雅	医药	536	14.36	7.27	21.30
16	宝洁公司	消费品（日用品）	513	14.26	9.82	24.28
17	好时食品	消费品（巧克力）	506	14.22	8.23	15.87
18	惠氏公司	医药	460	13.99	8.88	21.12
19	荷兰皇家石油	能源	398	13.64	6.67	12.56
20	通用磨坊	消费品	387	13.58	8.89	17.53
标准普尔500指数平均			123	10.85		

资料来源：西格尔.投资者的未来[M]. 李月平，等译.北京：机械工业出版社，2007.

从表 2–3 可以看出，中国股市 15 年来长期表现优秀的 20 家公司中，有 13 家公司（6 家食品饮料业、2 家消费品业、5 家医药业）来自抗周期型行业。无论是在美国还是中国，抗周期型行业中优秀公司的稳定性和成长性都是一致的。

表 2–3　2003 年至 2017 年中国 A 股表现优秀的 20 家公司（未包含现金分红）

排名	公司名称	所属行业	15 年前起涨市值（亿元）	2017 年 8 月 24 日（亿元）	投资 15 年的总收益倍数
1	贵州茅台	食品饮料	85.88	6190	99.34
2	格力电器	消费品	46.98	2372	93.28
3	恒瑞医药	医药	33.16	1543	60.80
4	伊利股份	食品饮料	25.61	1378	32.26
5	云南白药	医药	35.06	916	31.85
6	宇通客车	汽车	20.07	461	30.28
7	康美药业	医药	21.33	1031	29.40
8	三安光电	制造	11.52	823	29.09
9	泸州老窖	食品饮料	44.44	757	27.76
10	万华光学	化工	51.42	980	26.91
11	万科 A	房产	71.89	2502	26
12	南京新百	消费品	19.08	427	18.81
13	双汇发展	食品饮料	42.90	740	18.09
14	长春高新	医药	13.03	231	17.52
15	北方稀土	资源	47.75	626	17.03
16	五粮液	食品饮料	163.59	2052	16.81
17	福耀玻璃	制造	44.70	586	16.29
18	山西汾酒	食品饮料	36.06	373	15.79
19	上汽集团	汽车	187.99	3544	14.24
20	吉林敖东	医药	26.66	255	12.81

再来看一下，巴菲特向美国证券交易委员会（类似中国的证监会）递交的 2017 年 11 月他旗下公司所持有上市公司投资组合的报告，持股前十大公司如表 2–4 所示。

表 2–4　2017 年 11 月巴菲特前十大持股公司

公司名称		所处行业	2017 年 11 月 14 日持股市值（亿美元）	占投资组合比例（%）
1	富国银行	银行	256.32	14.41
2	卡夫食品	食品饮料	252.76	14.21
3	苹果公司	电子消费品	206.48	11.63
4	可口可乐	食品饮料	179.78	10.13
5	美国银行	银行	170.88	9.68
6	美国运通	非银金融	137.06	7.72
7	PHILLIPS66	能源	72.98	4.16
8	IBM	软件与服务	53.4	3.02
9	美国合众银行	银行	44.5	2.57
10	穆迪公司	非银金融	33.82	1.93
前十大重仓持股占总投资的比重			1407.98	79.46

注：巴菲特旗下还拥有数家大型保险公司，由于是 100% 控股，故未统计在表内。

从表 2–4 可以看出，在巴菲特 2017 年 11 月 14 日公布的总投资金额高达 1780 亿美元的投资组合中，他还是十分偏爱食品饮料、消费类的抗周期型公司，卡夫食品、苹果和可口可乐 3 家公司占了投资组合总资产的 35.97%，他还将 1780 亿元美元投资组合中的 26.66% 投向了 3 家银行，从这组数据中可以看出，巴菲特的投资目标主要集中在食品饮料、日常消费品、银行业中的几家优秀公司。对于 1780 亿美元的投资组合来说，巴菲特所投资的行业主要集中于非强周期型行业，在巴菲特的 10 大重仓股中没有一家处于强周期型行业，并且如此天量的资金仍然集中投资于 10 家以内的优秀公司。

中美两国历史上长盛不衰的“大牛股”和“股神”巴菲特的投资组合，一致证明了抗周期型行业有着无穷的魅力，食品饮料、消费品、医药等抗周期型行业和银行、保险业是值得投资者重点关注的行业。这些行业发展稳定，不易受经济冷热的影响（银行除外）。在这些行业中，找到优秀的上市公司就如同找到了足球界的巴西男足，盈利和股价的稳步且较快提升都具有很高的确定性。

政策型行业以公共事业为主，这些行业内的优秀公司大多业绩稳定并保持一定的缓慢增长，每年的盈利扣除必要的开支后，大部分可以用于现金分红。与此同时，这些行业的市场估值水平较低，有时以市场价格购入股权，每年的现金分红都超过银行的定期存款利息，如大秦铁路、长江电力、山东高速、京能电力、粤高速A、成渝高速、宁沪高速等公司在2014年至2016年的现金分红收益就超过了银行定期存款的利息，翻阅这些公司历年的分红记录，分红比率和股息率[①]都较为稳定。政策型行业一般不会给投资者带来太大的惊喜，一般情况下股价也会随业绩正常波动，中长期持有会获得较为稳定的现金分红收益，是保守型投资者偏爱的对象。**由于这些公司大多是公共事业型公司，没有自主定价权，一旦政府常年不允许涨价甚至下令降价，就可能对行业内公司的业绩产生重大影响（存在不确定性）。**

新兴行业对投机者有很大的诱惑。因此，每当有贴上新兴行业标签的公司出现，都会立即成为投机者竞相追捧的对象。比如当前的5G、人工智能、基因生物等行业已经成为投机的重灾区。一个前年的净利润只有四五亿元的公司（净利润中还包含大量政府补贴），市值却可能被投机者炒到上千亿元。

也许这些公司是好公司，但现在绝对不值上千亿元的市值，就像菜市场里来自美国的天然、无污染的绿色牛肉，的确是好牛肉，卖100元1斤还可以理解，可是如果卖到10000元一斤，不是在开玩笑吗？这种**由投机者在空中建楼阁的游戏是极其危险的，理性投资者一定不能被眼前的假象和尚未兑现的“美好前景”所鼓动和迷惑，新兴行业的公司即使再优秀，只要其市场价格被高估，也必须远离。**

新兴行业的盈利能力在发展过程中存在着非常大的变数，技术革新、强有力的竞争者等因素都极有可能颠覆现在市场上的明星公司，所以有些人认为如果现在不投这些公司，“过了这个村就没这个店”，这种想法是很不理智的。不是福特，不是丰田，也不是宝马发明了世界上第一辆汽车，但是它们才是如今汽车界的巨头。不是苹果，不是三星，也不是华为发明了世界上第一部手机，但如今的手机市场却是它们的天下。

所以，当我们在看到新兴行业的公司市值被投机者炒上天的时候，一定要保持理智的判断力，随着时间的推移，这些公司的市场价格（市值）一定会回归其真实价值。而有些纯粹蹭热点的普通公司和烂公司的市场价格（市值）也一定会原形毕露。很可惜，投机者总是健忘的，他们不能从历史中吸取教训，而总是热衷于在愚蠢的道路上前赴后继。作为理性投资者，我们可以看看热闹，但是一定要与这类“空中楼阁”保持绝对安全的距离。

---

① 股息率是指在特定时间内，公司按照股东持股比例分配的股息与股票价格的比率，通常以百分数的形式表示。它反映了公司分红政策和盈利能力对股东投资回报的影响，体现了股东每持有一定数量的股票所能获得的实际收益水平。后文中有详细讨论。

夕阳行业与**成熟行业**是两回事，成熟行业整体增长缓慢或者停止增长，但在成熟行业中依然可以找到高确定性的“巴西男足”，比如白色家电行业、高端白酒业、银行业等，但是夕阳行业却是整个市场需求下降，甚至剧烈下降。在夕阳行业里，就算公司是一匹千里马，管理层是高超的骑士，可是如果这匹千里马和高超骑士失去了广阔的疆场，马儿还能跑出好成绩吗？所以即使一家公司的历史表现和管理层都很优秀，但是主营业务面临夕阳化风险的时候，还是要谨慎对待，保持距离。

二、“好行业”标准

在实践中，评估某个行业是否具有长期的投资价值，需要考量的各种因素非常多，没有深度经营过这个行业的投资者很容易产生认知上的偏差和主观上的误判。在投资中，想要长期实现较高的复利回报，就需要对所投资行业的盈利稳定性和资本回报水平提出很高的要求。

为了有利于投资者做出理智的判断，陈正则化繁为简，归纳了筛选好行业的三大标准。

一是行业前景明朗。未来 10 年内，行业的市场总需求一定不会出现大幅下降，例如保险业。或者行业一定不会发生颠覆性变革，例如银行业。需要注意的是，新兴行业和高科技类行业虽然潜在需求巨大，但也存在着巨大的革新风险。即使是业内最资深的人士也难以预测变革何时会发生（存在不确定性），例如信息技术业、人工智能业、电动汽车业。

二是竞争格局合理。未来 5 年内，行业前 3 强的竞争格局发生变化的概率极小，前 3 强拥有行业的定价权，即使出现了强有力的竞争者也难以对行业内的前 3 强构成实质性的威胁，例如高端白酒业。

三是资本回报水平较高。行业整体的净资产收益率连续多年保持在 10% 以上（高于社会平均水平），并且依然可以持续 5 年以上，例如银行业、白色家电业、高端白酒业。或者在未来 10 年内，出现无序竞争和恶性竞争导致行业整体资本回报水平大幅下降的概率极低，例如银行业和保险业。与此同时，需要注意有些行业前景明朗、竞争格局合理，但是资本回报水平较低，我们也不能误认为该行业是好行业，例如航空业。

有些行业并不能同时符合上述三大标准，但这些行业中仍可能存在一些较短期的投资机会。

此外，进入壁垒较低的行业，如服装、鞋帽、箱包和茶叶等，从业者多如牛毛，竞争惨烈，资本回报水平不可能很高；难以形成规模化、标准化的行业，如烧烤摊、土菜馆、律师服务和家庭装修等，几乎不可能形成强大的长期竞争力；产品或服务同质化、品牌认知度低的行业，如纺织、白糖、农产品和大宗商品等，由于竞争激烈，即使是行业内最优秀的公司也不具备强势的价格主导权，注定了利润水平和长期资本回报水平是低于社会平均水平的。

俗话讲："男怕入错行，女怕嫁错郎。"这句话将行业的抉择上升到了决定人生成败的高度。对于投资者来说，这个人生哲学同样适用。

结 论

第一，选择前景明朗、竞争格局合理、资本回报水平较高的行业，显然比选择前景不明、竞争惨烈、资本回报水平较低的行业更容易获得持久的成功。投资好行业对取得持久的成功至关重要。

如果你只有 5000 元或 5 万元的资本金，你根本无法去开银行、开保险公司，或者开个酒厂与贵州茅台竞争；即使你有 5000 万元或 5 亿元资本金，你也很难获得银行和保险公司的经营牌照，你开的酒厂还是根本无法与贵州茅台竞争。

事实上，今天的大多数好行业，要么行业的进入壁垒非常高，如银行、保险业等，新进入者难以获得经营牌照；要么行业内已有的公司竞争力非常强大，如高端白酒业、空调业、抗肿瘤专利药品、品牌消费业等，新进入者难以参与竞争，很难在行业内立足和生存。

也就是说，即使你资金实力雄厚且专业能力极强，也很难独立进入这些前景明朗、竞争格局合理且资本回报水平较高的行业，但是投资者能通过购买这些行业内优秀公司的股权，毫不费力地进入这些好行业，分享该行业优秀公司的经营和发展成果。

第二，理性投资的一种重要魅力在于，无论投资者资本实力是强还是弱，都可以投资于前景明朗、竞争格局合理、资本回报水平较高的好行业和好公司。投资一家上市公司成为这家公司的股东，与自己创立经营一家公司，在本质上没有区别。

陈正则对于行业投资的选择建议如表 2–5 所示。

表 2-5 行业投资选择建议

行业	理性投资建议	说明
新兴行业	远离	未来前景存在巨大变数，盈利预期尚未兑现，市场盲目地追捧导致估值过高，大多公司是危险的空中楼阁
强周期型行业 夕阳行业	谨慎	需要对行业的冷热兴衰周期有较为准确的把握，需要对具体公司进行深入细致地分析
政策型行业（公共事业） 成熟行业	关注	沙子中往往埋藏着被忽视的黄金
非强周期型行业 （银行、保险、食品饮料、消费品、医药等）	重点关注	行业前景明朗，竞争格局合理，资本回报水平较高

选准好行业就相当于给马儿选好了一个绝佳的赛场，接下来就是挑选千里马和高超骑士了。

第二节 是个好公司

陈正则力求用通俗易懂的文字，揭开优质公司的核心秘密。从本节起，会涉及一些基础财务名词，即便你是投资新手，也无须担忧，因为这些内容一读就懂。

财务与经营相辅相成、紧密相连。若不能把公司财务数据和实际经营情况相结合，就会在各种财务比率中迷失，抓不住公司生存发展的关键，自然也无法准确判断公司的真实价值。

陈正则筛选优质公司，以财务分析为基础，充分考量公司经营管理的实际成果。这些筛选标准并非照搬教科书，而是他凭借多年经营公司的实践经验，总结出的“好公司八大标准”。

好公司八大标准

1. 盈利的保证：拥有强大的长期竞争力

2. 盈利的效率：具有较高的净资产收益率

3. 盈利的代价：资本支出比例低
4. 盈利的质量：经营现金流与净利润相匹配
5. 盈利的态度：现金分红合理
6. 财务风险抗击能力：有息负债比例很低或者为零
7. 盈利的稳定和虚实：5 年以上的财务数据没有瑕疵
8. 掌舵者的才德：拥有优秀稳定的管理层

“好公司”的前七个标准将在本节做具体解释。掌舵者的才德将在本章第三节做具体解释。

陈正则通过对中国股市 5000 多家上市公司近 5 年经营数据的整体分析研究后发现，上市公司中同时符合以上八大标准的好公司不超过 150 家，同时符合七条以上的公司也不超过 300 家，这足以证明好公司是极为稀缺的。

理性投资者要做的第一件事就是先找出这些好公司。

一、盈利的保证：拥有强大的长期竞争力

经济学上有个理论叫“竞争均衡理论[①]”，大致的意思是说：当一个行业或一家公司的资本回报水平超过了市场平均水平，就会有新的竞争者加入竞争，直至让资本回报水平降到平均水平附近。这个理论在绝大多数情况下是有效的，但在拥有强大的长期竞争力的公司面前，该理论的效果是减弱，甚至无效的，这就是陈正则为什么把长期竞争力列为好公司第一重要标准。

有人把长期竞争力称为“商业护城河”，这个词最广为人知的是出现在巴菲特《致股东的信》中，也有人称为“利基”，是根据单词“Niche”音译而来，也有人称为“特许经营权”，但无论叫法是什么，都是在强调一种竞争对手所不具备的“长期竞争力”。

这种长期竞争力可能包括强大的竞争优势[②]，如表 2–6 所示。

---

① 竞争均衡理论是指在完全竞争的市场环境下，众多经济主体（包括消费者和生产者）在各自的约束条件下，通过市场机制的作用，实现供求平衡和资源最优配置的一种经济状态。在这种状态下，每个经济主体都在给定的价格体系下，根据自身的利益最大化原则进行决策，且市场上所有商品和服务的供给和需求都达到均衡，不存在过剩或短缺的情况。

② 竞争优势主要体现在转换成本、无形资产、网络效应、规模效应、成本优势等方面，不同的行业、不同的公司，长期竞争力的强弱有所不同。

表 2–6　公司竞争优势

内功	1. 独有的工艺、独家的配方、独创的专利、独享的市场、独特的地理条件、忠诚而庞大的用户群等，竞争对手无法或无从模仿和替代 2. 拥有难以获得的经营牌照或特许经营权 3. 产品或服务的特性使客户需要付出较高的迁移成本 4. 拥有竞争对手所不具备的长期成本优势 5. 拥有行业内最顶尖的企业文化 6. 拥有行业内最高效的综合管理能力
招式	1. 拥有行业第一品牌，牢牢占据消费者心智，竞争对手很难撼动其市场地位，客户转换成本非常高，转换难度非常大 2. 消费者对第一品牌的炫耀性消费，潜在忠诚客户对价格敏感度低，公司拥有较高的利润率，竞争对手无法直接展开价格战 3. 在市场上拥有强势地位，采购上对供应商议价能力强，先收货，“看心情”再付钱，对客户先预收钱，“看心情”再发货，供应商和客户还都笑眯眯的一点脾气都没有。如果你不卖、你不买，后面排队的人多得是，因此，资本和成本优势比竞争对手更强 4. 政府各种政策的扶持和倾斜 5. 需要锦上添花的时候，银行争破头皮来“送钱”，利率打折再打折，还生怕你嫌贵不肯要 6. 较高的利润率，不仅不下降，有时还能连年提升，其销售价格是全行业的风向标，竞争对手只能追随，而无法引领 7. 每年获得远超行业平均水平的资本回报，并且持续投入扩大生产、销售和研发上，继续巩固和提升竞争力，强者恒强，竞争对手有时只能眼睁睁看着差距越来越大，甚至毫无还手之力
杀招	价格主导权：产品提价令自己的盈利加速倍增；产品降价则令竞争对手叫苦不迭
特殊福利	1. 抗击物价上涨：公司产品提价幅度可超过成本的涨幅，不仅不会被物价上涨所伤，还能令利润逆市增长 2. 城镇化、消费升级红利：中国经济中高速增长，老百姓收入越来越高，城市人口逐年增加，拥有强大的长期竞争力的公司仍拥有着巨大的成长潜力

注：国家统计局数据显示，2024 年末全国城镇常住人口 94350 万人，乡村常住人口 46478 万人，城镇人口占全国人口的比重（城镇化率）为 67.00%，比上年末提高 0.84 个百分点。中国的城镇化率从 2012 年的 52% 增长到 2024 年的 67%，预计未来 10 年，我国每年新增城镇人口 700 万左右；

消费升级一般指消费结构升级，是各类消费支出在消费总支出中的结构升级和层次提高，它直接反映了消费水平和经济发展的趋势。

拓展小链接

提价权的秘密

产品提价可以使净利润加速增长，如表 2-7 所示，5% 提价驱动 40% 净利润增长。净利润增长率可以直接影响上市公司的真实价值，本书第三章中将有讨论。

表 2-7 产品单价与净利润关系（某上市公司）

指标	2016 年	2017 年
销售数量（不变情况下）（亿件）	1	1
产品单价（元）	100	105
提价比例（%）		提价 5
营业收入（亿元）	100	105
所有成本 + 税费（不变情况下）（亿元）	90	91
净利润（亿元）	10	14
净利润增长率（%）		40

拥有提价权，是贵州茅台在 18 年间（2001—2018 年）销量只增长 10 倍的情况下，净利润实现 108 倍增长的的核心原因。

真正强大的长期竞争力其实非常罕见，许多投资者和创业者很容易误判一家公司的竞争力水平，因为有些竞争力是瞬息万变的，有些竞争力是脆弱的，有些竞争力是短期的，有些竞争力是空虚的。

在实践中，影响竞争力的因素有很多，有时会非常复杂。陈正则化繁为简，将其归纳如下。

（一）高科技类公司的竞争力大多是瞬息万变的

人类科技水平的革新一定是不断向前的，任何力量也无法阻挡历史发展进步的潮流。高科技类公司面临着技术革新的巨大潜在风险，一旦在科技竞争中落入下风，就很可能难逃残酷的出局命运。因此，众多所谓的高科技类公司其实很难拥有长期的竞争力。

案例一：诺基亚和摩托罗拉在智能手机市场竞争中相继被苹果和三星取代，而三星在中国市场的主导地位也逐步被华为、OPPO、vivo 和小米所替代。

案例二：在通信设备领域，思科和爱立信已被华为超越。

（二）通过大量地“烧钱”击败竞争对手的公司，也可能被其他更有钱、更会“烧钱”的公司所击败

这种可能被“烧钱”攻势击败的竞争力往往是脆弱的；反之，若无法被竞争对手以此种方式击败，则可能表明该公司拥有强大的竞争力。

案例一：共享单车通过花费大量资金实现市场扩张，最终通过资金优势完成行业整合，击败对手。

案例二：在高端白酒和社交软件领域，贵州茅台和微信凭借其强大的竞争力，使竞争对手难以通过资本投入实现市场突破。

（三）产品和服务能够被竞争对手完全模仿或客户的喜好容易改变的竞争力往往是短期的

案例一：特色餐饮连锁公司。

案例二：产品或服务高度同质化的公司。

（四）在惨烈的价格战中败下阵来的公司竞争力往往是空虚的

案例一：当年在白色家电行业惨烈的价格战中败下阵来的公司，今天大多已经销声匿迹。

案例二：近年来，瑞幸咖啡以巨额亏损为代价，向星巴克（中国）发起了攻势凶猛的价格战。若星巴克（中国）在竞争对手发动价格战的强大攻势下，盈利能力并未受到明显的影响，则表明该公司可能有着牢不可破的真实竞争力。

我们来看以下 3 家有着强大的可持续竞争力的公司（见表 2–8）。

表 2–8　强大的可持续竞争力的公司业绩和股价表现

行业	公司名称	强大的可持续竞争力	业绩和股价表现
食品饮料	贵州茅台（600519）	独特工艺、口味、国酒第一品牌，显著受益于提价权和消费升级	2001 年上市以来出厂价从 185 元提到 2018 年的 989 元，18 年来净利润增长超 100 倍，市值增长超 100 倍

续表

行业	公司名称	强大的可持续竞争力	业绩和股价表现
医药	恒瑞医药（600276）	独家专利药，在抗肿瘤医药领域短期内很难被模仿和超越。具备强大的新药研发能力	2000年至2017年利润增长超50倍，市值增长超100倍
消费品	格力电器（000651）	专注空调技术，世界第一空调品牌，强大的技术、规模和品牌优势让对手望尘莫及	2000年至2017年净利润从2.19亿元增长至224亿元，利润增长超100倍，市值增长超100倍

再看以下两家长期竞争力不足的公司（见表2–9）。

表2–9 长期竞争力不足的公司表现

行业	公司名称	公司表现
通信行业	海格通信（002465）	2014年至2016年： 技术更新太快，研发成果跟不上市场变化，订单不足，竞争激烈，利润率下降，利润连年下滑，成本率增加，负债增加，公司后续发展的不确定性较大
制造行业	新疆众和（600888）	2014年至2016年： 铝制产品市场同质化严重，产能过剩，价格竞争激烈，市场需求不稳定，利润率在市场不好时严重走低，公司持续亏损，且身处重资产行业，转型困难，只能寄希望于市场好转

以上5家公司2012年至2017年的长期股价表现分别如图2–1至图2–5所示。可以看出，2012年至2017年，拥有强大的可持续竞争力的上市公司持续提升其盈利能力，公司真实价值的持续增长，最终推动了公司股价一骑绝尘的表现。而长期竞争力不足的公司股价则一蹶不振，持续低迷。

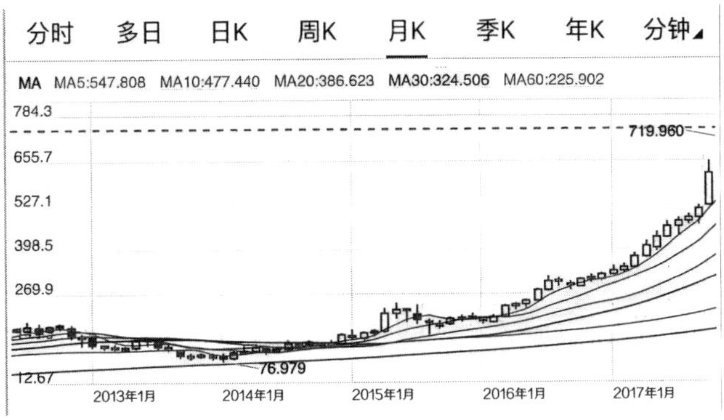

注：图中数据来源于choice。

图2–1 贵州茅台2012—2017年股价表现

注：图中数据来源于 choice。

图 2–2　恒瑞医药 2012—2017 年股价表现

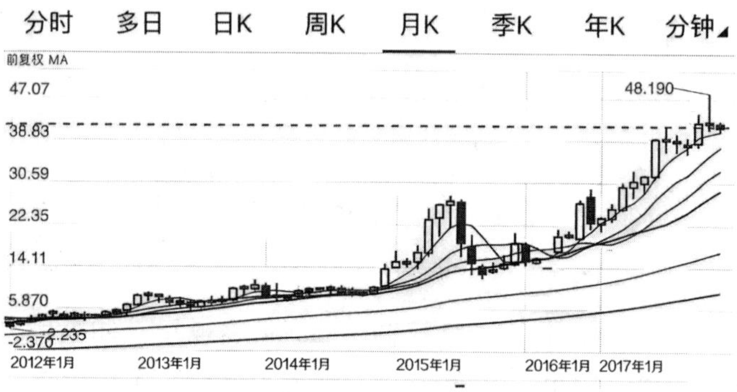

注：图中数据来源于 choice。

图 2–3　格力电器 2012—2017 年股价表现

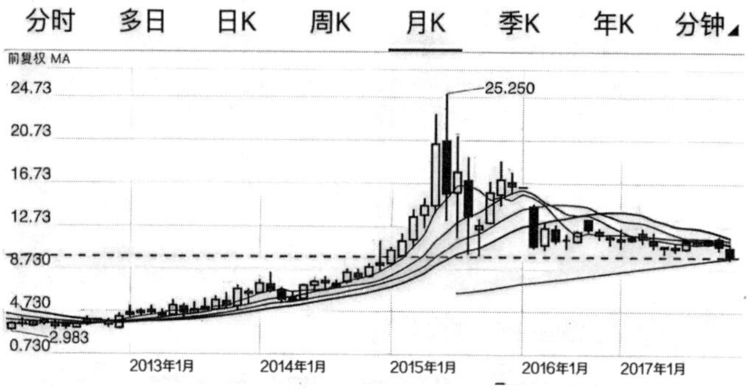

注：图中数据来源于 choice。

图 2–4　海格通信 2012—2017 年股价表现

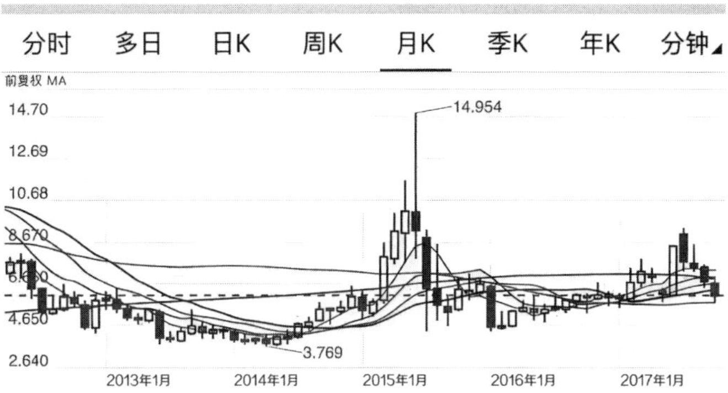

注：图中数据来源于 choice。

图 2-5　新疆众和 2012—2017 年股价表现

结　论

当一个行业或公司拥有超额利润时，就会吸引一大批希望进入这个行业的聪明人，一大批企业家和投资人都在彻夜不眠地盘算着如何才能赚到同样甚至更多的钱。**一旦竞争者蜂拥而入并成功地抢夺市场，超额利润就不复存在了；但是如果一家公司拥有强大的可持续竞争力，就相当于拥有了一道可以捍卫超额利润的坚固壁垒，即使更聪明、资本更雄厚的竞争者也会望而却步。**因此，强大的可持续竞争力是一家上市公司能够阻击有力的竞争者、持续获得超额盈利的保证，也是一个目光长远的投资者最应看重的企业素质。

二、盈利的效率：具有较高的净资产收益率

净资产是指公司账面上的总资产减去总负债（不属于股东的资产），得到真正属于股东的净资产，也称股东权益或所有者权益。

净资产收益率（ROE）是用净利润除以净资产得出的。这个指标反映了属于股东的净资产盈利的效率，是评价股东净资产的回报水平最核心的指标。

如表 2-10 所示，假设甲、乙、丙 3 家上市公司处于同一行业，通过简单分析我们可以得出如下结论：

第一，甲、乙两家公司的净资产收益率都是 10%，净资产都是 100 亿元，可是甲公司却使用了 200 亿元的总负债，而乙公司仅用了 100 亿元的总负债，虽然净资产收益率同为 10%，但乙公司净资产的盈利潜力更大，财务风险更低。

第二，乙、丙两家公司的净利润虽然同为 10 亿元，丙公司动用了 100 亿

元的总资产和50亿元的净资产，乙公司却动用了200亿元的总资产和100亿元的净资产，很显然如果丙公司20%的净资产收益率可以长期保持，则丙公司的净资产盈利的效率更高、潜力更大。

表2–10　甲、乙、丙3家上市公司对比（假设某一年）

指标	甲上市公司	乙上市公司	丙上市公司
总资产（亿元）	300	200	100
减去：总负债（亿元）	200	100	50
得出：净资产（亿元）	100	100	50
净利润（亿元）	10	10	10
净资产收益率（%）	10	10	20

据统计，2017年上证指数中上市公司平均净资产收益率为10.35%，深成指数中上市公司平均净资产收益率为9.87%，中小板指数中上市公司平均净资产收益率为10.81%，整体沪深A股上市公司的净资产收益率为10%左右。可以说，如果一家上市公司的净资产收益率长期低于10%，就可以理解为这家公司没有达到上市公司资本回报的平均水平。从投资的角度看，如果一家公司可以长期（5年以上）保持超过15%的净资产收益率，那么这家公司就具备成为好公司的潜力。

净资产收益率是衡量一家公司资本回报水平的核心指标，初学的读者可以简单地将净资产收益率理解为，如果把一家公司比喻成一只老母鸡，那么公司的净利润就是老母鸡产下的鸡蛋，这只老母鸡是两天产下一个蛋还是一天产下两个蛋就是这只老母鸡的净资产收益率。相信每个人都能明白，一只每天产下两个鸡蛋的老母鸡肯定比两天产下一个鸡蛋的老母鸡更有价值。

考虑本书内容的循序渐进，关于净资产收益率的核心秘密，陈正则还将在本书第六章第六节“回归净资产收益率”中进行深入探讨。

三、盈利的代价：资本支出比例低

资本支出主要指购建土地、厂房、设备和其他长期资产支付的现金。

需要注意的是，这些花掉的钱并不会作为费用从利润表中扣除，而是作为资产记入了公司的资产负债表中。所以就算公司当年花了再多钱买土地、厂房和设备，也基本不会减少当年利润表上的“利润”。

此外，利用会计准则可以用许多种合法方法扭曲公司的真实盈利，因此投资者必须学习基本的财务会计知识，才能明辨公司的真假虚实。

有些公司每增加 10 元的资本支出，每年就能增加 10 元的真实净利润，而有些公司每增加 10 元的资本支出，每年的真实净利润只能增加 1 元，甚至更低。这是因为不同的行业、不同的公司提升盈利的代价是不同的。

尽管有些专业人士把用于扩大生产和销售所增加的流动资金也算作了资本支出，但陈正则认为，因为流动资金变现能力强，只要管控得当，其损失的程度就小得多。而一旦投入厂房、土地和设备等长期资产，就很难变现。如果不能产生预期利润，则会成为资产负债表上的无效资产①或低效资产②（废物资产）。因此，那些长期需要巨额资本支出却只能维持或增加很少利润的公司，都不是陈正则心目中的好公司。

有些公司某一年份资本支出比例较大，但新厂和新设备投产后，资本支出就会减少许多，所以研究资本支出与净利润的关系应从 5 年以上的长期数据来看。另外，陈正则只把公司的厂房、土地和设备等长期资产计入资本支出，而没有把流动资金的增加计算在内。

上市公司长期资本支出占净利润的比例分析逻辑如表 2–11 所示。

表 2–11 上市公司长期资本支出占净利润的比例分析逻辑

净利润的变化	资本支出占净利润的比例	分析
在净利润持续增长的情况下	40% 以下	一般属轻资产型[a]公司，资产盈利效率较高，是好公司的概率较大
	40%～60%	合理的资本支出范围，如处于扩张期，则是好公司的概率较大
	61%～100%	如果不是处于快速扩张期，则资本支出比例较高，利润大部分用于了资本支出
	100% 以上	处于快速扩张期或属重资产型行业，净利润不足以支付资本支出，如果净利润不能快速增长，则需要谨慎对待

① 无效资产是指在企业中不能为企业带来经济利益，或带来的经济利益微不足道，几乎没有使用价值和交换价值的资产。

② 低效资产是指那些虽然能够为企业带来一定的经济利益，但利用效率低下，未能充分发挥其潜在价值，投入产出比不高的资产。

续表

净利润的变化	资本支出占净利润的比例	分析
在净利润持续下降的情况下	60% 以下	处于衰退的行业或成熟行业的衰退公司（大多数情况下）
	61%~100%	利润下降，资本支出比例较高。具体公司需要具体分析，建议观望
	100% 以上	公司处于强周期行业或正在谋求转型、投产新项目，不确定性风险较大

注：a. 轻资产指土地、厂房、设备占净资产比例较低的公司，重资产指土地、厂房、设备占净资产比例较高的公司，后文中有详细讨论。

实例分析 1：贵州茅台

如表 2-12 所示，2006 年至 2014 年，贵州茅台资本支出共计 218.43 亿元，共创造了 700.96 亿元净利润，资本支出占净利润比例为 31.1%，9 年来共投入了 218.43 亿元的资本支出，却创造高于资本支出 2 倍以上的真实利润，且净利润增长率很高。这种资本支出比例低、净利润增长速度较快的公司一般不需要向市场融资，而且现金分红的比例较大。

表 2-12　贵州茅台净利润增长与资本支出（2006—2014 年）

指标	2006 年	2007 年	2008 年	2009 年	2010 年	2011 年	2012 年	2013 年	2014 年	合计
净利润（亿元）	15.45	28.31	37.99	43.12	50.51	87.63	133.08	151.37	153.5	700.96
净利润增长率（%）	33.4	83.2	34.2	13.5	17.1	73.4	51.8	13.7	1.4	
资本支出（亿元）	7.37	7.72	12.11	13.57	17.32	21.85	42.12	54.06	44.31	218.43
资本支出占净利润比例（%）										31.1

实例分析 2：某航空公司

如表 2-13 所示，2006 年至 2014 年，公司资本支出共计 617.14 亿元，却只创造了 139.95 亿元的“利润”，净利润远远不够资本支出，更不用说给股东合理的现金分红了。上市公司虽然有较强的融资优势：一是可以向新老股东周期性地增发股份融资，二是可以向金融机构借钱。一般情况下这大约

477（617.14–139.95）亿元的资本支出就通过以上两种方式补充。大家觉得这种需要不断借钱或融资，高比例资本支出，却只能增加很少净利润的生意是好生意吗?

表 2–13 某航空公司净利润增长与资本支出（2006—2014 年）

某航空公司	2006 年	2007 年	2008 年	2009 年	2010 年	2011 年	2012 年	2013 年	2014 年	合计
净利润（亿元）	1.8	7.08	亏损	3.56	32.21	28.34	19.45	21.08	26.43	139.95
资本支出（亿元）	29.3	62.62	85.08	63.42	46.65	79.51	82.61	90.12	77.83	617.14
资本支出占净利润比例（%）										441

很显然，该公司处于重资产型行业，资本支出比例惊人，净利润的增长却很困难，公司 2014 年账面上显示净利润为 26.43 亿元，可却不得不在资本支出上支付 77.83 亿元（主要用于购买飞机）才能维持和增加未来很少的“利润”，公司账面上显示的是挣钱，实际上却需要不停地融资和借钱，总是缺钱，每年的现金分红比例很低，甚至没有，作为这类公司的股东真的很痛苦。

资本支出这个指标还需要综合公司真实盈利的增长率来看，有些公司的资本支出占净利润的比例很低，净利润却停滞不前，如果提高资本支出有助于大幅提高真实盈利，而管理层不去做，则表明管理层的水平是不合格的。也有一些公司处于成熟行业或成熟期，资本支出占净利润的比例虽然低，但净利润也难以保持快速增长了。还有一些公司处于快速发展期，资本支出比例大于 60% 甚至高于 100%，净利率增长速度同样很快。所以，资本支出的比例还需要结合净利润增长率来看，而且时间要拉长到 3 年以上。

实例分析 3：承德露露

如表 2–14 所示，2015 年至 2017 年，承德露露仅用了 0.81 亿元的资本支出，就维持了 13.22 亿元的净利润。从资本支出占净利润的比例看，虽然只有 6.1%，但是该公司近年来净利润增长率是倒退的，所以我们不能一概而论地认为资本支出比例越低越好，但这种只用了较低比例的资本支出就维持了较高净利润的公司大多属于“现金奶牛型公司”——虽然利润增长缓慢，但现金分红比例高，且市场估值一般不会太高。

表 2-14　承德露露净利润增长与资本支出（2015—2017 年）

承德露露	2015 年	2016 年	2017 年	合计
净利润（亿元）	4.56	4.53	4.13	13.22
净利润增长率（%）	5.4	-0.6	-8.8	
资本支出（亿元）	0.53	0.14	0.14	0.81
资本支出占净利润比例（%）	11.6	3.1	3.3	6.1

实例分析 4：索菲亚和好莱客

如表 2-15 和表 2-16 所示，索菲亚和好莱客同属于快速增长的定制家具行业，如不能快速抢占市场先机，就会处于不利的竞争地位，所以在 2014 年至 2016 年，两家公司都加大了资本支出用于扩大生产规模，资本支出占净利润比例分别高达 116.5% 和 106%。与此同时，两家公司的净利润也高速增长。近年来，净利润增速基本在 30% 以上。对于处在快速成长期的公司，高比例资本支出带来了真实净利润的高速增长，这种资本支出也是合理的。这种公司容易出现“十倍股”甚至“几十倍股”，但是也需要警惕利润增速下降后可能引发股价大幅下跌的风险，投资此类公司需要进行精细的调查研究和长期的密切追踪，才能最大概率提高投资的回报。

表 2-15　索菲亚净利润增长与资本支出（2014—2016 年）

索菲亚	2014 年	2015 年	2016 年	合计
净利润（亿元）	3.2	4.5	6.5	14.2
净利润增长率（%）	32.3	35.3	41.8	
资本支出（亿元）	4.14	6.4	6.01	16.55
资本支出占净利润比例（%）	129	142	92	116.5

表 2-16　好莱客净利润增长与资本支出（2014—2016 年）

好莱客	2014 年	2015 年	2016 年	合计
净利润（亿元）	1.4	1.5	2.4	5.3
净利润增长率（%）	40	20	32.4	
资本支出（亿元）	0.59	3.66	1.37	5.62
资本支出占净利润比例（%）	42.1%	244	57	106

陈正则偏爱长期资本支出占净利润的比例在40%以下，同时可以保持较快净利润增长的公司。

实例分析5：老板电器

如表2-17所示，2014年至2016年，老板电器的净利润复利增速超过40%，资本支出占净利润比例仅为26.13%。3年间，这家公司仅仅支出了6.83亿元，就创造了26.14亿元的净利润。资本支出比例低，净利润增长速度快。

表2-17 老板电器净利润增长与资本支出（2014—2016年）

老板电器	2014年	2015年	2016年	合计
净利润（亿元）	5.74	8.3	12.1	26.14
净利润增长率（%）	48.95	44.58	45.32	
资本支出（亿元）	2.06	2.78	1.99	6.83
资本支出占净利润比例（%）	35.88	33.49	16.44	26.13

实例分析6：华润三九

如表2-18所示，2014年至2016年，华润三九资本支出占净利润的比例为32.85%，与贵州茅台、老板电器相当，但是该公司近年来的净利润增速却非常缓慢。虽然资本支出指标较好，但2012—2017年华润三九的长期股价表现却很一般（见图2-6）。

表2-18 华润三九净利润增长与资本支出（2014—2016年）

华润三九	2014年	2015年	2016年	合计
净利润（亿元）	10.01	10.5	10.69	31.2
净利润增长率（%）	-13.34	4.89	1.8	
资本支出（亿元）	3.41	3.3	3.54	10.25
资本支出占净利润比例（%）	34.06	31.42	33.11	32.85

此外，资本支出占净利润的比例低于30%的承德露露由于净利润增长缓慢，甚至下滑，长期股价表现也一般，如图2-7所示。

注：图中数据来源于 choice。

图 2-6 华润三九股价表现（2012—2017 年）

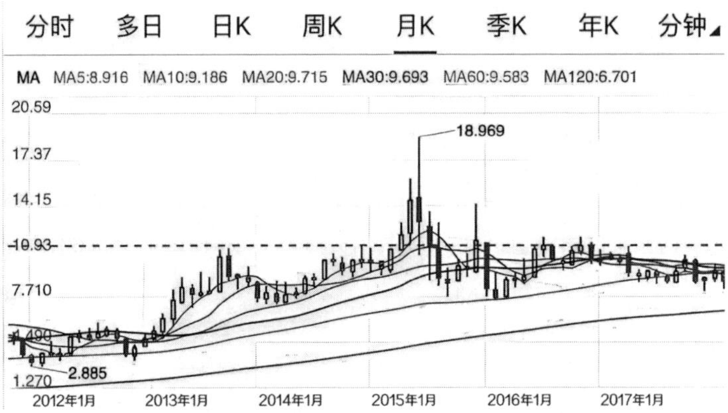

注：图中数据来源于 choice。

图 2-7 承德露露股价表现（2012—2017 年）

结 论

在净利润增长速度相近时，资本支出占净利润的比例越小的公司可能越优秀。在资本支出占净利润的比例相近时，净利润增速越快的公司可能越优秀。

资本支出占净利润的比例体现了公司盈利的代价，是好生意重要的秘密，却被许多专家和专业投资人士忽视。

四、盈利的质量：经营现金流与净利润相匹配

在研读上市公司的财务数据时，很多门外汉只关注利润表上的净利润，其实还有个更重要的指标是现金流量表中的“经营活动产生的现金流量净额”。

净利润和经营活动产生的现金流量净额不同。净利润只要满足某些会计条件，发生的交易利润就可以记入公司利润表中产生“利润”。例如：卖了100万元的产品，计算出的利润有10万元，但卖出去的100万元货款还没有收到，但是在利润表上却产生了10万元的利润，利润表中的利润容易调节，即容易“合法造假”。经营活动产生的现金流量净额是为了算清账面利润和真实利润的流水账。会计专家们发明了现金流量表，这张表只以真实的流入和流出来记录，造假的难度很大，因此看一家公司净利润的含金量，不能只看虚有其表的利润表，更要综合分析3~5年真实的现金流量表中的经营活动产生的现金流量净额。后文中简称“经营现金流”。

阅读本书不需要精通财务，读者朋友们完全不用紧张，陈正则将用简单的、通俗易懂的语言来介绍利润表中的“净利润”和现金流量表中的“经营活动产生的现金流量净额”是怎么来的，如表2-19和表2-20所示。

表2-19 利润表（简化版）

科目		说明	三个利润率
	营业收入	只要产品卖出去了，无论钱收没收到都计入营业收入，数字中不含增值税	毛利润率 = 毛利润 ÷ 营业收入
减	营业成本	与生产经营直接相关的原料、人工、折旧等成本	
得出	毛利润		
减	税金及附加	消费税、城市维护建设税、环境保护税、房产税、印花税、教育费附加、土地使用税等	营业利润率 = 营业利润 ÷ 营业收入
减	销售费用	销售人员工资、广告费等	
	管理费用[a]	管理人员工资、研发费用、招待费、差旅费、办公费、股权激励等	
	财务费用	主要为利息收支	
得出	营业利润		

续表

科目		说明	三个利润率
减	企业所得税	盈利公司的一项大税，一般为营业利润额的15%~25%	净利润率＝净利润÷营业收入
得出	净利润	只披露账面上的净利润数据，不知道有没有收到“真金白银”	

注：a. 为了简化，本表将研发费用归入管理费用科目。

表 2-20　现金流量表（经营部分简化版）

科目		说明
流入	销售商品、提供劳务收到的现金	流入数字中包含增值税，注意“营业收入”中的数字不包含增值税，两者并不严格相等
	收到其他与经营活动有关的现金	
减去流出	购买商品、接受劳务支付的现金	这些现金流出只与经营活动直接相关，**前文中重点提到的资本支出属于投资活动产生的现金流，请勿混淆**
	支付给职工以及为职工支付的现金	
	支付各项税费	
	支付其他与经营活动有关的现金	
等于	经营活动产生的现金流量净额（后文简称“经营现金流”）	1. 这个数字反映公司在经营活动中实际获得的现金流入，如果与利润表中的净利润相近或大于净利润，则表明利润表中的净利润可信度较高，水分少，含金量足 2. 如果 1~2 年偶尔小幅小于“净利润”，则需要警惕 3. 如果连续 3 年以上大幅小于净利润，则说明该公司可能有大问题。要么是竞争力严重衰退，要么是可能存在严重的利润造假

利润表中产生的“净利润”如果没有变成“真金白银”流入公司，那到哪儿去了呢？主要变成“白条”了。这个白条就是资产负债表中的“应收账款”和“应收票据”，这个“应收账款”科目表示货发了，钱还没收到（本书为了简化，只讨论应收账款，一般由银行担保的“应收票据”风险几乎可以忽略）。这些“白条”的真实含金量、坏账情况、是否造假，一般的投资者很难核实，一旦有变，账面上的“净利润”就会在瞬间灰飞烟灭。

我们先来看下某装修公司和某软件公司的净利润、经营现金流和白条（应收账款）的情况。

该装修公司是全国排名前3的装修公司，处于“大行业、小公司”的装修行业，竞争十分激烈。行业的竞争格局决定了这种公司肯定会容忍客户打白条。2014年至2016年底，该公司3年来的账面净利润为51.62亿元，经营现金流仅有8.35亿元，却有高达178.49亿元的白条，经营现金流只有净利润的16.17%，营业收入中有71.74%~91.07%的货款没收到（见表2-21）。假如178.49亿元的白条中有100亿元收不回来或者是造假的，那么这家公司就可能会万劫不复。从理性投资的角度看，我们需要的是高度的确定性，如果感到有不合理的地方，就要避而远之。

表2-21　某装修公司的净利润、经营现金流和白条情况

某装修公司	2014年	2015年	2016年	合计
营业收入（亿元）	206.88	186.54	196	589.42
净利润（亿元）	18.77	16.02	16.83	51.62
经营现金流（亿元）	−3.46	0.81	11	8.35
经营现金流占净利润比例（%）	负	5.05	65.35	16.17
白条（应收账款）（亿元）	148.42	166.42	178.49	493.33
应收账款占营业收入比例（%）	71.74	89.21	91.07	86.7

该软件公司2014年至2016年的表现大失水准，不仅账面的净利润下滑，而且白条（应收账款）逐年增多，且经营现金流连续大幅为负，盈利的质量和真实性令人怀疑。

表2-22　某软件公司的净利润、经营现金流和白条情况

某软件公司	2014年	2015年	2016年	合计
营业收入（亿元）	51.71	56.29	64.7	172.7
净利润（亿元）	10.17	9.36	7.33	26.86
经营现金流（亿元）	−0.15	−0.34	−5.01	−5.5
经营现金流占净利润比例（%）	负	负	负	—
白条（应收账款）（亿元）	29.52	35.85	42.5	—
应收账款占营业收入比例（%）	57.08	63.68	65.6	—

这两家公司2012—2017年的股价表现如图2-8和图2-9所示。

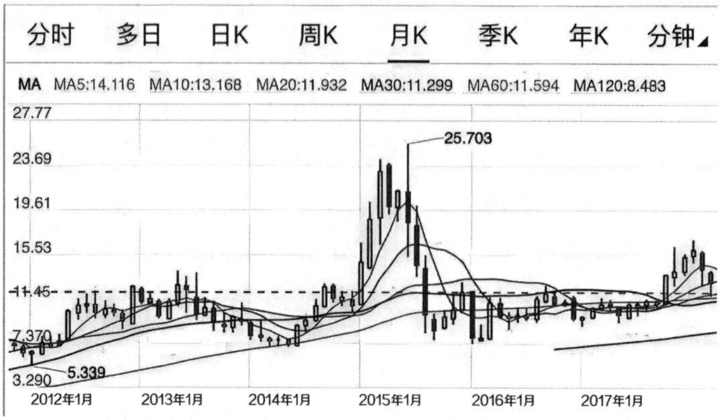

注：图中数据来源于choice。

图 2-8 某装修公司股价表现（2012—2017 年）

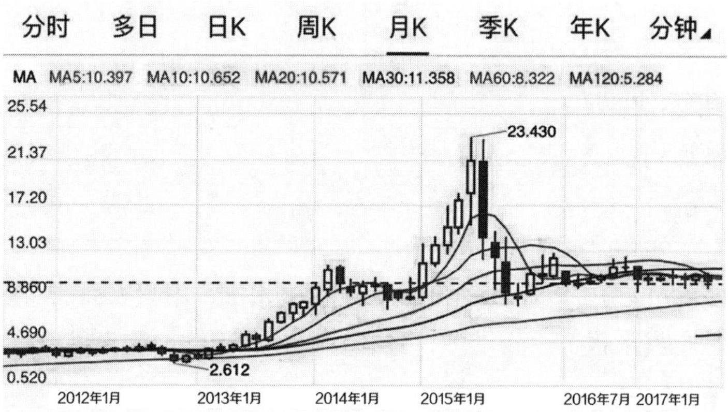

注：图中数据来源于choice。

图 2-9 某软件公司股价表现（2012—2017 年）

股市中虽然有无数投机者和投机客，但从中长期股价走势看，“市场先生”似乎并不傻。

接下来我们来讲白条（应收账款）对应的另一个会计名词——“预收账款”。“预收账款”表示公司先收了客户的钱，货还没发，也计入经营现金流中。经营过公司的朋友一定有切身体会，在当前各行业竞争激烈的市场环境下，能一手交钱、一手交货（不打白条）的生意就能算很不错的生意了，那么可以大量提前收钱再发货的公司就有可能具备如下一些竞争力：产品深受客户青睐，卖家处于强势地位，产品独特只此一家，卖家商业信用好，产品品牌优势大，等等。我们可以得出结论：**如果一家公司的白条（应收账款）比例越小，预收账款的比例越大，那么该公司的长期竞争力就有可能越强大。**

我们来感受一下贵州茅台的强大竞争力体现在财务上的霸气，如表2–23所示。2014年至2016年，账面净利润共计480亿元，但经营现金流却高达674亿元，足足多出194亿元。2016年，公司超过净利润一倍以上的经营现金流可能预示着市场强劲复苏，产品供不应求，提价和利润大增又将再次来临。此外，白条连续三年以上为零的公司在上市公司中极为罕见（如果您找到了这样的公司请给陈正则打电话）。2016年底提前收了175.4亿元货款，相当于提前收取了2017年半年的营业收入。

表2–23　贵州茅台经营情况（2014—2016年）

贵州茅台	2014年	2015年	2016年	合计
营业收入（亿元）	315	326	388	1029
净利润（亿元）	155	156	169	480
经营现金流（亿元）	126	174	374	674
经营现金流占净利润比例（%）	81.2	111	221	140
白条（应收账款）（亿元）	0	0	0	0
预收账款（亿元）	14.8	82.6	175.4	
预收账款占营业收入比例（%）	4.69	25.3	45.2	

在分析企业经营状况时，观察经营现金流应以3年以上的数据为宜。通过对经营现金流与净利润匹配情况的长期观察，可以评估企业的盈利质量。以下是3种典型情况的分析。

第一种情况是经营现金流大幅低于净利润30%以上。这种差异可能源于公司为促进销售而延长客户付款期限。然而这种情况也隐含着多重风险：一是会增加坏账损失的风险；二是可能预示着公司竞争力正在下降，经营风险加大；三是如果公司经营现金流长期大幅低于净利润，则不能排除公司存在财务做假账的可能性，其盈利质量值得怀疑。

第二种情况是经营现金流与净利润金额相当或上下浮动在30%以内。这通常表明公司经营政策稳健，利润表中的净利润含金量高，盈利质量高，水分较少，是比较理想的匹配状态。

第三种情况是经营现金流大幅高于净利润30%。这种正向差异可能源于多重积极因素：一是公司预收更多客户货款，表明产品供不应求，公司的市场竞争力提升；二是公司延后支付更多商家货款，表明公司更加强势，是竞争力提升的表现；三是可能反映市场需求增加，是行业兴旺的信号；四是这种优势若持续时间越长，则可能表明公司的长期竞争力越强。

需要注意，第二种和第三种情况可能是通过造假或使用财务技巧人为制造的短期现象（可通过5年以上数据加以辨别）；也可能是公司延后支付供应商货款所致，这往往反映其财务状况正在恶化；对于折旧摊销金额特别大的公司，则需要进行个案分析（关于折旧与摊销的影响，后文将有详细讨论）。

下面我们通过中国白色家电业三巨头：格力电器、美的集团、青岛海尔的净利润、经营现金流、白条（应收账款）、预收账款的数据对比，讨论这3家公司在2014年至2016年的竞争力情况（仅比较这几项参数，非全面评估）。

通过表2–24、表2–25和表2–26可以看出，2014年至2016年，白色家电业三巨头——

经营现金流充裕程度（越大越充裕）：

美的集团（231%），大于格力电器（185%），大于青岛海尔（165%）。

应收账款强势程度（越小越强势）：

格力电器（2.4%），强于美的集团（7.5%），强于青岛海尔（8.1%）。

预收账款踊跃程度（越大越踊跃）：

格力电器（6.9%），大于美的集团（4.4%），大于青岛海尔（4.3%）。

综合来看，三项指标有可能表明了白色家电业三巨头在2014年至2016年的竞争力强大程度排名：**格力电器强于美的集团强于青岛海尔。**

表2–24　格力电器经营情况（2014—2016年）

格力电器	2014年	2015年	2016年	合计
营业收入（亿元）	1377	977	1083	3437
净利润（扣非后[a]）（亿元）	141	123	156	420
经营现金流（亿元）	189	443	148	780
经营现金流占净利润比例（%）	134	360	95	185

续表

格力电器	2014 年	2015 年	2016 年	合计
白条（应收账款）（亿元）	26.6	28.7	29.6	84.9
应收账款占营业收入比例（%）	1.9	2.9	2.7	2.4
预收账款（亿元）	64.2	76.1	100.2	238.7
预收账款占营业收入比例（%）	4.6	7.7	9.2	6.9

注：a. 扣非后指扣除与经营业务无直接关系，以及虽与经营业务相关，但由于其性质、金额或发生频率，影响了真实、公允地反映公司正常盈利能力的各项收入、支出。扣非后净利润就是扣除这些非经常性损益后所剩下的净利润，它能够更准确地反映企业经营业务的实际盈利水平和可持续盈利能力。

表 2-25　美的集团经营情况（2014—2016 年）

美的集团	2014 年	2015 年	2016 年	合计
营业收入（亿元）	1416	1384	1590	4390
净利润（扣非后）（亿元）	94	109	134	337
经营现金流（亿元）	247	267	266	780
经营现金流占净利润比例（%）	262	244	198	231
白条（应收账款）（亿元）	93	103	134	330
应收账款占营业收入比例（%）	6.5	7.4	8.4	7.5
预收账款（亿元）	39	56	102	197
预收账款占营业收入比例（%）	2.7	4.0%	6.4	4.4

表 2-26　青岛海尔经营情况（2014—2016 年）

青岛海尔	2014 年	2015 年	2016 年	合计
营业收入（亿元）	969	897	1190	3056
净利润（扣非后）（亿元）	43.2	36.7	43.3	123.2
经营现金流（亿元）	67.6	56	80.5	204.1
经营现金流占净利润比例（%）	156	152	185	165
白条（应收账款）（亿元）	67	60	122	249
应收账款占营业收入比例（%）	6.9	6.6	10.2	8.1
预收账款（亿元）	43	31	57	131
预收账款占营业收入比例（%）	4.4	3.4%	4.7	4.3

我们在前文中讲过长期竞争力越强的公司，价格主导能力越强，净利润率也就会越高，再来看下这 3 家公司近 3 年的净利润率是否与这个推测一致。

从表 2–27 可以得出，白色家电业三巨头 2014 年至 2016 年的净利润率高低排名依然是**格力电器高于美的集团高于青岛海尔。**

表 2–27　三家公司利润率（2014—2016 年）　单位：%

公司名称	2014 年	2015 年	2016 年
格力电器	10.2	12.5	14.4
美的集团	6.6	7.7	8.4
青岛海尔	4.4	4.0	3.6

注：公司的基本面不会一成不变，本书最后一章将再次根据 2018 年至 2023 年的财务数据，分析白色家电业三巨头基本面的变化情况。

五、盈利的态度：现金分红合理

无论是大型的上市公司，还是中小规模的企业都不是慈善机构，在依法承担相应社会责任的前提下，公司存在的根本价值和意义都应该是持续地创造真实利润，提升公司的真实价值，回报股东。

一家公司创造价值，回报股东通常有两种方式。一种是直接方式，即将公司货真价实的利润，以“真金白银”的方式直接汇入每个股东的账户，股东获得“真金白银”的回报。需要注意的是，所谓“高转送”在名义上是分红，但实际上股东并没有收到任何现金，这只是个数字游戏（本书后文中有详细讨论）。另一种是间接方式，即管理层勤奋、富有创造力地工作，降低成本，增强公司竞争力，投入合理的资本，提升公司的长期竞争力和盈利能力，从而提升公司的真实价值，推动股价提升，以此间接回报股东。

上市公司的利润分配既要考虑股东当期分红的利益，又要考虑公司稳定和发展的需要，公司管理层在做出利润分配的决策时，需要找到最佳的平衡点。

从短期看，股东分红是利润分配的首要考量。大多数股东期望分红比例越高越好。现金分红多，股东还可以用分红增持股票，如公司长期健康发展，则复利惊人。

从中期看，公司稳定是利润分配的首要考量。公司需要留存一部分利润用于增强公司的资本实力和还债，增加公司抵御各种风险的现金储备，正所谓“仓中有粮，心中不慌”。

从长期看，公司发展是利润分配的首要考量。公司需要评估保持和提升利润增长所需要的资本支出和流动资金情况，如果利润全部用于给股东分红，将不利于公司和股东的长远利益。

关于现金分红究竟该占净利润的多少比例，高明的会计师们可以按财务书上的公式算出精确的数字，但陈正则认为，**影响商业世界的各种因素千变万化，任何精确的预测可能都不精确，上市公司的分红比例因行业而异，因公司而异，甚至因管理层的才能而异，没有标准答案。**

大家可能会简单地认为现金分红占净利润的比例越高越好，其实不然。举一个完全相反的例子：巴菲特所执掌的保险投资集团——伯克希尔－哈撒韦公司，在1967年至2017年持续50年未进行分红，但1965年至2017年，该公司的净资产增长了10880倍（复利系数高达19.1%），市值增长了24047倍（复利系数高达20.9%），虽然巴菲特喜欢投资于慷慨分红的公司（如可口可乐、禧诗糖果、银行股等），母公司伯克希尔－哈撒韦公司却十分吝啬，一毛不拔，但这也丝毫不影响伯克希尔－哈撒韦公司成为地球上最好的公司之一。虽然现金分红吝啬，但巴菲特为股东创造了远远超过现金分红的长远利益。

所以在现金分红占净利润的比例分析上，公司所处行业的性质、发展的阶段、资本回报的水平以及管理层的才能都应被纳入考量的范围。

（注意：由于金融、投资类的上市公司分红考量较专业、复杂，本书暂不讨论，只讨论非金融投资类上市公司。）

在评估公司真实净利润的分配时，需要建立系统化利润分配的逻辑顺序。

首先，应从净利润中扣除用于维持和提升公司盈利能力的资本支出，包括厂房、土地、设备等固定资产投入以及经营活动所需的周转资金。这部分资金用于维持和提升公司的利润增长（内生式增长），但必须坚决反对低效率、低效益的资本支出，因为这类低效投资会严重损害公司价值。

其次，净利润中还需预留用于必要且合理的兼并、收购的资金，但仅限于合理并购项目，如用于能产生规模、协同效应的并购（外延式增长）。外延式增长虽然重要，但必须坚决反对盲目、高估值、高负债的兼并收购行为。历史经验表明，大多数不合理的并购都会以失败告终，不仅损害股东利益，还会带来巨大风险。

再次，需要考虑公司稳定运营所需的资金，包括偿还有息负债[①]、减少利息支出、增加现金储备以增强抗风险能力等。虽然部分会计师可能基于财务计算公式对此持有异议，但陈正则认为，优先降低有息负债并保持合理比例的现金储备是更为稳妥的做法。

最终，经过上述必要扣除后的剩余净利润，应当通过现金分红或股票回购的方式直接回报股东。这种分配方式具有双重优势：股东收取现金后，既可以增持公司的股票，产生复利加速的效果，又能随需支配，可谓“皆大欢喜”。

（注意：公司使用富余现金回购本公司股票，然后注销，也是一种回报股东的方式，本书将在第六章中详细讨论。）

根据以上利润分配的逻辑顺序，陈正则针对现金分红占净利润不同比例[②]的公司做出如下分析——

当分红比例维持在80%以上时，可能预示着两种截然不同的前景：积极方面，这表明公司现金类资产十分充足，往年的利润积累丰厚；消极方面，如此高的分红比例往往意味着行业或公司成长空间已趋饱和，未来利润增长可能放缓甚至下滑，同时也可能反映公司减少了必要的资本支出，管理层才能平庸，丧失了进取精神。

分红比例处于30%~80%的区间表明公司的资本支出和流动资金支出合理，在兼顾股东短期利益与长远利益之间取得了较好平衡。既能从利润中留存必要的资金，又能保持较高比例的分红，这也表明公司财务状况比较健康。然而需要警惕的是，该区间也可能隐藏着管理层不明智地将应该用于现金分红的钱用于了低效、无效的资本支出；或者不明智地将应该用于资本支出并能创造更大更长远价值的钱用于现金分红；或者管理层为了“面子工程”，将应该增强公司财务抗风险能力的现金用于了分红；也有可能为了不可告人的目的，突击分红。这些都可能损害公司长期价值。

当分红比例低于30%时，积极情况下，这可能反映行业或公司正处于快速发展期，需要较高的资本支出，为长远利益牺牲短期利益；也可能是公司大幅归还债务，增加现金储备。消极情况下，这可能预示着公司面临财务困境：有较大比例白条，债务较重，现金流吃紧，无力进行高比例分红，或公司处于重资产行业，资本支出巨大，或为了不可告人的目的，勉强做做分红

① 有息负债指需要付利息的债务。

② 该指标观察5年以上为宜。

的“面子工程”。

至于完全不分红的情况，其成因更为复杂。从积极角度看，可能是公司拥有像巴菲特这样卓越的管理者，能够将留存收益转化为超额投资回报；或公司正面临重大发展机遇，需要集中资源提升长期竞争力；也可能是研发密集型行业为维持技术优势而持续投入。从消极角度看，长期不分红更可能反映公司陷入经营困境：行业需求萎缩、持续亏损、盲目投资或并购失败等问题，导致根本无力进行利润分配。

前文中，我们用 2014 年至 2016 年的经营现金流、应收账款和预收账款 3 个指标得到了白色家电业三巨头的竞争力排名，格力电器优于美的集团、优于青岛海尔。那么如果再加入现金分红指标，排名是否有变化呢?

如表 2–28 所示，2014 年至 2016 年，这 3 家公司现金分红的比例排序：格力电器（68.71%），大于美的集团（41.77%），大于青岛海尔（30.47%）。

这一指标排序正好与前文中得出的长期竞争力强弱的排序一致。

表 2–28 白色家电业三巨头净利润和现金分红指标（2014—2016 年）

公司名称	科目	2014 年	2015 年	2016 年	合计
青岛海尔	净利润（亿元）	53	43	50	146
	现金分红（亿元）	14.9	13.4	16.2	44.5
	分红占净利润比例（%）	30.02	31.16	32.26	30.47
美的集团	净利润（亿元）	105	127	146	378
	现金分红（亿元）	42.1	51.2	64.6	157.9
	分红占净利润比例（%）	40.14	40.3	44.03	41.77
格力电器	净利润（亿元）	141	125	154	420
	现金分红（亿元）	90.2	90.2	108.2	288.6
	分红占净利润比例（%）	63.75	72%	70.22	68.71

注：公司的基本面不会一成不变，本书最后一章将再次根据 2018 年至 2023 年的财务数据，分析白色家电业三巨头基本面的变化情况。

结 论

第一，陈正则偏爱现金分红比例在 30%~80% 的公司，如果这个比例可以长期保持，则说明该公司资本支出比例较低，公司现金流健康，基本可以排除财务恶劣造假的可能性。

第二，如果某公司可以常年保持高比例现金分红、净利润保持中高速增长和现金分红保持年年增长，则这家公司大概率拥有强大的长期竞争力。

第三，现金分红可以用于增持股票，为股东带来收益加速增长的效果，成为复利系数加速器。

第四，高比例现金分红、高比例现金储备和净利润保持中高速增长，是一家顶级好公司兴旺发达的重要特征。

第五，一般情况下，同行业公司中其他各项指标相近或相似的情况下，现金分红比例越高的公司可能越好。

从根本上说，分红就是市场再无接盘者，资产本身能否实现持续增值，是投资的本质，这就是现金分红的秘密。

六、财务风险抗击能力：有息负债比例很低或者为零

有息负债是需要支付利息，必须按期偿还的负债。包括长期借款（一年以后到期）、短期借款（一年以内到期）和应付债券等。

无息负债是不需要支付利息的负债，主要是经营活动中产生的经营性质的负债。主要包括提前收的钱（预收账款和保证金等）、应该支付但还没支付的钱（应付账款、应付薪酬和应付股利等）。

我们再来认识陈正则简化的资产负债表，如表 2–29 所示。总资产的数字显示该公司账面上（仅仅是账面）的资产总额，既包含属于自己的资产，也包含不属于自己的资产，总资产数字有可能会被高估或造假，也有可能会被低估，比如品牌价值、土地价值的低估。总负债表示这部分资产属于别人，只是暂时放在自己账上（这是本节我们主要讨论的部分）。净资产是真正属于公司股东的资产，又称股东权益。净资产也是仅指账面上的数字，有可能被高估，也有可能被低估。

表 2–29　资产负债表（陈正则简化版）

总资产		总负债		净资产
现金类资产	货币资金（包含定期存款）	有息负债	长期借款	股本
	银行理财、所持国债、优质债券等		短期借款	资本公积
	持有的上市公司流通股票、已收到的银行承兑汇票等		已发行的债券等	未分配利润等

续表

总资产		总负债		净资产
非现金类资产	存货	无息负债	预收账款	—
	应收账款		应付账款	
	固定资产（厂房、设备等）		应付职工薪酬	
	无形资产（土地、专利等）		应交税费	
	在建工程		应付股利	
	商誉		其他应付款等	
	持有的未上市公司股权			
	其他科目			

注：造假的公司主要就是从非现金类资产下手。

陈正则简化版的资产负债表与教科书上的资产负债表有所不同。区别如表 2–30 所示。教科书上的分类是将现金类资产和非现金类资产、有息负债和无息负债混在一起，不利于分析资产负债表的资产质量和效率，更侧重于会计层面。陈正则的分类是以现金类资产和非现金类资产来区分资产，以付利息和不用付利息来区分负债，分类一目了然，更能清晰评判公司资产、负债的质量和效率，侧重于经营层面。

表 2–30　教科书资产负债表和陈正则资产负债表分类区别

名称	教科书上的分类	陈正则的分类
总资产	流动资产	现金类资产
	非流动资产	非现金类资产
总负债	流动负债	有息负债
	非流动负债	无息负债

认识了会计名词和资产负债表后，我们来讲讲有关负债的事情。

我们必须明确一个常识，只要是正常经营的上市公司，必然产生负债，这个负债不仅包括有息负债（如银行借款），还包括无息负债（如应付账款和预收账款）。所以我们不能一概认为有负债就不好，或者一概认为负债越高越不好，这是投资者的一个误区。与前文中巴菲特自己的母公司从来不现金分红一样，负债问题也应该一分两面地看待。

陈正则认为公司负债的合理逻辑顺序应该如图 2–10 所示。

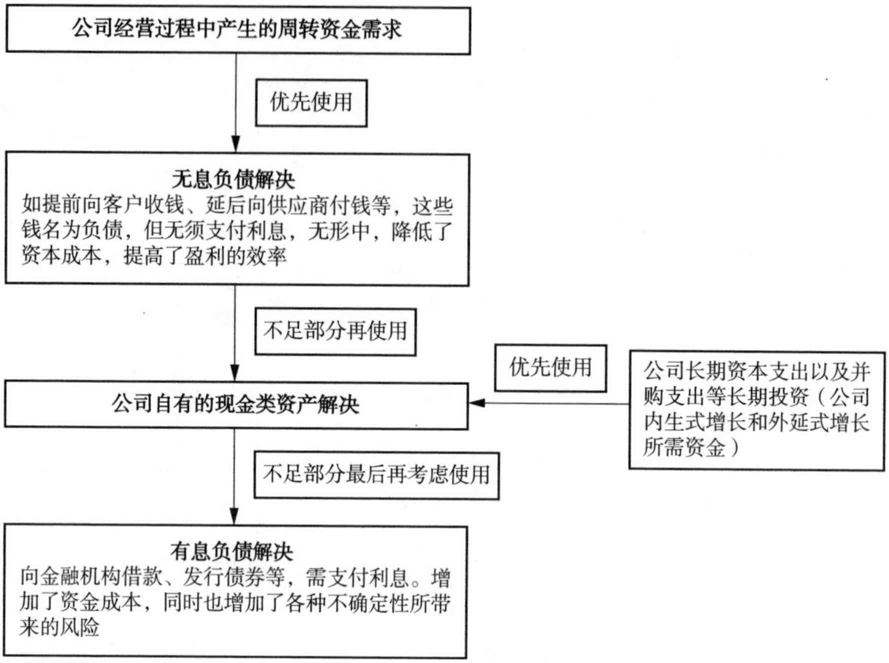

图 2-10　公司负债的合理逻辑顺序

财务管理学认为只要公司使用有息负债产生了新增的净利润（扣除利息等支出后），就是可取的、合理的。陈正则经营公司的体会：**影响企业经营的因素千变万化，如果公司增加了有息负债，那么在有可能获取更多净利润的同时，财务风险也会增加。无论公司的经营情况好坏，这种不确定性的风险都是始终存在的。因此，陈正则对公司使用有息负债的态度极为谨慎**。

拓展小链接

三个负债率的区别

总资产负债率包含有息负债和无息负债的总负债率，我们常说的负债率就指这个总资产负债率。

总资产负债率 = 总负债 ÷ 总资产

有息负债率在会计教材中是没有的，陈正则认为有息负债率才是公司真实的负债率（后文有详述）。

有息负债率 = 有息负债 ÷ 净资产

无息负债率也是会计教材中没有的，表示无息负债占净资产的比例。

无息负债率 =（总负债 - 有息负债）÷ 净资产

举例分析：

通过表 2-31 可以看出，甲、乙两家公司的净资产都是 100 亿元，但是乙公司使用了 100 亿元的有息负债，乙公司的总资产负债率和有息负债率都高于甲公司。

表 2-31　甲、乙公司负债对比表

科目	上市公司甲	上市公司乙
总资产（亿元）	200	300
无息负债（亿元）	100	100
有息负债（亿元）	0	100
净资产（亿元）	100	100
总资产负债率（%）	50	66
有息负债率（%）	0	100

假设甲、乙两家公司（处于相同行业）的竞争力、管理水平、营业成本率都相同的情况下，在不同的外部市场环境中，两家公司的利润表现可能如表 2-32 所示。在市场好于预期时，有息负债率越高的公司，净利润增长可能越快。当市场差于预期时，有息负债率越高的公司，由于总成本中扣除了更多的利息支出，净利润也会加速下滑，有息负债率越高，净利润下降可能越严重。在极端危机情况下，公司大量库存积压，降价损失巨大，银行“雨天收伞”，逼公司提前还债，供应商逼债。有息负债高达 100 亿元的乙公司，不得不打折处理资产还债，还需支付巨额利息，财务状况极度恶化，而甲公司有息负债为零，则可以从容应对危机。有息负债率越低的公司，危机时刻，财务的抗风险能力越强。

表 2-32　甲、乙两家公司利润表现　　单位：亿元

科目	上市公司甲	上市公司乙
市场情况：好于预期		
营业收入	200	300

续表

科目	上市公司甲	上市公司乙
利息支出	0	5
所有成本税费	185	275
净利润	15	20
市场情况：差于预期		
营业收入	150	200
利息支出	0	5
所有成本税费	140	190
净利润	10	5
市场情况：极端危机		
营业收入	100	150
利息支出	0	5
所有成本税费	100	175
净利润	0	-30

虽然高有息负债率是一把双刃剑，但是一些行业的特性决定了一些公司必须提高有息负债率。有息负债率较高的行业主要集中在重资产型行业、强周期型行业和金融业（金融业主要是以经营、控制风险取得收益，本书暂不讨论），这类公司如果不大量利用有息负债投入土地、厂房、设备和经营中，他们将不能在行业中立足和发展，高有息负债率的一些行业和公司，不同年份净利润的波动常常犹如过山车，非常不稳定。

例如，2007 年至 2017 年，中国铝业的净利润犹如过山车。11 年间，中国铝业的有息负债从 258 亿元，最高增加到 2013 年的 1050 亿元，在 2007 年繁荣期，该公司净利润高达 102.25 亿元，但是随后每年的净利润犹如过山车，更在 2014 年成为 A 股亏损王，亏损 162.08 亿元。10 年来，该公司的净资产收益率也是长期低于银行理财的收益率。如表 2–33 所示。

表 2-33　中国铝业的净利润（2007—2017 年）

年份	净利润（亿元）	净利润变化率（%）	有息负债（亿元）	净利润率（%）	净资产收益率（%）
2007	102.25	—	258	12.61	16.85
2008	0.09	−99.91	536	0.21	0.02
2009	−46.19	−52824.33	641	−6.66	−8.82
2010	7.78	+116.84	587	0.80	1.53
2011	2.38	−69.41	724	0.47	0.46
2012	−82.34	−3559.94	878	−5.78	−17.24
2013	9.48	+111.51	1050	0.42	2.15
2014	−162.08	−1810.84	960	−12.03	−44.65
2015	1.49	+101.27	971	0.34	0.61
2016	3.68	+170.82	905	0.78	1.03
2017	13.78	+274.16	894	1.31	3.55

在强周期型行业走下坡路时，巨额的有息负债可能导致公司破产。在经济衰退时，巨额的有息负债所产生的恶性连锁反应有可能把公司毁掉。如图 2-11 所示，2007 年至 2017 年，中国铝业的股价走势同样惨不忍睹。

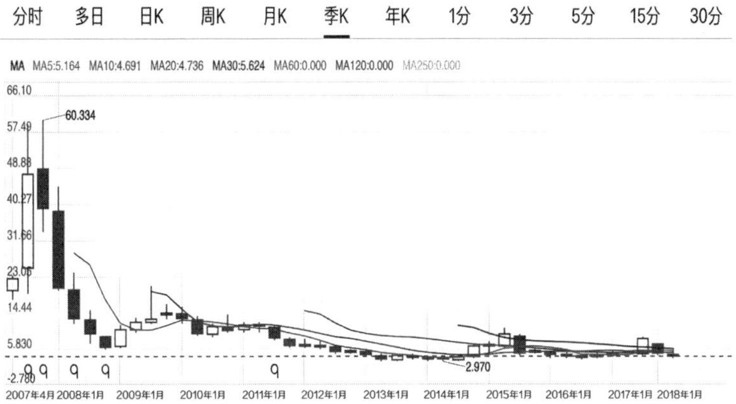

注：图中数据来源于 choice。

图 2-11　中国铝业 2007 年至 2017 年股价表现

在周期性不明显的行业中，高有息负债的双刃剑效应同样明显；在市场情况好于预期时，有息负债是净利润加速上升的助推器；在市场情况差于预期时，则可能导致净利润加速下滑，甚至成为财务状况急剧恶化的定时炸弹。

陈正则在对中国改革开放以来众多大型企业失败或崩溃的原因进行深入研究后发现：**有息负债是导致企业失败的首要原因，法律风险则是导致企业失败的第二大原因。**有息负债和法律风险合计占据大型企业失败原因的绝大部分。因此，陈正则本人在投资经营的实践中，始终对有息负债和法律风险怀有极大的敬畏。

陈正则对有息负债持非常谨慎的态度，对难以预测的未知风险和极端风险的敬畏，使陈正则偏爱有息负债率很低甚至为零且现金类资产充足的公司。如果这些公司不处于强周期型行业，那么公司的真实利润就稳定得多，不会大起大落。

从长远看，公司真实的盈利能力最终决定了股价的走势。因此，理性投资者必须寻求盈利能力的持续稳定性，才能确保本金的安全和惊人复利的实现。

在分析零有息负债公司与净利润增长率之间的逻辑关系时，我们可以观察到 3 种典型的增长模式。

第一种是净利润长期稳定且保持在 10% 以内的缓慢增长。这种公司往往处于成熟行业或成熟期，扩张意义不大。公司通畅会将大部分盈利用于偿还债务和现金分红。其特点是现金分红比例高，现金类资产充足，业绩十分稳定，是保守型投资者的最爱。然而，这种稳健的背后可能隐藏着管理层的决策失误，例如将本可以用于增加资本支出的利润用于还债和现金分红，或者让本可以发展的市场机会流失。尽管其财务状况依然保持稳健，但是管理层已失去进取精神，使公司从优秀走向平庸。

第二种是净利润长期保持在 10%~20% 的中高速增长。当公司净利润长期保持在 10%~20% 的中高速增长时，可能源于两种积极因素：一方面，公司的资本支出占净利润比例较低，现有盈利已完全能够支撑其持续增长；另一方面，企业可能拥有强大的市场竞争力，特别是具备产品提价权这一“撒手锏”，能够快速提升利润水平。

第三种是净利润长期保持在 20% 以上的增长率。这类企业通常具备两大优势：一是仅依靠内生净利润就能满足高速增长所需的资本支出；二是拥有强大的长期竞争力，表现为更强的产品提价能力、持续增长的利润、稳步提升的市场占有率和行业集中度。这类公司往往是能够长盛不衰的卓越企业，但在市场上极为稀缺。

需警惕，净利润长期保持在 10% 以上的公司可能存在增长潜力未充分释放的问题，或者虽然避免了有息负债，却通过增发股份[①]的方式筹集资金，同样会对股东利益造成影响。

需要特别说明的是，以上分析中所指的“长期保持”要求增长态势至少持续 3 年，那些昙花一现的高增长表现不在讨论范畴。这种长期视角的考察有助于投资者更准确地评估企业的真实竞争力和发展潜力。

有息负债为零的上市公司，往往可能具备如下特征：

第一，公司资本支出占净利润比例较低。

第二，公司经营现金流占净利润比例合理，现金类资产储备充足。

第三，现金分红占净利润的比例高，给股东的额外红包较大。

第四，零有息负债往往反映管理层在财务政策上极为谨慎保守，公司蓄意掩藏隐性负债的可能性较低，财务造假的可能性也较低。

第五，股市表现上，这种公司攻守兼备，抗风险能力更强，成长潜力更大，往往在熊市中抗跌、牛市中领涨。

在投资实践中，陈正则更偏爱有息负债率在 50% 以下，甚至为 0 的公司。因为**在同一行业、同等条件下，有息负债率越低的公司可能越好。**

有息负债根据时间长短、利息率高低、保证方式，可分成六类。

第一类为短期借款，即借款期限一年以内。短期借款一般用于短期的资金周转，但很多公司因不满足长期借款条件而选择“短贷长投”，埋下风险隐患。

第二类为长期借款，即借款期限一年以上。一般情况下，长期借款比短期借款利率要高，但长期借款对一般的公司来说要稳妥一些，到期还款压力较小，资金灵活程度更高，便于长期规划。也有些公司现金实力雄厚，且不怕麻烦，选择相对便宜的短期借款，也是可以正面看待的。

第三类为低息借款，即在基础利率上打折下浮。想借金融机构钱的人排长队，所以能让金融机构愿意下浮利率出借的公司，在金融机构眼里应该还不错。

第四类为高息借款，即在基础利率上提高上浮。公司使用高息借款说明公司比较缺钱，要么借款无门，只能高价借款；要么看好自己的前景，认为

① 增发股份指上市公司额外发行股票募集资本金，但也增加了总股本数，会相应地稀释老股东的权益。

借了这个钱可以赚更多的钱，但在金融机构眼里这家公司风险较高，所以才提高利率。

第五类为信用借款，即公司仅凭信用，打个借条就可以借到金融机构的钱。在金融机构眼里，这个公司在借钱时风险很小，从侧面反映公司借款时实力雄厚，财务状况健康，还款能力非常强，金融机构对公司很放心。

第六类为抵质押担保借款，即抵押、质押和担保等保障措施。大多数公司需要抵押、质押、担保措施，才能获得金融机构贷款。

不同行业、不同公司有息负债的构成和特征有所不同，有时一家公司的有息负债中同时包含各种不同的借款期限、利率、担保方式，我们就需要结合具体公司具体分析。

下面将列举几个事例进行分析。

实例分析 1：云南白药

一贯在财务政策上谨慎的云南白药，在 2016 年增加了有息负债大约 9 亿元（见表 2–34），于是陈正则查阅了近年来云南白药的财务报告，发现：该公司的资本支出比例很低，现金流充裕，现金类资产也很充足，公司根本就不差钱，也没必要借钱，公司为什么要多借 9 亿元的长期负债，难道管理层要做傻事吗？

原来这 9 亿元的 5 年期债券年利率仅为 2.95%（市场的基准贷款利息近年来平均为 6% 左右），能以如此低的利率发行债券，也从侧面反映出这家公司在金融机构的眼里风险很低。换句话说，云南白药把这 9 亿元借来以后什么都不用干，就买银行理财都能赚取利息差价。

由于这笔有息负债利率超低，且期限长达 5 年，可作为公司现金类资产的补充，因此打消了陈正则的一些疑虑。

表 2–34　云南白药有息负债（2015—2016 年）　单位：亿元

科目	2015 年	2016 年
长期借款（含债券）	8.9	17.95
短期借款	0.2	0

实例分析 2：腾讯控股

最近十几年来，腾讯控股净利润持续高速增长，这家互联网巨头在股市中备受青睐，成为中国香港 H 股“股王”。2015 年至 2017 年，公司有息负债巨幅增加，增长惊人，但是当陈正则看到其 820 亿元的长期借款利率后震惊了（见表 2–35），其借款利率大幅低于国内银行贷款利率。能拿到这个利率的长期借款，而且几乎全是信用借款，说明公司被金融机构极为看好，大量来“送钱”。如果大家能在中国的上市公司中找到比这个利率还低的长期信用借款，请给陈正则打电话。

表 2–35 腾讯控股净利润及有息负债（2015—2017 年） 单位：亿元

科目	2015 年	2016 年	2017 年	有息负债利率范围
净利润	288	410	715	净利润增幅巨大
长期借款	129	575	820	美元和港元借款以英国伦敦或中国香港同业拆借利率加 0.7%~1.51% 或固定利率 1.875% 计息
短期借款	114	122	156	美元和港元借款以英国伦敦或中国香港同业拆借利率加 0.5%~0.55% 计息

因此，**有息负债利率偏高的公司不一定是坏公司，但有息负债利率超低的公司很可能是好公司。**

前文中我们讨论过无息负债中的预收账款（先收货款再发货）这一科目，占营业收入的比例越大，表明公司的竞争力可能越强，这一点几乎很少有例外的。

不用付利息的无息负债还包含应付账款（欠他人的材料款、工程款、广告费等）、应付职工薪酬（欠发或准备发的工资、福利等）、应付票据（还没到付款时间的欠款）、应付股利（欠发的分红）、应付利息（欠债主的利息）等其他科目。商业战场上只有强弱之分，强者不会怜悯弱者的眼泪。陈正则认为除了职工工资不可以长时间占用，只要给上下游合理的利润空间，在风险可控、财务稳健的前提下，充分合理地无偿占用无息负债可以显著降低成本、提高净资产收益率，是公司提升效益和资本回报水平的一种重要能力。

但是这并不意味着无息负债率越高的公司就一定越好，因为**无息负债还需要有相应的现金类资产作为支撑。一旦发生极端风险，如果公司账上没有充足的现金类资产，就会引发致命危机。**

陈正则列出四种情况，分别是现金资产比例和无息负债比例都高，现金资产比例高但无息负债比例低，现金资产比例和无息负债比例都低，现金资产比例低但无息负债比例高。

若现金资产比例和无息负债比例都高，说明这类公司现金储备充足，足以应对各种没到期的长短期借款和各类应付款项等。手握大量现金，同时大量占用别人不用付利息的钱，公司竞争力往往较强。管理层非常聪明，资金配置、使用能力强，同时财务上也很稳健。这类公司一般都处于持续成长期。

若现金资产比例高但无息负债比例低，说明可能这类公司现金储备充足，不差钱；无息负债比例较低有可能是竞争力不够强大，无法占用别人太多不用付利息的钱，只有转而去借有利息的负债；可能是公司行业性质决定；可能是公司处于成熟期；可能是管理层比较平庸、懒惰，资金配置能力差；等等。这种公司需具体分析，不应一概而论。

现金资产比例和无息负债比例都低的这类公司分为多种情况，但无论是哪一种情况，这类公司的财务表现都难称优秀。这类公司大多很平庸，甚至前景黯淡。

对于现金资产比例低但无息负债比例高的公司，陈正则称为“赌徒型公司”，要视市场表现和项目前景而定。一旦市场和项目表现低于预期，各种负债需要集中支付，就很可能引发巨大的财务风险。

综上，可得出结论，同行业中其他条件相近的公司：

第一，现金类资产比例都较高的情况下，无息负债比例越大的公司可能竞争力越强，成长潜力越大，管理层越优秀；

第二，现金类资产比例都较低的情况下，无息负债比例越大的公司收益可能越大，但风险也同样可能越大。

（注意：以上观点可能存在争议，但陈正则从经营公司的实际角度看，认为是合理的。）

我们再次列出白色家电业三巨头 2016 年的财务数据（见表 2–36），分析现金类资产和无息负债、有息负债的情况。

表 2–36　2016 年白色家电业三巨头现金类资产及负债情况对比

科目	格力电器	美的集团	青岛海尔
总资产（亿元）	1823	1706	1312
净资产（亿元）	538	611	263
现金类资产（约）（亿元）	1274	681	399
有息负债（亿元）	107	100.8	336
无息负债（亿元）	1178	993	712
现金类资产占净资产比例（%）	236.9	111.3	151.8
总资产负债率（%）	70.4	64.1	79.9

如果只按照会计书上的总资产负债率比较，可以看出：

青岛海尔（79.9%）高于格力电器（70.4%）、高于美的集团（64.1%）。

从会计书上得出的总资产负债率对比只能粗略得知青岛海尔的财务杠杆最大，格力电器次之，美的集团最小，但其实区别并不大。

这时候陈正则提出的现金类资产率、无息负债率和有息负债率就能派上用场了。如表 2-37 所示，青岛海尔的有息负债率大幅高于格力电器和美的集团。青岛海尔利息成本远高于竞争对手，有息负债产生的盈利若低于预期，将增加财务风险，极端恶劣的情况下抗风险能力最弱。格力电器的现金类资产比例明显大于青岛海尔和美的集团，现金储备及财务抗风险能力上超越对手。青岛海尔无息负债率最高，但鉴于其有息负债率也最高，同时现金类资产并未达到覆盖无息负债的标准，故三巨头中，青岛海尔的财务政策最为激进。

表 2-37　白色家电业三巨头总资产负债率、有息负债率和现金类资产占净资产对比

单位：%

科目	格力电器	美的集团	青岛海尔
总资产负债率	70.4	64.1	79.9
有息负债率	19.33	16.47	128.08
现金类资产占净资产比例	236.9	111.3	151.8
无息负债率	218.95	162.2	270.7

通过对 2016 年白色家电业三巨头的几个比率综合分析，得出以下三个结论。

第一，青岛海尔在有息负债率大幅高于美的集团和格力电器的情况下，以净资产 151.8% 的现金类资产驱动 270.7% 的无息负债、128.08% 的有息负债，财务政策在三巨头中最为激进。

第二，美的集团有息负债率最低，与格力电器相当，但现金类资产比例最低，无息负债率也最低，财务政策上，在三巨头中最为保守。

第三，格力电器的财务政策在三巨头中最适中，以净资产 236.9% 的现金类资产，驱动了 218.95% 的无息负债和 19.33% 的有息负债，现金类资产足以在极端条件下全部立即偿还掉无息负债（三巨头中只有格力电器的现金类资产可以完全覆盖无息负债），且有息负债率较低，仅 19.33%。三巨头中格力电器的无息负债综合运用能力最强，且现金类资产完全可以覆盖无息负债，财务风险最低。

于是得出了 2016 年度白色家电业三巨头对负债的综合运用能力和稳健程

度排名：**格力电器优于美的集团优于青岛海尔**。排序依然与前文中根据其他指标得出的排序一致。

（关于有息负债和无息负债的秘密就说到这里。）

（注意：成功的历史不等于未来，本书中所引用的上市公司数据实例仅作为历史经营的分析，不构成对以上公司未来前景的实质预测，也不构成对读者的投资建议。公司的基本面不会一成不变，本书最后一章将再次根据2018年至2023年的财务数据，分析白色家电业三巨头基本面的变化情况。）

七、盈利的稳定和虚实：5年以上的财务数据没有瑕疵

虽然上市公司的财务报告都需要经过具有审计上市公司资格的会计师事务所审核通过，但在中外上市公司中，被爆出财务造假的公司依然屡见不鲜。因为财务造假的背后有巨大的利益诱惑。2017年以来，中国证监会加强了监管和惩戒力度，从当前趋势看，这一方面正在往好的方向发展。

既然我们承认资本市场中有财务造假的行为，那么作为投资者就必须具备识别造假的“火眼金睛”，避开造假陷阱，避免投资损失。

为了区别不同类型的造假，陈正则将造假行为分为两类。第一类是恶劣造假，属于犯罪行为。虚构根本未发生，并且将来也不会发生的销售收入，进而虚增利润；抹去实际存在、已经发生的成本费用，进而虚增利润；等等。恶劣造假多出现在上市过程中，以及上市后为完成业绩承诺铤而走险。第二类是“合法造假”，属于“打擦边球”行为。通过收入确认的时点、折旧摊销的方法、资产计价的方法、存货、白条（应收账款）的坏账计提①、在建工程的结转时间、无形资产中的专利评估方法、商誉的增减、研发费用和利息费用是计入成本扣除还是冒充资产放账上等方法调节、腾挪利润和资产，这些“合法造假”是在会计规则和法律规则的框架内进行，只要不触碰高压线，监管部门对这种“合法造假”难以采取有效制约。

恶劣造假一般很难被识别。需要进行公司调研，查阅原始单据，核实凭证真伪。一般投资者难以做到，但只要用合理逻辑判断，公司5年内财务报告中必露破绽。相比恶劣造假，“合法造假”更容易识别。仅通过同行和历史财务数据进行对比分析即可识别大部分“合法造假”。财务报告中也会留下许多痕迹和破绽。在实际操作中，有些造假者不仅使用“合法手段”造假，还

① 坏账计提指把预计的坏账提前从利润表中扣除。

在真实经营数据中掺入部分假数据恶劣造假，大大增加了识别的难度，令投资者防不胜防。

大部分“合法造假”容易识别，但恶劣造假的识别难度较大，那么有没有一种简单的方法可以识别出恶劣造假呢？答案是有。那就是时间！（请大家回忆下这句投资名言：**时间是好公司的朋友，是烂公司的敌人。**）

造假者的核心目的是操纵利润，而恶劣造假者就是通过各种手段“造”出根本不存在的假利润（“合法”造假者在少数情况下会故意隐藏当期利润，留到未来释放，与恶劣造假者有所区别，隐藏利润相比虚增利润的危害小）。陈正则模拟了一家造假公司使用“恶劣”和“合法”两种混合手段进行造假的过程，来看一看这家公司是怎样在时间的检验下露出马脚的。

如表 2–38 所示，假设这家造假公司每年真实的净利润为 5 亿元，且保持不变，连续造假 3 年。该公司第一年造出了 5 亿元假利润，由于数量还不够明显，如果和审计师串通一气，报表上是可以做到不露出马脚的，可是净利润造假有一系列的“后遗症”，最核心的后遗症就是造出来的“假利润”需要体现在报表的账面上。最耗费成本的是造假者自掏腰包输送给上市公司，但这样的造假者极少，因为有这种强大现金实力的人又不屑于恶劣造假，而恶劣造假者往往不具备这种现金实力。

因此，如果可以连续 3 年恶劣造假，还不被发现破绽，已经非常“了不起”了。在第三年时，该公司已经造出了合计 18 亿元的假净利润。如果造假者想让这种恶劣造假无懈可击，需要自己拿出至少 18 亿元的钱输送给上市公司，但造假者通常没有这样的现金实力，于是破绽就会显现了。

表 2–38　财务造假的累积效应模拟　　单位：亿元

造假年度	真实利润	造出的假利润	利润表中的“净利润”	假利润累计
第一年	5	5	10	5
第二年	5	6	11	11
第三年	5	7	12	18

任何恶劣造假产生的假利润，如果没有真实的资产填补到账上，其财务漏洞将明显累积。具体而言，如果企业在第二年和第三年继续造假，随着时间的推移，这个需要资产填补的窟窿就会越来越大，漏洞产生的马脚就会越来越明显。

在识别恶劣造假行为时，关键漏洞往往通过特定财务指标的异常变动显现出来。以下是六种典型的财务异常表现及其潜在造假逻辑分析。

第一，当公司白条（应收账款）比例明显大幅高于同行公司且持续增长时，往往意味着企业通过虚假交易虚增利润。由于这些交易本身并不真实存在，自然无法实际收回货款，企业只能通过增加应收账款来掩盖资产缺口。

第二，预付账款比例明显高于同行，且越来越多的情况需要警惕。这种情况很可能是企业通过预付账款来虚增不存在的资产，用以填补因虚假利润而产生的资产负债表窟窿。

第三，存货比例巨幅增加。存货的巨幅增加极有可能是通过虚增库存资产来平衡虚假利润造成的财务缺口。

第四，固定资产和在建工程比例巨幅增加。公司虚增不存在的厂房设备或虚增资产价值，填补资产窟窿。

第五，以明显高于合理价格收购资产。这种异常交易实质上是将虚构的利润通过看似合法的资产收购“洗白”，从而达到账面平衡的目的。

第六，公司试图销毁虚假资产。这类行为通常表现为与关联方串通订立虚假买卖合同处理虚假资产，或人为制造巨额亏损。

以上这些漏洞产生的马脚识别起来很简单，一般在恶劣造假后第二年或第三年就能逐渐显现出来。恶劣造假这个游戏是不好玩的，因为**造出的假利润越多，持续的时间越长，只要没有真资产填补上假利润的窟窿，漏洞就会越来越大，马脚也会越来越明显，任何高明的恶劣造假者也无法对抗时间的检验。**

随着时间的推移，恶劣造假者会越来越痛苦，如果持续造假下去（往往一开始造假就不能停下来），漏洞会越来越明显，别说股东不相信，就连自己也无法相信。**历史已经无数次证明，在时间面前，任何恶劣造假者都是坚持不下去的。**

大多数恶劣造假者在第二年或第三年就不得不面临以下三种选择。

一是造假者在上市前自掏腰包，将造出来的假利润输送给公司，以免露出马脚，在公司顺利上市后，再坚持三年。除了极少数特殊短期的目的，比如上市前的业绩冲刺，或者有巨大的利润差价的情况，否则极少有恶劣造假者花费如此多的成本，而且不可能长期持续地去做。

例如，一个公司上市前，大股东为了冲刺业绩、保证公司顺利上市，恶劣造假多造出 1 亿元净利润，而且大股东自掏腰包输送给了上市公司，让造假看起来毫无破绽，公司也顺利上市。大股东通过恶劣造假获得了股权的巨幅升值，扣去造假成本，还赚了很多。但上市以后再自己掏钱填补假利润的“性价比”就低了许多，所以大多恶劣造假的公司上市后就“从良”了，反映在财务报告上就是公司一上市就开始业绩变脸[1]，净利润下滑十分严重；还有的造假者在公司上市以后再坚持三年，等股票解禁（股票被允许卖出）[2]再业绩变脸。一般情况下，靠造假上市的公司要么一上市就立马业绩变脸，要么上市三年后业绩再变脸，就跟商量好了一样，都是类似的节奏，大股东在股票解禁后变现走人，留下无辜的接盘侠，解套遥遥无期。

二是造假者眼睁睁看着假利润越来越多，财务报告的漏洞越来越大，被动“死扛到底”。这样的结果一定是纸包不住火，最终东窗事发。“气球”不可能被无限吹大，终有破灭的一天，大额持续三年恶劣造假不出事已经接近极限，一般情况下，在恶劣造假后的第二年就已经漏洞百出。

乐视网上市造假就属于此类情况，造假者坚持到底，但最终还是东窗事发。从 2010 年 8 月上市到 2015 年财务报告破绽百出，时间不超过 5 年（后文中有详细讨论）。

三是造假者利用会计技巧制造巨亏，给之前制造出来的假利润“洗个大澡”“毁尸灭迹”，让公司一次亏个够（或者分期亏损），方便以后再造假或者从此不再造假。恶劣造假者比谁都清楚，如果一直造假下去就一定会东窗事发。因此，主动“捅破气球”就不失为一个明智之举，很多造假者会在巨亏财务报告发布以前减持股票套现。

在股市中，除了一些强周期型行业的利润经常会大幅度波动，如果在一个周期不明显的行业中，同行业其他公司的净利润波动并不明显的情况下，有的公司利润连续两三年增长，然后忽然出现巨额亏损，接着利润再连续两三年增长，忽然再次出现巨额亏损，这种公司基本上就可以划归为恶劣造假。造假者的套路就是“制造假利润—巨额亏损、毁尸灭迹—再造假利润”的循环。

以上讨论的主要是恶劣造假。我们对于恶劣造假的态度非常鲜明，就是零容忍，坚决远离有过恶劣造假历史的公司。对于“合法造假”可以有一定的宽容度，但如果“合法造假”的尺度有可能损害股东的利益，也是零容忍的。投资者无法改变上市公司恶劣造假的行为，但投资者完全可以识别并远离这类骗子公司，避免本金永久性损失的发生。

关于造假问题，陈正则给出如下建议。

第一，对于刚上市的新公司，建议至少观察 3 年的财务表现，更稳妥的

① 业绩变脸通常指公司的利润指标突然大幅下滑，就像变脸的人一样反复无常。

② 公司的大股东持有的股票通常上市三年后才可以在市场上卖出。

建议是观察5年以上。如果公司有恶劣造假，5年时间足以暴露无疑。

第二，研究一家老上市公司不能只看近一两年的财务表现，应至少研究5年以上的财务表现。

第三，新上市公司3年股票解禁时间一到，公司大股东和管理层就大幅减持股票套现的，需要高度警惕。

第四，精准完成业绩承诺的需警惕（如承诺完成8000万元利润，结果刚刚好完成8100万元，很难有如此巧合的情况）。

第五，比同行其他公司的指标好很多，但竞争力又没有特别突出的公司，很可能存在造假。

第六，各项财务指标相比同行业的上市公司有较大异常的公司，可能表示造假的“后遗症”已开始显现。

第七，财务总监离职换人的公司需警惕。可能财务总监不愿与造假者同流合污，选择远离。

第八，突然更换甚至1年换好几家审计机构的公司需警惕。可能原来的审计机构觉得该公司造假严重，风险太大。

结　论

只有真金才不怕火炼，只有实实在在拥有真业绩的好公司才能经得住时间的检验！细致研究分析5年以上的财务数据，才能在良莠不齐的上市公司中去伪存真，找到真正值得关注和投资的好公司。

第三节　拥有好管理

翻阅中华历史，从秦孝公启用商鞅变法到秦始皇统一中国，经过了七代君王，130多年的接续奋斗，才把一个边陲弱国变成了一个人才济济、兵强马壮的强大帝国。当帝国的接力棒传到了秦二世的手中，仅仅数年间，就朝纲败坏、天下大乱，最终帝国灭亡。在历史的长河中，有关优秀的“管理层”艰苦创业打江山、开创盛世的案例屈指可数，但有关平庸、昏馈的“管理层”致使国家衰败，甚至灭亡的案例比比皆是。**人类历史上所有的兴衰成败都与人有关，人是决定一切的因素。**历史已经向我们清晰地证明：“盛衰之理，虽曰天命，岂非人事哉！[①]”

陈正则通过梳理商业发展史，再结合创立经营公司的切身体会发现，公司治理与国家治理之间存在着许多相似、相通之处，其中管理层的才德对事业的兴衰成败至关重要。陈正则认为，上市公司优秀的管理层应当具备以下特征。

从诚实守信维度看，优秀管理层首先必须具备“说到做到，一诺千金”的特质，确保公司公告、年报和公开承诺与实际言行完全一致，这正如“君无戏言”的治国理念；其次必须坚持“不做假账欺骗股东”的原则，保证财务报告的真实性，体现“取信于民”国家治理理念。

在经营才能方面，卓越的管理层需要展现出多方面的能力：一是“降成本，提高利润率”，通过降低营业成本和各项费用为股东创造价值，把股东的钱当作自己的钱来花，这与“精兵简政”的治理智慧不谋而合；二是“增强长期竞争力”，通过合理的研发投入和资本支出来增强公司的长期竞争力，体现“励精图治”的进取精神；三是“选贤任能”，任用提拔合格的中高级管理人员，做到“知人善任”；四是“卓越的运营能力”，经营井然有序，员工优胜劣汰，文化健康积极，发展蒸蒸日上，展现“运筹帷幄”的管理艺术。

在股东利益维护层面，优秀管理层必须恪守三大准则：第一，“不窃取私利”，杜绝任何形式的关联交易和资产侵占，践行“老虎苍蝇一起打”的反腐原则；第二，“不搞不合理的股票增发、股权激励、兼并收购”，避免损害股东权益（关于此举的危害本书后文中有具体讨论），正如治国需“严惩结党营私、假公济私、通敌卖国”；第三，“不谋取不合理的薪酬待遇”，薪酬待遇与经营业绩挂钩，实行低固定报酬、高业绩奖金的薪酬制度，体现“君子爱财，取之有道”的价值取向。

在稳定发展方面，优秀管理层应当保持团队稳定性，避免频繁的人事更迭，同时建立完善的人才培养和接班人制度，这正印证了“稳定压倒一切，发展才是硬道理”的国家治理道理。

这些特征共同构成了评估管理层质量的重要标准，也是企业持续健康发展的关键保障。

---

① 出自欧阳修《五代史·伶官传序》一文，意为：兴盛和衰落的命运，虽然说会受到客观因素（天命）的影响，难道本质上不是人的因素造成的吗？

拓展小链接

上市公司管理层

按照《公司法》的定义，管理层人员包括该公司的董事、监事和高级管理人员。

如果从直接参与经营的角度，则主要包括董事长、总经理、副总经理、财务总监和董事会秘书。

陈正则认为从实际经营的角度，一个公司的兴衰成败，虽然总经理以下的人员起到了重要的作用，但“火车跑得快，全靠车头带”。董事长或总经理的领头羊作用关系全局、关乎成败。大家想一想，秦二世当“董事长”时，秦始皇为他留下了大批优秀的“副总经理”，可秦二世却用不好这些人才，祖宗数百年的基业，在他的手里几年就破产了。

在公司治理中，平庸和不合格的管理层经营管理水平低下，常常无视股东利益，让公司坐失发展良机，轻则致使公司走向衰落、一蹶不振，重则导致公司衰亡、销声匿迹。而优秀的管理层既可以顺势而为，又可以逆流而上，带领公司攻艰克难，以高明的战略、聪明的战术、务实的战法一步步开创更加光明强盛的未来。由此可见，一个公司的“一号人物”的才能和品德是否优秀是我们判断管理层水平高低的核心所在。

对于中小投资者，深入了解一个公司的“一号人物”及其管理团队的条件有限，但仍然可以通过阅读公司年报和各期财报、参加股东大会、走访公司、侧面访谈、查看新闻报道等方式获取公司管理层的信息，再与优秀管理层的十大特征进行比照（如表 2–39 所示），管理层是优秀、及格还是糟糕，大致就可以判断出来了。

表 2–39　优秀管理层十大特征的简单比照法

优秀管理层十大特征	大致简单评估方法
一、说到做到	查阅现任管理层所有曾经做的预告、计划、承诺的兑现情况。陈正则观察过许多公司后发现，有的管理层满口跑火车、吹牛皮，而有的管理层能说到做到、一诺千金，差别非常大。而这些说到必做到的管理层大多同时具备其他九大特征，这也正是所谓“一叶知秋、窥一斑而知全豹”

续表

优秀管理层十大特征	大致简单评估方法
二、不做假账	查阅上市公司 5 年以上财务报告找漏洞，判断是否存在恶劣造假的破绽、是否有过恶劣造假的不良案底；看公司是否频繁使用财务技巧（财技）调节利润，如果有，则说明管理层不太诚实
三、降成本	比较历史与同行数据中的营业成本，以及销售、管理、财务费用（三费①）与净利润的关系，核算毛利润率、净利润率的变化情况，以此判断管理层成本管控水平和公司竞争力的变化
四、持续提升竞争力	根据结果推断，如一家公司利润率持续提高，公司市场占有率、行业地位、技术实力、营销网络、生产工艺水平等指标持续领先于同行，则表明该公司管理层表现优秀，反之则糟糕
五、选贤任能	一家公司的最高用人权一般掌握在“一号人物”手中，其用人水平可通过两个方面评判： 一是公司的实际经营业绩是否优于同行，这是以结果为导向的评估，如果公司业绩一团糟，却仍认为公司选人用人恰当，恐怕难以令人信服； 二是可以走访公司和经销商，通过对公司员工、经销商等人员的访谈，从侧面了解管理层选人用人的水平
六、卓越管理	管理能力比较抽象，难以用单一指标评估，通过走访公司生产车间、仓库、包装现场，观察现场管理水平，通过接触基层生产、销售人员，观察他们的士气情况和对于公司管理层的评价，通过访谈公司的经销商和客户，询问他们对公司的意见等，最后再结合财务报告的指标进行综合评判
七、不以权谋私	管理层是否利用关联交易或其他方式谋取私利，一般都在背地里进行，所以在东窗事发前普通投资者很难发现，但有时可结合第八条、第九条进行综合评判
八、不搞不合理、有损老股东利益的股份增发、股权激励、兼并收购	一是通过财务上的计算（需财务基础），二是简单的大致判断，将公司历来所有的股份增发、兼并收购、股权激励后（1~5 年）每股净利润的数字进行对比，如果不升反降，则说明增发、激励、兼并收购损害了老股东的利益，如果净利润上升了，还要评估上升的幅度是否合理，盈利是否真实、可靠等因素（这点涉及的内容较多，后文会有专门讨论）
九、不谋取不合理的薪酬待遇	查阅年报中的高管薪酬总额，然后与同行业的公司进行对比，陈正则偏爱那些“低固定薪酬，高业绩奖金”的薪酬制度

① 指销售费用、管理费用和财务费用，这三项费用占营业收入的比例，体现管理层的成本费用控制水平。

续表

优秀管理层十大特征	大致简单评估方法
十、管理层稳定	查阅公司历年的《年度报告》，先观察“一号人物”是否稳定，再看副总经理、财务总监是否频繁更换；“一号人物”退休或退出后权力交接是否平稳，原“一号人物”手下的副总经理、财务总监是否离职（这是新“一号人物”权力交接是否平稳的重要信号，如果该公司一直表现十分优秀，而新“一号人物”上岗以后，出现副总经理、财务总监辞职则是非常不好的信号）。管理层更迭往往对公司未来前景产生重大影响。这些影响往往会出乎投资者的意料，尤其是公司高层内斗、控股权争夺、强行野蛮收购、高管负气出走等非正常因素造成公司“一号人物”变更或管理层频繁更迭的，往往会引起公司真实价值的大幅下降，需引起投资者高度警惕。陈正则偏爱那些在一个公司一干就是大半辈子的“一号人物”，他们通常已经不再是为钱工作，而是将生命融入了这项事业

有人会提出疑问，究竟是伟大的公司成就了优秀的管理层，还是优秀的管理层造就了伟大的公司？陈正则的回答是：一家伟大公司诞生的路上一定洒满和充满了优秀管理层的汗水和智慧。**只有优秀的管理层才能让好公司变得更伟大，只有优秀的管理层才能使伟大的公司基业常青。**

巴菲特先生讲过一句很容易误导不成熟投资者的话，意思是说：“连傻子也能经营的公司是好公司”，这句话的本意是强调业务、产品简单易懂和“商业护城河”的重要性，绝非否认优秀管理层举足轻重的作用。陈正则多年来创业经营公司的体会：**平庸或愚蠢的管理层一定会让伟大的公司变得逊色、让好公司变得平庸，甚至把一盘好棋，下成败局。**

例如可口可乐公司，虽是巴菲特口中“连傻子也能经营的好公司”，但显然不是傻子也能经营好的。如表 2-40 所示。

表 2-40　可口可乐公司管理层变动对公司影响

影响因素	1987 年至 1997 年	1998 年至 1999 年
管理层“一号人物”	戈伊苏埃塔和基奥组合	艾华士
真实盈利	快速增长	陷入停滞
股价变化	上涨超过 10 倍	大跌 30%
管理层变动	戈伊苏埃塔患病去世	艾华士迫于股东压力而辞职
评价	优秀的管理层让好公司变得伟大	平庸或愚蠢的管理层一定会令公司变得逊色甚至产生不可逆转的巨大损失

与历朝历代的统治者都会为了权力进行残酷的斗争一样，非平稳过渡的“一号人物”权力转换（如高层内斗、野蛮收购、负气出走等）往往会引起公司经营上的剧烈动荡，如“清洗老臣、管理人员大换血”等，都会对公司原有竞争力产生难以估量的负面影响。有时，一位适合本公司发展且经验丰富的杰出骨干是多少钱也买不来、再长时间也培养不出来的。

如果一家公司出现高层内斗、“野蛮人”控制董事会更换管理层、高层负气出走，所引起的一号人物更换；或者重要副总经理、重要核心骨干离职等管理层人员的更迭，往往是非常不好的信号。历史已经证明，这类公司在未来出问题的概率非常大。

陈正则偏爱关注那些老“一号人物”正常干到退休，退休前已“传帮带”指定和培养好了接班人的公司，老“一号人物”退休，新“一号人物”上任后，所有管理人员平稳过渡，甚至不用调换一兵一卒，原有政策和战略继续实施，公司人才不致流失，业绩也不致波动。

尤其是在一些专业性很强的行业，或者对管理层团结协作、专业能力和才华要求很高的行业，公司内部培养多年的接班人胜过空降的接班人，一线实战经验丰富、务实勤勉的接班人，胜过那些擅长政治斗争的接班人。

最后，为了强化大家对优秀管理层重要性的认识，陈正则对比了两家具有代表性的公司不同“一号人物”时期的业绩表现。

1999 年至 2017 年，贵州茅台在两位“一号人物”季克良和袁仁国的带领下，营业收入从 8.91 亿元快速增长到 582 亿元，净利润（扣非后）从 2.16 亿元快速增长到 272.24 亿元，净利润（扣非后）增长了 125 倍。与此同时，贵州茅台的市值也上涨超百倍，并赶超当年白酒业的老大五粮液。1999 年至 2017 年，公司净利润全部保持正增长，2017 年的净利润（扣非后）比 2016 年增长了 60.57%。如表 2-41 所示。

表 2-41 贵州茅台重要财务指标（1999—2017 年）

“一号人物”	年份	营业收入（亿元）	同比增长（%）	净利润（扣非后）（亿元）	同比增长（%）	经营现金流净额（亿元）	净资产（亿元）	净利润率（%）	净资产收益率（亿元）
季袁组合	1999	8.91	—	2.16	—	3.81	2.85	24.21	75.58
	2000	11.14	25.05	2.50	13.7	4.41	4.42	22.40	56.41
	2001	16.18	45.25	3.28	31.55	0.42	25.31	20.29	12.97
	2002	18.35	13.4	3.77	14.78	4.34	28.53	20.54	13.21

续表

“一号人物”	年份	营业收入（亿元）	同比增长（%）	净利润（扣非后）（亿元）	同比增长（%）	经营现金流净额（亿元）	净资产（亿元）	净利润率（%）	净资产收益率（亿元）
季袁组合	2003	24.01	30.85	5.87	55.72	9.42	34.39	24.44	17.06
	2004	30.09	25.35	8.21	39.85	9.75	41.09	27.26	19.68
	2005	39.45	31.09	11.18	41.09	16.95	52.18	29.34	22.19
	2006	49.03	24.28	15.38	33.43	21.12	60.63	31.51	25.48
	2007	72.37	47.60	28.33	83.25	17.43	82.34	39.11	34.38
	2008	82.41	13.88	38.03	34.22	52.47	112.45	46.10	33.79
	2009	96.7	17.33	43.08	13.50	42.23	144.66	44.60	29.81
	2010	116.33	20.3	50.50	17.13	62.01	183.99	43.42	27.45
	2011	184.02	58.19	87.65	73.49	101.49	249.91	47.62	35.06
	2012	264.55	43.76	134.01	51.86	119.21	341.50	50.3	38.97
	2013	339.22	16.88	154.51	13.74	126.55	426.22	48.95	35.51
	2014	315.74	2.11	155.21	1.41	126.33	534.30	48.62	28.73
	2015	326	3.44	156.17	0.62	174	639	47.85	26.23
	2016	388	18.99	169.55	8.57	374	728	43.56	24.44
	2017	582	49.83	272.24	60.57	221.5	914.5	46.74	33.13

在2013年以前，上海家化是一家陈正则眼里的好公司，是一匹跑出了优异成绩的千里马。如表2–42所示，从2005年到2013年，上海家化的净利润（扣非后）从0.38亿元增长到8亿元，9年净利润（扣非后）增长了20.05倍，市值也从17.25亿元攀升至364.53亿元，9年时间市值增长20.13倍。这一切成绩的取得是由在上海家化工作28年、担任14年“一号人物”的葛文耀以及他的优秀团队完成的，葛文耀也因此被誉为“上海家化之父”。

可是上海家化在被“平安系”收购后，“平安系”在没有弄明白这个行业的核心竞争力的时候就撤换了葛文耀，这是一个原则性的、不可挽回的错误。2013年9月19日，葛文耀离职，2014年2月至5月，原“一号人物”葛文耀的副手——总经理王茁和财务总监丁远青等重臣先后离职，老班底大多离开公司。2013年11月15日，新“一号人物”谢文坚上任。2016年11月25日，谢文坚离职，新"一号人物"张东方接任。2017 年 9 月 4 日，1994 年加入公司的副总经理兼佰草集事业部副总经理黄震离职。

葛文耀离职后的 4 年，上海家化原班人马相继离职，新管理层交出的业绩波动巨大。如表 2–42 所示，2017 年净利润（扣非后）仅 3.3 亿元，此时的净利润（扣非后）只有葛文耀 2013 年离职时的 41.25%，市值也大跌至 250 亿元附近。

表 2–42　上海家化重要财务指标（1999—2017 年）

"一号人物"	年份	营业收入（亿元）	同比增长（%）	净利润（扣非后）（亿元）	同比增长（%）	经营现金流净额（亿元）	净资产（亿元）	净利润率（%）	净资产收益率（%）
葛文耀	1999	10.75		0.36		0.99	2.64	3.30	13.45
	2000	11.87	10.44	0.48	33.76	1.50	2.87	4.00	16.56
	2001	13.06	9.99	0.73	53.64	0.67	10.7	5.59	6.82
	2002	13.64	4.44	0.75	3.27	0.20	11.46	5.53	6.58
	2003	14.86	8.98	0.81	7.57	1.09	11.87	5.45	6.83
	2004	16.69	12.28	0.47	–41.63	0.72	11.95	2.84	3.96
	2005	20.68	23.90	0.38	–19.49	0.03	11.52	1.84	3.31
	2006	22.74	9.97	0.61	58.78	4.12	7.47	2.66	8.09
	2007	22.61	–0.58	1.33	119.15	2.22	8.53	5.86	15.53
	2008	24.94	10.29	1.85	39.58	3.30	10.96	7.42	16.88
	2009	26.97	8.17	2.33	26.07	4.52	13.19	8.65	17.68
	2010	30.94	14.71	2.76	18.15	3.29	14.97	8.91	18.42
	2011	30.93	–0.02	3.45	25.15	3.47	16.98	11.15	20.31
	2012	39.99	29.287	5.76	66.88	8.33	22.40	14.4	25.69
	2013	44.69	11.74	8.00	39.00	10.29	30.76	17.91	26.01
谢文坚	2014	53.35	19.38	8.98	12.22	11.30	38.05	16.83	23.6
	2015	58.4	9.47	8.17	–6.41	5.02	57.2	13.99	17.21
	2016	53.2	–8.9	2.04	–75.03	0.53	52.6	3.83	3.68
张东方	2017	64.9	21.99	3.3	61.76	8.61	53.8	5.08	6.09

虽然没有亲临贵州茅台和上海家化两家公司的生产经营一线，但根据两家公司的《年度报告》和可获得的公开信息（见表 2–43），依然可以大致评判两家公司管理层的情况，也就对两家公司近几年业绩的表现不感到意外了。

表 2–43　两家公司管理层表现对照

管理层表现	贵州茅台（1999 年—2017 年）	上海家化（2014 年—2017 年）
说到做到	“季袁组合”的承诺，计划都比较保守，完成的结果都好于承诺，“季袁组合”做出的计划都如期完成或超额完成了； 例如 2016 年《年度报告》16 页中的经营计划是 2017 年营业收入增长 15% 以上，2017 年实际完成增长 49.83%	2014 年至 2016 年的经营计划大多未能实现。业绩波动巨大，管理层可信度大大降低； 2016 年《年度报告》中给未完成的承诺找各种看似合理的理由
不做假账	未发现不合理指标	暂未发现恶劣造假，但有些指标不合理，例如 2016 年的坏账损失明显偏小，有虚增利润的嫌疑
降成本	以 2016 年为例，营业收入增长 18.99%，但销售费用、管理费用仅分别增长 13.21%、9.82%，成本费用控制得力	以 2016 年为例，营业收入下降 8.98%，但销售费用、管理费用反而分别增长了 17.16%、7.01%，成本费用控制不得力
持续提升竞争力	产能、产量、销量平稳增长	经营战略混乱，真实净利润连续下滑
选贤任能	主要副总经理及财务总监 5 年以上没有变动	主要高管变动频繁
卓越管理	从财务报告上看各项指标平稳或向好	关键指标下滑，不容乐观
不以权谋私	无法核实	无法核实
不搞不合理、有损老股东利益的股份增发、股权激励、兼并收购	近年无增发、激励、并购的大动作	2017 年并购较多
不谋取不合理的薪酬待遇	2016 年，董事长袁仁国税前薪酬仅 59.62 万元，20 名高管总税前薪酬仅 651.09 万元。陈正则觉得在没有股权激励和业绩奖金的情况下与贡献相比报酬低了	2016 年上海家化总经理级别的薪酬是葛文耀 2012 年时期总经理级别薪酬的 3 倍以上。管理层钱拿得更多，业绩却更差
管理层稳定	季克良在茅台工作了 43 年直到退休。“二号人物”袁仁国平稳接棒，管理层新老更替非常稳定	工作了 28 年的葛文耀出走后，高管人员更迭如走马观花

资料来源：公司历年《年度报告》披露的信息。

从以上两家公司的对比中，我们验证了管理层至关重要的作用。优秀的管理层可以化腐朽为神奇，不断创造佳绩，而平庸的管理层或水土不服的管理层，可能把一盘好棋下成烂棋，甚至造成败局。

小 结

本章从处于好行业、是个好公司、拥有好管理三个重要方面，为大家讲述了**稳定美好的前景、强大的长期竞争力、固若金汤的财务状况和才德兼备的优秀管理层是一个好生意最重要的四大基本面。好生意的四大秘密如表 2–44 所示。**

表 2–44 好生意的四大秘密

好生意的四大秘密	说明
稳定美好的前景	1. 消费品、食品、饮料、医药、银行、保险等非强周期型行业的前景长期看好；电力、水务、公路、燃气等公共事业型企业虽增长较慢，但长期盈利稳健 2. 钢铁、水泥、石油、铝、航运、航空等强周期型行业，若没有专业优势则不碰 3. 没有盈利支撑却估值超高的新兴行业不碰
强大的长期竞争力	1. 客户对长期竞争力强大的公司产品价格敏感度较低，竞争对手难以展开价格战 2. 产品工艺、技术、品牌、客户认知度很高，竞争对手难以模仿和超越 3. 上下游强大的议价能力、强势的结算模式、更大的规模和协同效应比竞争对手成本更低，从而强者恒强 4. “杀招”提价权，可以抗击成本提高、抵御通货膨胀、持续提升盈利能力
固若金汤的财务状况	1. 较高净资产收益率，体现公司净资产盈利的效率 2. 资本支出占净利润的比例，体现公司提升盈利的代价 3. 经营现金流和净利润的匹配，体现公司盈利的质量 4. 现金分红占净利润的比例，体现公司盈利以后的态度 5. 有息负债很低或者为零，体现更强的财务风险抗击能力 6. 分析 5 年以上的财务数据，评估公司盈利的稳定和虚实

续表

好生意的四大秘密	说明
才德兼备的优秀管理层	1. 说到做到 2. 不做假账 3. 降低成本 4. 持续提升竞争力 5. 选贤任能 6. 卓越管理（效率、文化等方面） 7. 不以权谋私 8. 不搞不合理、有损老股东利益的股权增发、股权激励和兼并收购 9. 不谋取不合理的薪酬待遇 10. 管理层稳定

好生意的四大重要秘密已经揭示了，那么是不是找到四大基本面优秀的好公司，就可以马上进行投资了？

且慢！好投资还需要一个至关重要的因素——好价格。**远离悬崖的安全边际是理性投资之所以能够长期立于不败之地的又一个极为重要的因素。**

第三章

静观其变

> 不可胜在己，可胜在敌。
>
> ——《孙子兵法·军形篇》

［译文］不被敌人战胜的关键在于自身不要犯错，可以战胜敌人的关键在于敌人犯错。

第一节　合理估值是什么

"估"在《现代汉语字典》中的释义是揣测、大致地推算。

合理估值就是揣测、大致推算出一个最接近上市公司真实价值的合理价格区间，然后把这个"估值区间"作为投资决策的参照价格，这个合理估值依据公司的四大基本面做出评估，同时结合同行业和历史数据作为间接参照而得出。

合理估值只是一个大致的区间范围，不是一个精确的数字。因为公司的真实价值会随着公司四大基本面（前景、竞争力、财务状况、管理层）的变化而变化，公司的四大基本面大多受不能精确预测的因素影响，**所有会计公式计算出的数字都只是理论上的，没有人能够精确预估，但完全可以大致估算**。投资者、投机者与真实价值、市场价格的关系如图 3–1 所示。

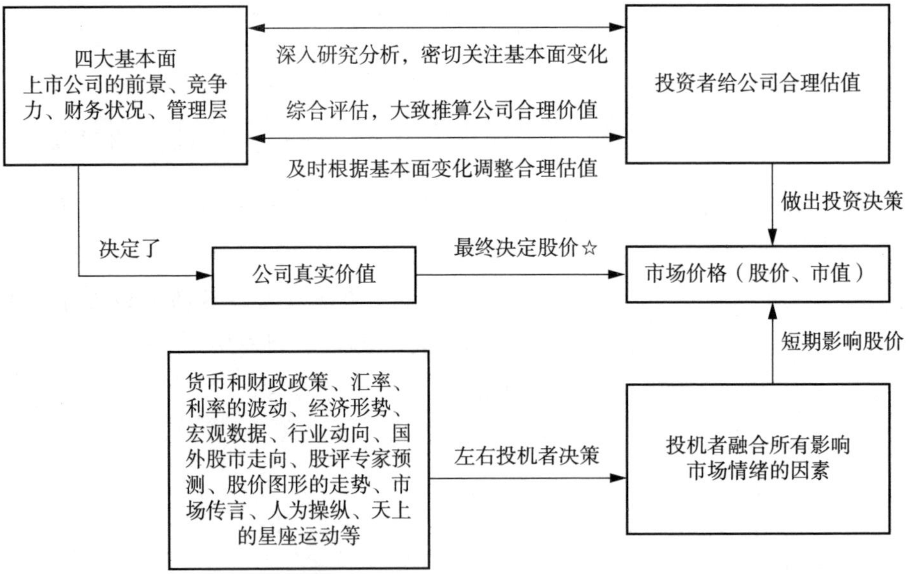

图 3–1　投资者、投机者与真实价值、市场价格的关系

第二节 估值的派别

估值的派别及方法如表3-1所示。

表3-1 估值的派别及方法

派别	方法	说明	不足之处
保守派	破产清算法	该方法常用于公司破产或清算时，估算股东能拿回多少钱。这个方法估算出的公司价值极低，因为非现金类资产全都大幅打折，一般按清算法得出的估值在净资产的0~30%	1. 当前A股退市制度不完善，极少有上市公司破产 2. 不适用于好公司 3. 仅适用于平庸公司或烂公司
	净资产瘦身法	按照账面净资产打3~7折给予公司估值。这个保守方法被许多早期理性投资者所推崇。此方法是仅次于清算法的保守估值方法	1. 适用于一些特定行业 2. 不适用于好公司
资产派	重置成本法	评估在当前的市场环境下复制一个一模一样的公司需要多少钱	1. 仅适用于部分行业 2. 长期竞争力难以复制
	重估家当法	除了现金类资产不需重估，把公司的库存和多年前购置的房产、土地等资产按当前市场价重新估价（账面上的价值是入账时的价格，并不是今天的市场价值）。例如，贵州茅台的库存账面价值很低，但实际价值很高；再如，银行早期购买的大量优质地段的房产是以当年很低的购买价入账，如今大幅的升值并未体现在资产负债表中	不适用于好公司
	市净率倍数法（PB法）	按净资产一定的倍数（既可大于1倍，也可小于1倍）给予公司估值，一般来说净资产盈利效率越高的公司估值越高。 当前最常用的方法之一，这种方法以公司资产负债表的净资产为参照，给予公司估值，“容忍”估值大于净资产，甚至大幅高于净资产的情况出现	1. 不适用于轻资产型的公司 2. 不同行业，不同公司之间市净率水平差异巨大，没有统一的标准。投资者需要综合判断

续表

派别	方法	说明	不足之处
盈利派	市盈率倍数法（PE 法）	以公司当年净利润的一定倍数给予公司估值，是估值中最常用的方法之一。 例如某公司近一年净利润 100 亿元，按市盈率 10 倍估值是 1000 亿元，按 15 倍估值则是 1500 亿元	1. 不适用于盈利不稳定、波动巨大的公司 2. 不适用于亏损的公司 3. 不适用于强周期型行业
	可持续增长率法（PEG 法）	以公司未来 5~10 年净利润的可持续增长率作为市盈率的倍数进行估值。 例如某公司近 1 年净利润为 10 亿元，预计未来 5 年净利润每年可以保持 30% 的复利增长率，那么就以 30 倍市盈率给此公司估值，对应估值为 10 亿元 ×30 倍市盈率 =300 亿元	1. 适用于中高速可持续增长的公司，不适用于增长缓慢或零增长的公司 2. 净利润增长率是否持续受未来各种因素影响，判断难度很大 3. 不适用于业绩可能波动巨大的公司
真金白银派	自由现金流折现法	以公司未来存续期内所有的自由现金流量按一定的比例折算后得出估值。专业投资人士常用此法（注：自由现金流指公司的净利润加上折旧摊销，减去资本支出后得到的金额）	1. 对经营稳定性要求极高 2. 只是理论上，不可能精确
	现金分红法	以公司未来存续期内所有的现金分红加上最后卖出股票所得现金的总金额，按一定的比例折算后得出的估值。此估值法常用于现金分红比例大、股息率高的公共事业型公司或利润增长缓慢的“现金奶牛”型公司	1. 不适用于现金分红比例低的公司 2. 不适用于处于快速发展期现金分红较低的好公司
非主流派	市销率倍数法（PS 法）	以公司销售收入的倍数进行估值（由于不适用于理性投资，本书不讨论此法）	1. 由于仅以销售收入进行估值，容易对公司真实价值产生较大误判 2. 多适用于新兴行业或未盈利的非上市公司 3. 多用于风险投资，不适用于理性投资

在理性投资的实战中，根本没有一招制敌的神功秘籍，对于各个派别、各种方法都需要深入分析、融汇贯通，才能相对准确地给目标公司合理估值；但是在实战中，已经证明了有一个“黄金盾牌”可以令投资者立于不败之地，这个“黄金盾牌”就是我们接下来要讨论的“安全边际”。

第三节　价格与价值的偏离

一个成熟的理性投资者，除了拥有相对准确地判断公司真实价值的能力、以足够的安全边际买入，还需要拥有高僧般超然物外的心态来看待市场的短期波动。

让我们来深刻认识一下上市公司市值形成的本质，如图 3-2 所示。

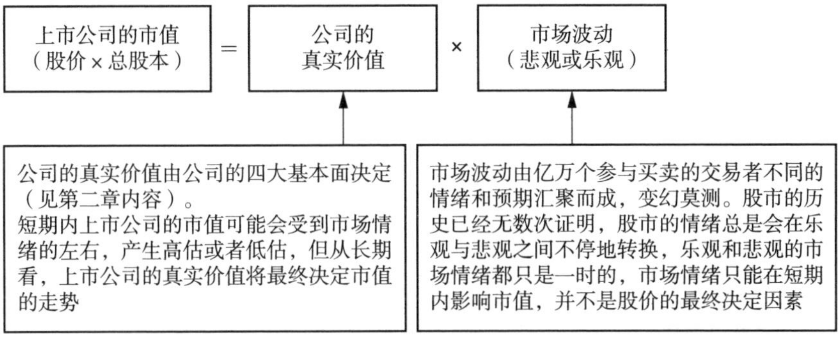

图 3-2　上市公司市值形成的本质

公司的真实价值虽然会随公司四大基本面（前景、竞争力、财务状况、管理层）的变化有一定的变化，但这相对是可估量和判断的，而市场的短期波动是由无数个情绪因素导致的，变幻莫测，世上无人可以连续地精确预测。历史已经无数次雄辩地证明，**所有那些信誓旦旦地声称自己可以预测股价短期波动的人都是骗人的**[①]。

接下来举一个例子。

2018 年 1 月至 12 月，“宇宙第一大行”工商银行的股价从 7.15 元一路大跌至 5.19 元（2018 年 12 月 21 日），对应市盈率 TTM 为 6.21 倍，市净率为 0.85 倍，总市值为 1.85 万亿元。如图 3-3 所示。

① 那些操纵股价的非法之徒本质上也是骗子。

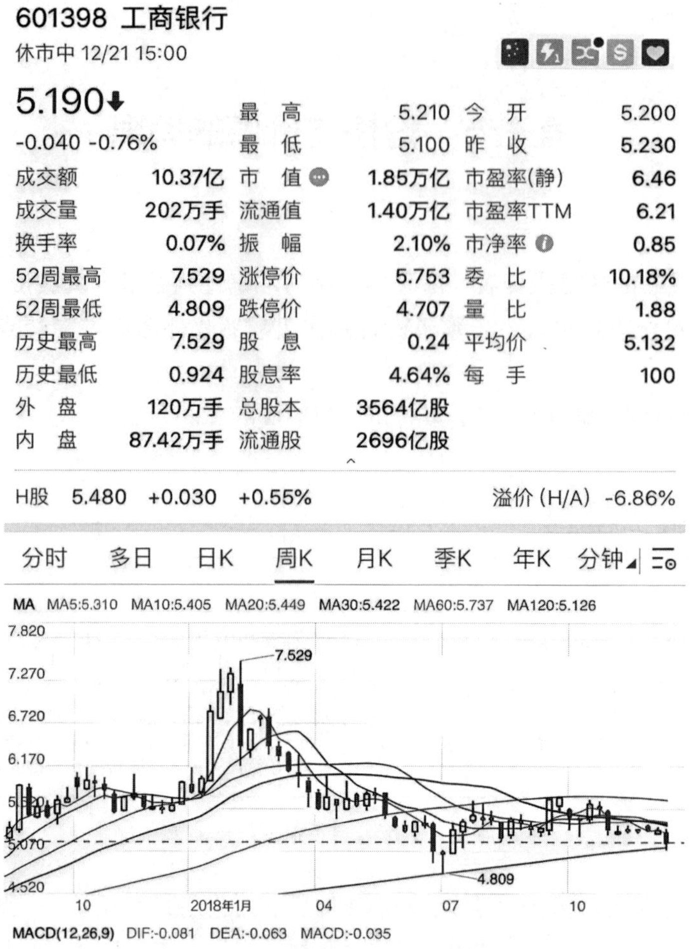

图 3-3　工商银行 2018 年的股价波动

那么投资者应当如何看待工商银行的股价大跌呢？

首先，我们来大致分析一下中国工商银行的四大基本面情况（仅粗略概括，非全面评估）：

第一，银行业前景明朗、竞争格局合理、资本回报水平较高。

第二，工商银行近年来的竞争力在整个中国银行业中居于上游，在国有四大行中排在前两位，这种强大的竞争力很难在短时期内被竞争对手超越。

第三，自工商银行上市以来，风险防控稳健扎实，盈利能力稳步增长，现金分红慷慨丰厚，资本实力与日俱增。

第四，中国中央人民政府下属的财政部和中央汇金公司合计持有工商银行 68% 以上的股权，中国中央人民政府既是工商银行的控股股东，也是工商银行强大的后盾。出于对中央政府的信任，即使中国遭遇罕见不利的经济环境，陈正则也不认为工商银行会倒闭。

基于以上简单分析，如果按照 1.15 倍市净率作为工商银行的合理估值，那么工商银行在 2018 年 12 月的合理估值为总市值 2.5 万亿元，对应每股股价为 7.02 元，再比较 2018 年 12 月 21 日工商银行的实际股价——5.19 元，比合理估值低估了 35%。这个 5.19 元的股价到底是怎么形成的？

从图 3–3 中可以看出，2018 年 12 月 21 日，工商银行的总股本数高达 3564 亿股，12 月 21 日当天成交的股数为 2.02 亿股，成交量仅占总股本数的 0.057%。也就是说，12 月 21 日当天的股价 5.19 元，仅仅是占工商银行 0.057% 股权的股东之间买卖所产生的价格，很显然 5.19 元股价（对应 1.85 万亿元的总市值）只是极少数股东在某个时间达成买卖的成交价，这个股价并不能代表工商银行整体的真实价值。

如果你是“宇宙首富”，富可敌国，任性地跑去找中央政府，想以每股 5.19 元（对应总市值 1.85 万亿元）的价格买下工商银行 68% 股权，你肯定会被严词拒绝（事实上，即使有人出再多钱，中央政府也不可能卖掉工商银行这 68% 的股权）。那么为什么精明的中央政府不会以高于 5.19 元的股价卖出工商银行的股票，股市中却有很多人以低于 5.19 元的股价卖出所持有的工商银行的股票呢？

原因一：股市最大的魅力在于，愚蠢的投机者总是慌张地做着傻事，聪明的投资者却能够稳如泰山地满载而归。

有许多所谓的专家和学者根据各种“复杂公式”的计算，认为股价波动越大的公司风险越大（目前很多大学的教材就是这样写的）。大家认为在工商银行的四大基本面没有实质变坏的情况下，股价如果进一步下跌到 4 元、3 元……难道股价越低的工商银行风险反而越大了吗？显然不是！

当工商银行的股价在合理估值以下时，下跌越多，折扣越大，你只需要越跌越买，就一定能获得丰厚的回报。不过，工商银行的股价一旦跌到了离谱的程度，它的控股股东（中国中央人民政府）必定会抢先出手，接住“黄金雨”。

原因二：股价非理性大跌，不仅不会增加风险，反而是打折买入好公司的绝佳时机。

相反，如果 2018 年 12 月工商银行的市值回升至 2.5 万亿元的合理估值，并且继续大涨，如果你以远高于 2.5 万亿元的市值买入了工商银行股票，这才是真正的风险。股价越涨，买入的价格越高，风险就会越大。

原因三：股价非理性地大涨会真正地增加风险，一切远高于真实价值的股价都不可能持久。

许多投资者（包括理性投资者）喜欢根据国家短期的经济数据、货币政策、重大事件来预测股市的短期波动，但实际上依靠预测市场的涨跌，并不能提高投资的回报。

原因四：历史经验已经无数次证明了，短期市场波动根本无法预测。

如果你质疑这个结论，有个简单的方法就能验证，你只需要翻阅过去10年的旧报刊，核实一下所有所谓的专家们短期预测的正确率，从此你就不会再相信有人可以连续正确地预测市场波动了。

大师箴言

即使短期市场的风波让你的航船颠簸，你一样可以睡得很香，因为你深信自己的决策慎重且深谋远虑。

——杰里米・丁.西格尔

我根本不相信能够预测市场，我只相信购买卓越公司的股票，特别是那些被低估而且（或者）没有得到市场正确认识的卓越公司的股票是唯一成功投资之道。

——彼得・林奇

不要试图去弄清楚市场在想什么，我们需要弄清楚的是公司。

——约翰・梅纳德・凯恩斯

人们总是问我，前景最好的地方在哪里，但其实这个问题应该问前景最悲观的地方在哪里。

——约翰・邓普顿

我们看中的是公司的本质，而非股价的波动，如果我们对公司的看法正确，市场终将还它一个公道。

——沃伦・巴菲特

在我研究了华尔街过去60年的历史后得出的结论是：没有人可以预测市场的走向。

——本杰明・格雷厄姆

小 结

不要试图去预测短期的市场波动（股价涨跌），股价的短期波动常常与公司的真实价值背道而驰，只有扎扎实实地去深入研究分析公司的真实价值才是唯一靠谱的成功之道。

当股价跌到真实价值以下时，下跌越多，机会反而越大。

当股价涨到真实价值以上时，上涨越多，风险反而越大。

尽管许多投资者拥有良好的金融、会计知识基础，但他们无法控制自己的情绪，因此在投资中屡屡失利。如果你想要战胜市场，就必须先战胜自己。

第四章

不败之地

善战者，立于不败之地，而不失敌之败也。

——《孙子兵法·军形篇》

［译文］善于用兵作战的人，先让自己立于不败之地，而后不失去任何一个击败敌人的机会。

第一节 稳如泰山的黄金盾牌

任何上市公司的市场价格（市值）与真实价值之间都会出现三种情形，如表 4–1 所示。

表 4–1 市值—价值关系与投资安全等级对照

市场价格与真实价值比较		投资本金的安全程度
高估	市场价格（市值）高于真实价值	市值高于真实价值的幅度越大，股价回落的概率和风险越大。若想维持高估的市值，公司就必须保持较高的净利润增长率，否则风险巨大
合理	市场价格（市值）约等于真实价值	若公司真实价值不变，则市值出现高估、低估和维持合理的整体概率相当；市值合理的公司未来长期股价的变化趋势还是取决于公司真实价值的变化趋势
低估	市场价格（市值）低于真实价值	市值低于真实价值的幅度越大，股价再往下跌的概率越小，本金就越安全

我们将市值低于真实价值的幅度称为安全边际。低估越多，安全边际越大，投资的本金就越安全，因为价格一定会回归价值。安全边际是可以令投资者稳如泰山的黄金盾牌。

安全边际可以抵消一部分不确定性因素带来的风险，可以为投资本金的安全提供保护，是理性投资中“确保整体风险安全可控”的核心奥秘所在。这也是世界上所有的理性投资大师之所以可以长期立于不败之地，并能够稳健取得较高复利系数的最大秘密之一。

需要强调的是，安全边际并不能完全保证投资于某一家公司的股票不会出现永久性损失，但它能提高个股整体长期盈利的概率。安全边际的核心价值在于，通过构建跨行业的多元化投资组合，为投资者创造长期稳健收益提供保障。

第二节　保守派与安全边际

破产清算法与净资产瘦身法是估值方法中最保守的两种方法。

破产清算法是假设公司破产或清算时，股东能拿回多少钱的估值法。

破产清算法给公司的估值会很低，用破产清算法给出的公司估值是公司价值的最底价，最低时可为零（不会为负，因为股份公司资不抵债时，股东也只承担以出资额为限的有限责任）。由于我国A股退市制度的不完善[①]，想上市的公司排队周期长，审核环节关卡多，不确定性大等体制因素，导致我国目前（2024年）A股上市公司一个“空壳”也能价值5亿~20亿元（国内有些准备上市的公司出于时间成本的考虑，通过买壳达到借壳上市的目的，从而推高了“壳价”），目前A股中极少出现市值低于破产清算价值的情况。

虽然破产清算法得出的估值是每一家上市公司的最底价，安全边际也是最高的，但存在两个问题：

第一，在中国股市上，市值跌破破产清算价的上市公司大多是濒临破产、经营极其困难且无力回天的公司，这类公司的经营状况可以改善的概率很低，就算可以保住投资本金，但漫长的破产清算处置资产的过程，将会令投资者付出难以估量的时间成本。

第二，破产清算法估值一般仅适用于平庸公司或烂公司的估值，对优秀公司估值则太过于保守，不适用。

净资产瘦身法在公司净资产的基础上打一定的折扣，一方面拧干了资产负债表中的水分，另一方面也给不易变现的资产打了折扣。这种估值方法本身具有较高的安全边际，是保守派常用的估值方法。

这种估值方法虽然保守，但对于一些长期竞争力强大的好公司不适用，此估值法适用于一些土地、厂房、设备等资产比重较大的公司。

---

① 中国股市1990年至2024年，共上市约5600家企业，年均上市164家，共退市239家，年均退市9.9家。相比之下美国股市1975年至2012年，新上市企业15922家，年均上市419家，共退市17303家，年均退市455家。

在2018年7月的A股市场中，一些强周期型行业和一些竞争力平庸的公司出现了市值低于账面净资产的情况，那么这些公司的市场价格是否真的低于真实价值、是否真的具有安全边际呢？其实未必。因为这些公司的账面价值往往存在“虚胖”的可能，我们可以按照一定的标准给这类公司的资产负债表来个“瘦身”。

在开始“瘦身”前，先来回忆一下资产负债表（陈正则简化版），如表4–2所示。

表4–2　资产负债表（陈正则简化版）

<table>
<tr><th colspan="2">总资产</th><th colspan="2">总负债</th><th>净资产</th></tr>
<tr><td rowspan="3">现金类资产</td><td>货币资金（包含定期存款）</td><td rowspan="3">有息负债</td><td>长期借款</td><td>股本</td></tr>
<tr><td>银行理财、所持国债、优质债券</td><td>短期借款</td><td>资本公积</td></tr>
<tr><td>持有的上市公司流通股票、已收到的银行承兑汇票等</td><td>已发行的债券等</td><td>未分配利润等</td></tr>
<tr><td rowspan="8">非现金类资产</td><td>存货</td><td rowspan="8">无息负债</td><td>预收账款</td><td rowspan="8"></td></tr>
<tr><td>应收账款</td><td>应付账款</td></tr>
<tr><td>固定资产（厂房、设备等）</td><td>应付职工薪酬</td></tr>
<tr><td>无形资产（土地、专利等）</td><td>应交税费</td></tr>
<tr><td>在建工程</td><td>应付股利</td></tr>
<tr><td>商誉</td><td rowspan="3">其他应付款等</td></tr>
<tr><td>持有的未上市公司股权</td></tr>
<tr><td>其他科目</td></tr>
<tr><td colspan="2">总资产的数字显示该公司账面上的（注意仅仅是账面）资产总额，既包含属于自己的资产，也包含不属于自己的资产，总资产数字有可能高估或造假了（有水分），也有可能低估了，比如品牌价值，土地价值的低估</td><td colspan="2">总负债表示这部分资产是属于别人的，只是暂时放在自己账上</td><td>净资产是真正属于公司股东的资产，又称股东权益，净资产也是仅指账面上的数字，有可能高估也有可能低估</td></tr>
</table>

假设在没有造假的情况下，资产负债表中的哪些部分需要“瘦身”呢？如表4–3所示。

表 4–3 资产负债项目"瘦身"

科目	说明	是否需要瘦身
有息负债	欠别人的钱都要还（或结算）	不能瘦身
无息负债		
现金类资产	变现能力强，可视同现金	不需要瘦身
非现金类资产	账面价值往往比变现价值高，存在虚胖	需要瘦身

陈正则对非现金类资产的瘦身偏向于保守，瘦身的标准建议如表 4–4 所示。

表 4–4 "瘦身"标准建议

非现金类资产	解释	瘦身计划
存货	主要是原材料、成品、半成品、在产品	在账面数字的基础上打 3~9 折。视不同行业、不同公司和库存的构成情况而定
应收账款	主要是客户打的白条	在账面数字的基础上打 3~9 折。视不同行业、不同公司和白条的构成情况而定
固定资产	主要是工业厂房和各种设备	工业厂房一律打 5 折，商业用房一律打 7 折。各种设备在账面数字的基础上打 0~5 折，视设备通用程度、新旧程度等因素而定
无形资产	主要是土地、商标、专利、软件	土地不需要打折，但专利、商标、软件等记到资产的账面数字一律清零处理（保守）
在建工程	主要是未完工的工程	一般按账面数字打 3~4 折
商誉	主要是收购时支付的超过目标公司净资产的钱（注意：此科目并不是指公司的品牌价值）	一律清零处理[a]
其他科目	参照以上标准，偏向于保守处理	

注：a. 本书"见微知著"一章中有详细讨论。

经过"瘦身"后的净资产就不"虚胖"了，此时再与市场价格（市值）进行比较，就可以大致看出市场价格是不是真的被低估了。

保守派估值法无论是在低迷的熊市，还是在疯狂的牛市，都应该是理性投资者心中一把常备的标尺，因为这是一家上市公司最保守的底价。

第三节　资产派与安全边际

资产派的估值方法为重置成本法、重估家当法和市净率倍数法（PB 法）。

重置成本法会评估在当前的市场环境下重新建立一个与之一模一样或相似的公司需要花费多少钱。这个重置的价格可能高于账面（资产负债表）上的净资产，也可能低于账面上的净资产。重置成本法一般仅适用于部分行业，并且难以复制一个公司的长期竞争力。

重置价格高于账面净资产的部分原因可能是：公司早期购买土地、房产以及技术研发等成本较低，现在的购置成本高于以前的成本；员工培训、市场地位、技术成熟度、员工熟练度及其他未反映在资产负债表上的品牌价值，都需要投入资金建设。

例如，开一家银行，如果算上顺利取得银行经营牌照的成本、员工招募培训成本、软件硬件的建设、培育客户的成本、各种风控体系的建立完善直至达到现有成熟银行的盈利水准，通常需要付出市场上成熟银行账面净资产 1.15 倍左右的代价才可以达到。因此，银行业的合理重置估值水平应为净资产的 1.15 倍左右。如果以重置成本法给银行估值，那么当银行的市值低于净资产的 1.15 倍左右时则为低估。

2018 年 7 月 14 日，中国上市银行整体市值仅为净资产的 0.84 倍，若以 1.15 倍市净率为银行业的合理估值，则此时中国银行业的市值整体处于低估状态。银行业市值为净资产的 0.84 倍，比合理估值低 27%，这低估的 27% 就是安全边际。

重估家当法适用于一些具有较大比例隐蔽资产的公司，如多年前以成本价入账的优质房产、多年前以成本价入账的股权投资、以成本价入账的具有升值潜力的库存等。

很多老牌的国有大银行早年入账的大量自用房产，入账价极低，比如北京、上海一些核心地段营业网点的房产，当年的入账价只有几百元每平方米（如今每平方米价值在 10 万元以上），所以这些早年购置的自用房产价值存在低估，我们在计算银行的净资产时需要考虑这部分隐蔽资产。2018 年 7 月 14 日的银行业在不考虑这部分“隐蔽”家当的情况下，市值比重置成本法得出的估值低估了27%，实际低估程度因隐蔽家当的存在可能更高。

贵州茅台2017年9月财务报告中的净资产为843亿元，如果大家认为这843亿元是茅台的真实净资产就大错特错了，因为在茅台公司的资产负债表中还有一块价值巨大的隐蔽家当：以成本价入账的茅台酒库存。在2017年9月茅台的账面上有208亿元的库存，但这仅是以每瓶40元左右的成本价入账的，如果以2018年每瓶969元的出厂价计算，那么这208亿元的库存价值高达惊人的5018亿元左右，茅台酒有两个特点：能涨价和不愁销。所以贵州茅台若按照重估家当法估值（在不考虑未来的盈利增长前景、酒可以无限量生产、价格继续提高、品牌价值深入人心的情况下），2017年9月仅库存价值就高达5018亿元。

对照2018年2月7日贵州茅台的市值8949亿元（对应股价712.4元），贵州茅台2017年12月的库存价值约5000亿元，现金资产约900亿元，此两项资产就价值约5900亿元，再加上茅台强大的品牌价值、产品提价能力、盈利可持续增长能力和优秀的管理层，陈正则认为2018年2月贵州茅台8949亿元的市值虽然没有被低估，但也没有被明显高估。

市净率倍数法（PB法）是上市公司估值方法中最常用的方法之一，市净率是市值与净资产的比值（如果上市公司市值为100亿元，净资产为50亿元，则市净率为100亿元 ÷50亿元=2倍）。这种估值方法“容忍”了市值高于甚至大大高于净资产的情况。实际上，用市净率倍数法给上市公司的估值中已经包含了上市公司的前景、竞争力、管理层等未体现在资产负债表账面上的价值，也是一种被广泛认可的估值方法。

但市净率倍数法不适用于轻资产型的公司，并且不同行业、不同公司之间市净率水平差异巨大，没有统一的标准。2017年11月18日，中国A股的所有行业中，只有银行业的市净率小于1倍，为0.96倍，市净率最高的行业是食品饮料行业，为6.04倍。如表4-5所示。

表4-5 2017年11月18日沪深A股各行业股价对应的估值水平

行业	市盈率（TTM、整体法、倍数）	市净率（整体法、倍数）
银行	7.41	0.96
非银金融	22.91	2.22
房地产	15.52	1.89
建筑材料	25.99	2.51
钢铁	16.03	1.65

续表

行业	市盈率（TTM、整体法、倍数）	市净率（整体法、倍数）
农林牧渔	35.19	3.45
食品饮料	36.46	6.04
家用电器	20.41	3.94
交通运输	20.80	1.85
医药生物	37.57	4.13
建筑装饰	17.00	1.77
公用事业	28.00	2.12
采掘	19.02	1.61
通信	63.51	3.33
化工	27.30	2.51
汽车	21.16	2.35
计算机	60.78	3.87
休闲服务	40.21	3.63
纺织服装	26.93	2.41
轻工制造	28.61	2.70
电气设备	39.18	2.84
传媒	35.65	3.11
机械设备	48.27	2.69
国防军工	79.75	2.90
电子	42.34	4.26
商业贸易	30.52	2.14
有色金属	45.09	3.05
上证综指	15.76	1.70
深证成指	28.01	3.11
中小板综	38.75	3.67
创业板综	50.74	4.33
上证 180	12.68	1.47
上证 50	11.85	1.38
沪深 300	14.37	1.68

前文中，我们使用重置成本法说明了中国银行业当前 0.96 倍的市净率是被市场低估了，那么我们再从历史和国外银行的市净率角度来比较一下当前中国银行业的估值水平。

证券交易历史已经有 400 多年了，在这 400 多年的时间里，银行类资产的合理市净率在 1~1.5 倍。2018 年，中国资本市场上出现了银行股的市净率大幅低于历史水平和国际同行的现象。如表 4-6 所示。

表 4-6　2018 年 1 月中外主要银行市净率

国内银行	市净率	国外银行	市净率
工商银行	1.11	美国银行	1.2462
建设银行	1.18	富国银行	1.5345
农业银行	0.98	劳埃德银行	4.5334
中国银行	0.87	花旗银行	1.0315
招商银行	1.81	道明银行	1.9089
民生银行	0.89	瑞汇银行	1.3545
浦发银行	0.98	三菱金融	0.8512
平安银行	1.17	汇丰控股（中国香港）	1.17
交通银行	0.79	渣打银行	0.76
光大银行	0.81	恒生银行（中国香港）	2.467

从银行业的历史和国外同行的对比看，中国银行业的市净率水平处于历史的低位附近，2018 年 7 月 14 日，中国银行业的整体市净率更是跌至历史最低位附近的 0.84 倍。

但请注意，同一行业的公司，如果四大基本面存在较大差异，我们就不能单纯地比较它们的市净率水平。我们可以简单地认为招商银行 1.81 倍市净率比民生银行 0.89 倍的市净率高，但不能简单地认为招商银行 1.81 倍的市净率比民生银行 0.89 倍高 103%，因为两家银行的长期竞争力、资产质量、盈利能力、管理水平等方面是存在差异的，需要具体公司具体分析。

市净率指标的参考作用很大，虽然我们不能一眼就看出一个人身体是否健康，但可以一眼看出高矮胖瘦。同样，虽然我们通过市净率无法一眼看出招商银行 1.81 倍是不是被高估了，但是基本可以判断，中国银行 0.87 倍的市净率水平是存在低估的。

中国的主要大银行不仅在中国内地A股上市，还在中国香港H股上市，但两地的股价存在差异，表4-7中H股的股价比A股还有着9.13%~34.25%的折扣，H股中的银行股价不仅同样被市场低估了，而且低估的幅度更大，市值的安全边际更高。

表4-7 2018年1月12日部分中国内地和中国香港（A股+H股）上市银行的股价差

单位：%

上市银行	（H/A）港股比A股便宜的幅度
招商银行	9.13
民生银行	22.90
光大银行	24.12
建设银行	18.51
中国银行	16.96
农业银行	17.57
工商银行	12.21
交通银行	20.22
中信银行	34.25

陈正则在经营实体企业时，与银行打了多年交道，中国的优秀银行在贷款的风险控制上很有一套，其真实坏账远远没有"投机客"们想象的那么严重（认为银行业要完蛋了）。

最近几年，陈正则本人也对银行业进行了深入的研究，发现中国的银行业在严格控制风险的前提下，的确是一门没有天花板的好生意，只要货币供应总量保持增长、经济总量保持增长，银行业就会大致同步增长。2018年7月，中国银行业整体被严重低估的程度，在世界金融史上都是极为罕见的①。

（注：陈正则将不定期地发表有关银行业的知识与分析文章，感兴趣的读者可以关注"陈年往事谈投资"的微信、微博和雪球论坛。）

---

① 银行业不同于其他行业，其风险控制（主要指贷款的风险）的真实水平，是银行业的生命线。有些财务报表亮丽的小型地方银行可能潜藏着巨大风险，有些市净率很低的银行可能真实坏账体量大得惊人，因此，陈正则偏爱那些长期竞争力强大、管理层优秀、风控严谨、财务稳健、大股东背景绝对可靠的优秀银行。

结 论

通过对国内外同行不同时期市净率水平的简单对比分析，再根据具体公司四大基本面的差异，我们大致可以通过“高矮胖瘦”看出一个公司的合理市净率估值水平，再在这个合理估值的基础上打一个折扣，这个折扣就是安全边际。

同时需要注意，好公司、普通公司和烂公司的合理市净率估值水平往往存在巨大差异，尤其是好公司市净率的水平会产生较大的溢价，那么就需要引入下一个估值派别——盈利派——作为合理估值水平的重要参考。

第四节　盈利派与安全边际

盈利派的估值方法有两种，分别是市盈率倍数法（PE 法）和可持续增长率法（PEG 法）。**依据盈利能力和净利润可持续增长率对上市公司进行估值是最常用的估值方法。一个公司最根本的价值还是取决于它长期的盈利能力。**盈利派的估值方法不适用于业绩不稳、忽上忽下的公司。对于盈利平稳或盈利增长可持续的公司，盈利派估值方法可以作为主导方法。

市盈率倍数法（PE 法）是以公司当年净利润的一定倍数给予公司估值，是估值中最常用的方法之一。和市净率一样，市盈率也是上市公司最重要的价格指标之一，根据市值（股价）与净利润（每股收益）的倍数，来给公司估值。如果某个上市公司市值是 100 亿元，最近一年净利润是 10 亿元，则市盈率为 10（100 亿元 ÷10 亿元）倍。2018 年 3 月 2 日沪深 A 股各行业股价对应的估值水平如表 4–8 所示。

表 4–8　2018 年 3 月 2 日沪深 A 股各行业股价对应的估值水平

行业	市盈率（TTM、整体法、倍数）	市净率（整体法、最新倍数）
计算机	58.49	3.65
国防军工	71.17	2.58

续表

行业	市盈率 （TTM、整体法、倍数）	市净率 （整体法、最新倍数）
通信	54.31	2.86
电子	38.75	3.78
传媒	34.18	2.95
电气设备	35.58	2.44
机械设备	43.65	2.43
公用事业	26.20	1.91
纺织服装	25.34	2.23
医药生物	36.28	3.85
汽车	19.25	2.11
化工	26.54	2.46
轻工制造	26.95	2.54
商业贸易	28.07	1.98
建筑装饰	15.58	1.60
农林牧渔	31.40	3.03
休闲服务	42.03	3.81
交通运输	20.56	1.81
建筑材料	26.10	2.48
有色金属	42.80	2.87
家用电器	21.05	4.01
非银金融	20.12	1.93
房地产	15.64	1.92
食品饮料	36.35	6.02
钢铁	15.90	1.71
采掘	18.47	1.56
银行	7.79	1.00
上证综指	15.52	1.67

续表

行业	市盈率 （TTM、整体法、倍数）	市净率 （整体法、最新倍数）
深证综指	26.06	2.92
中小板综	35.58	3.30
创业板综	50.80	3.81
上证 180	12.61	1.47
上证 50	11.73	1.37
沪深 300	14.28	1.67

用市盈率倍数法给公司合理估值一般适用于同行业公司之间的比较和分析，但不适用于不同行业之间的比较。

我们仍用中国银行业历史上的市盈率估值水平和当前国外银行业的估值水平，来分析一下银行业的合理估值水平及安全边际情况。

银行业是一门古老的生意，从国际历史上看，银行业整体合理的市盈率水平应该在 10~15 倍。2018 年 7 月 14 日，A 股银行整体的市盈率水平仅为 6.3 倍，若以 10 倍市盈率为银行业的合理估值，则当前中国银行业市场价格相对于真实价值打了个 6.3 折，安全边际很高。

通过与历史和国外同行业当前市盈率水平的比较，得出银行业合理的市盈率水平应该在 10~15 倍，市净率应在 1~1.5 倍，从市净率与市盈率这两个角度同样得出结论：中国银行业的真实价值被市场低估了。

需要注意，本节只是简单通过比较历史与国外同行业的平均估值水平，得出我国银行业整体合理的估值水平，但是不同银行之间的竞争力、管理水平、资产质量等都存在差异，因此具体银行还需要具体分析，不可一概而论。

用市盈率倍数法估值时必须扣除不可持续的偶然性利润。在实践中，由于大多数股票软件只显示股价对应的市盈率（TTM），并未扣除净利润中的偶然性利润（如变卖公司家当、政府补助等），这些偶然性的利润不可持续，也不是公司可以持续的真实盈利能力。因此，投资者必须从净利润中扣除这些偶然性的利润，扣除非经常性损益后（扣非后）的市盈率才是公司真实的市盈率。

实例分析：

2017 年 12 月，中国医药行业平均市盈率（TTM）水平在 30 倍以上。如果仅以表 4–9 中的这三个指标看，丽珠医药对应的市盈率（TTM）仅为 7.78 倍，可丽珠医药的股价真的只有这么便宜吗？

表 4–9　丽珠医药估值与市盈率（TTM）

公司名称	2017 年 12 月 1 日市值（亿元）	近四个季度净利润（亿元）	对应市盈率（TTM）
丽珠医药	343	44.09	7.78 倍

原来该公司在 2017 年出售了子公司，获得了 42.8 亿元的投资收益（未扣除所得税），这个收入很显然是偶然性的，不可持续。扣除偶然性的利润，还原扣非后的市盈率（TTM）如表 4–10 所示。

表 4–10　丽珠医药估值与扣非后市盈率（TTM）

公司名称	2017 年 12 月 1 日市值（亿元）	近四个季度净利润（扣非后）（亿元）	扣非后对应市盈率（TTM）
丽珠医药	343	8.14	42.13 倍

很显然，2017 年 12 月 1 日，丽珠医药扣非后的市盈率（TTM）42.13 倍就不那么具有吸引力了。

在实践中，有一些居心不良的公司会利用中国散户投机客容易上当受骗的特点，操纵公司的偶然性所得，让公司某一期对应的市盈率（TTM）看起来特别低，从而拉升股价，诱骗散户投机客。其实散户朋友们只需要按按计算器，就能还原扣非后的市盈率（TTM），避免落入这样的陷阱①。

可持续增长率法（PEG 法）是以公司未来 5~10 年净利润的可持续增长率作为市盈率的倍数进行估值。可持续增长率法也存在一些局限性。该方法适用于中高速可持续增长的公司，不适用于增长缓慢、零增长以及业绩可能波动巨大的公司。此外，净利润增长率是否可以持续受未来各种因素影响，判断难度很大。

在影响上市公司合理估值水平的各种因素中，有一个关键的变量——净利润的可持续增长率。这个方法是投资界的传奇大师彼得·林奇在《彼

① 中国 A 股上市公司的财务报告中都明确注明了扣非后净利润，散户朋友们很容易计算。

得·林奇的成功投资》一书中首次提出的，是指以上市公司净利润的可持续增长率作为合理市盈率进行估值的方法。

假设一家上市公司最近一年净利润为 10 亿元，预测未来 5 年净利润可保持 30% 的复利增长率（很难准确预测），那么该公司用可持续增长率法大致估值为 30 倍市盈率，即对应合理估值为 300 亿元（最近一年净利润 10 亿元 × 30 倍市盈率）。如果该上市公司市场价格高于 300 亿元，则认为被市场高估；如低于 300 亿元，则认为被市场低估，低估越多则投资的安全边际越大。彼得·林奇认为当股价对应的市盈率只有可持续增长率的一半时（安全边际）具备较高的投资价值。可持续增长率法基本逻辑如表 4–11 所示。

表 4–11 可持续增长率法基本逻辑

市盈率与可持续增长率	说明
市盈率大于可持续增长率	市场价格被高估，不宜以此价格投资
市盈率约等于可持续增长率	市场价格合理
市盈率小于可持续增长率	市场价格被低估，低估越多，安全边际越大

可持续增长率法不适用于盈亏波动巨大的公司，增长率必须是合理且可持续的，**陈正则坚决反对用 50% 以上的可持续增长率给公司估值，因为 50% 以上的增长率是不可能长期持续的**！

2017 年煤炭行业部分净利润增长的公司股价对应的市盈率如表 4–12 所示。

表 4–12 煤炭行业部分净利润增长的公司股价对应的市盈率

证券简称	市盈率 TTM（2018 年 2 月 1 日）	市净率（2018 年 2 月 1 日）	2017 年前三季度净利润同比增长率（%）
西山煤电	20.78	1.83	576.64
冀中能源	20.34	1.05	937.24
大同煤业	19.42	1.99	154.31
ST 平能	16.93	1.15	159.64
靖远煤电	16.77	1.17	209.58
盘江股份	15.35	1.76	739.33
兖江煤业	15.17	1.64	369.88
潞安环能	14.21	1.84	2005.89

续表

证券简称	市盈率 TTM（2018 年 2 月 1 日）	市净率（2018 年 2 月 1 日）	2017 年前三季度净利润同比增长率（%）
阳泉煤业	13.43	1.30	813.99
昊华能源	13.16	1.33	643.64
中国神华	13.00	1.83	105.98
恒源煤电	12.49	1.58	713.65
露天煤业	11.84	1.75	141.36
平煤股份	10.98	1.28	171.66
陕西煤业	10.07	2.33	686.13
红阳能源	9.48	1.60	255.08

在 2017 年前三季度，煤炭公司净利润取得了 105.98%～2005.89% 的增长，但煤炭行业属于强周期型行业，真实盈利常常大起大落，这种净利润增长率是不可能持续的。看公司的盈利增长不能只关注短期的爆发，还要看长期的稳定性，以及其背后的驱动因素是否可持续，因此我们**不能用可持续增长率法对强周期型行业进行估值。**

使用可持续增长率法对公司进行估值的前提是，这个净利润增长率必须是扣非后的净利润并且是可持续的，而不是昙花一现。陈正则对“可持续”的理解是可以保持 3～5 年，并且 3～5 年后增长的速度继续保持或者只会变慢，净利润不会存在大幅下降（下降 10% 以上）的风险。可持续增长率法对行业和公司的稳定性要求非常高。

我们再来看表 4–13 中的公司是否被市场低估了呢？以中兴通讯为例，其 2017 年的净利润增长率为 293.17%，那么是否可以简单认为中兴通讯的合理市盈率为 293 倍呢？答案当然是否定的！因为 293.17% 的增长率是不可能持续的！

表 4–13　2018 年 2 月净利润增速明显高于市盈率的公司

代码	公司简称	2017 年净利润同比增长率（%）	市盈率（倍）
601997	贵阳银行	23.97	7.57
600309	万华化学	202.65	8.95
600606	绿地控股	24.34	10.62

续表

代码	公司简称	2017年净利润同比增长率（%）	市盈率（倍）
600048	保利地产	26.27	11.02
601688	华泰证券	49.17	13.55
600018	上港集团	66.10	14.89
002601	龙蟒佰利	463.95	15.26
601155	新城控股	99.68	19.49
002385	大北农	42.07	20.94
002174	游族网络	37.05	25.60
600958	东方证券	53.57	26.29
002024	苏宁易购	497.66	29.61
000063	中兴通讯	293.17	30.13
002008	大族激光	122.08	37.15
600549	厦门钨业	324.60	45.51
300122	智飞生物	1229.25	113.82

通过查阅中兴通讯近年的扣非后净利润发现，其增长率并不稳定，最近一次在2016年还出现较大幅度下降（–17.3%），且中兴通讯的5G概念也仅仅停留在预期，尚未兑现，未来业绩是否可以保持高速增长尚存在非常大的不确定性。因此，历史业绩波动大、未来业绩不确定性高的公司也不适用可持续增长率法进行估值。

陈正则很警惕那些**净利润增长率超过100%的公司，这种公司如果不是强周期型公司，则大多数不靠谱**。首先，存在操纵利润、做假账的嫌疑，今天的爆发可能为明天的巨亏埋下伏笔；其次，这种超过100%的净利润增长率不可能持续下去[①]（请大家回忆：1厘米厚的纸板对折20次的惊人复利）。有些人可能要反驳陈正则的观点，那么请你找出一家连续10年以上保持100%净利润增长率，并且中途从未出现下滑的公司，如果有，请给陈正则打电话。

中国A股的股王——贵州茅台，在2001年至2017年净利润增长了108倍，复利增长率也不过31.73%。请注意，这个增长率必须是可持续的。

① 通过并购获得利润的短期暴增，这种超高的增长率也是不可持续的。

结　论

陈正则建议使用可持续增长率法对一些历史业绩在5年以上持续表现优秀的好公司进行初步估值。陈正则偏爱历史业绩在5年以上保持稳定且净利润（扣非后）复利增长率在10%~40%，行业发展前景明朗，竞争格局合理，并且每年的真实盈利增长率平稳，盈利波动不大，产品简单，业务不复杂，没有搞不懂的高科技，老百姓可以看得见、摸得着，难以被替代的，具有提价权，且未来3~5年的净利润增长率稳定、确定性较高的公司，对这类公司可以使用可持续增长率法进行初步估值。

在深入研究分析上市公司四大基本面的基础上，当这类公司市场价格对应的市盈率明显低于可持续增长率时，则具有较高的安全边际①。

第五节　真金白银派与安全边际

自由现金流折现法是以公司未来存续期内所有的自由现金流量按一定的比例折算后得出估值。专业投资人士常用此法。

现金分红法是以公司未来存续期内所有的现金分红加上最后卖出股票所得现金的总金额，按一定的比例折算后得出的估值。此估值法常用于现金分红比例大、股息率高的公共事业型公司，或利润增长缓慢的现金奶牛型公司。

自由现金流折现法与现金分红法在计算原理上类似，本节只重点介绍一下最常用的自由现金流折现法。

表4–14中的内容，没有财务基础的读者可能一时较难理解，可以先跳过。

① 关于高预期好公司的风险，本书将在“诱人陷阱：高预期好公司的风险”一节中详细讨论。

表 4-14　财务相关名词解释

名词	解释
自由现金流	1. 各种财务书上对自由现金流的定义比较复杂，并且标准不一 2. 自由现金流主要指公司扣除资本支出（主要指购置土地、厂房、设备等支出）后可支配的现金，是公司真正为股东创造的真金白银 **3. 陈正则核算自由现金流的公式：扣非后净利润 + 折旧和摊销 – 资本支出**
	注意一：折旧和摊销是在本期利润表中扣除的，但实际上并没有在本期支出相应的现金（过去已作为资本支出支付了现金），故需从净利润中加回，作为自由现金流的一部分；而资本支出是公司当期真金白银的现金支出，但会计核算时并没有从利润表中扣除。所以我们在计算公司当年真实的自由现金流时需要加回当期的折旧和摊销，并扣除当期的资本支出 注意二：有些人将公司当期增加的周转资金（营运资金）也从自由现金流中扣除，陈正则认为好公司可以不予扣除，因为好公司的周转资金变现能力强，可视同公司为股东创造的真金白银 注意三：有些人将公司当期增加的无息负债（如预收账款、应付账款）也算作公司的自由现金流，陈正则是不赞同的，因为这些钱只是暂时寄放在公司账上，迟早要还（或者结算），并不属于公司为股东创造的真金白银 注意四：自由现金流与经营现金流是两回事，请注意区分（经营现金流见本书第二章的讨论） **注意五：一般情况下，一家不做假账、盈利质量较高的好公司，其长期的自由现金流数字应该与净利润数字相当或者略大**
现值	指未来某一时点上一定量的货币折算到现在所对应的金额 例如：预计 1 年后能收到 105 元，在年利率为 5% 的情况下，这 105 元在现在的价值（现值）就是 100 元，即把未来的资金按照一定折现率（这里是 5%）折算到当前时刻的价值
终值	又称将来值，是现在一定量的货币折算到未来某一时点所对应的金额，通俗来讲就是本利和 例如：现在将 100 元存入银行，年利率为 5%，1 年后能得到 105 元，这 105 元就是 100 元在 1 年后的终值
折现率	可理解为钱在手上每年购买力的贬值率和假设用于投资的机会成本。一般以银行 5 年期存款利率（或者 10 年期国债利率）的 2 倍至 4 倍作为折现率，假设的折现率越大表示估值越保守 例如：若折现率以 10% 计算，则明年的 100 元换算成今天的现值为：100 ÷（1+10%）=91 元，即当折现率为 10% 时，明年的 100 元相当于今天的 91 元
预测期增长率	如预测某公司未来 3 年自由现金流以每年 20% 的速度增长，则预测期为 3 年，预测期增长率为 20%
永续期增长率	假设公司永远存在的情况下，公司理论上可以永续保持的增长率 我们可以预测永续期增长率，并根据以下公式计算公司永续期自由现金流的终值： **永续期终值 = 永续期第一年自由现金流 ÷（折现率 – 永续期增长率）** 例如：永续期第一年自由现金流为10亿元 ÷（折现率10%– 永续期增长率5%）= 永续期终值 200 亿元

续表

名词	解释
自由现金流价值	将公司预测期终值和永续期终值都换算成今天的现值，然后相加得出自由现金流价值，即内在价值： **自由现金流价值（内在价值）= 预测期现值 + 永续期现值** 可以简单理解为：将公司未来每一年预测产生的自由现金流终值全部换算成今天的现值，然后相加，就从理论上得出了自由现金流价值（内在价值）

假设某盈利稳定的上市公司相关数据如表 4–15 所示。

表 4–15　某上市公司 2017 年自由现金流估值参数

自由现金流（亿元）	预测期（年）	预测期增长率（%）	永续期增长率（%）	折现率（%）
10	3	20	5	10

则预测该公司的自由现金流价值（内在价值）如表 4–16 所示。

表 4–16　某上市公司的自由现金流价值（内在价值）

期间		自由现金流终值（亿元）	折算成 2017 年的现值（亿元）
预测期	2018 年	10×（1+20%）=12	12÷（1+10%）=10.9
	2019 年	12×（1+20%）=14.4	14.4÷（1+10%）^{2}=11.9
	2020 年	14.4×（1+20%）=17.28	17.28÷（1+10%）^{3}=12.9
永续期	2021 年以后的所有存续期内	17.28×（1+5%）÷（10%–5%）= 362.88	362.88÷（1+10%）=248.5
预测的自由现金流价值（内在价值）（亿元）			10.9+11.9+12.9+248.5=284.2

注意：预测期、预测期增长率、永续期增长率和折现率，这四个参数只要有细微的变化，计算出的结果就会有很大的差异。因此在实践中，需要至少根据乐观、普通和保守三种不同的预期来计算公司的自由现金流价值（内在价值），然后再分别与公司当前的市值进行比较，判断市场价格（市值）是否被低估。

实例分析：

贵州茅台 2017 年自由现金流为 272 亿元，则可假设三种预期如表 4–17 所示。

表 4-17 贵州茅台自由现金测算（三种预期对比）

预期	预测期（年）	预测期增长率（%）	永续期增长率（%）	折现率（%）	得出 2017 年自由现金流价值（内在价值）（亿元）
乐观假设	10	15	7	10	17267
普通假设	5	15	6	10	9746
保守假设	5	10	5	10	6535

贵州茅台市场价格（市值）与预测的内在价值比较如表 4-18 所示。

表 4-18 贵州茅台市场价格（市值）与预测的内在价值比较

预期	预测 2017 年自由现金流价值（内在价值）（亿元）	2017 年 11 月 10 日贵州茅台市值（亿元）	市值与预测的内在价值比较
乐观假设	17267	8516	市值低估 51%
普通假设	9746		市值低估 13%
保守假设	6535		市值高估 30%

我们可大致将保守假设与普通假设之间的自由现金流价值范围，即 6500 亿 ~9700 亿元，作为贵州茅台 2017 年底的合理估值区间。那么 2017 年 11 月 10 日的市值 8516 亿元处于合理估值区间内，表明当时的股价未被明显高估，也未被明显低估。此结论与前文中使用重估家当法得出的结论相近（从确保安全边际的角度，乐观假设所得出的内在价值仅作为参考）。

真金白银派估值方法以公司创造的现金作为基础，在理论上是比较靠谱的；但还是请大家注意，投资在本质上并不是一门精确的科学，**该估值方法只是一种对未来的盈利能力和分红水平的假设，世上无人可以精确测算**。因此，该派别的估值方法相对适用于盈利波动小的非强周期型行业中盈利预期相对稳定的公司，不适用于强周期型行业、盈利波动大、不确定性大的公司。

真金白银派的安全边际与前几派的逻辑一样，当市场价格（市值）低于评估出的大致真实价值，则具有安全边际，市场价格折扣越多，投资的安全边际就越大。

第六节　估值的基本思路

介绍完了四大门派的九种估值方法，大家肯定会有疑惑，从理性投资的角度来看，不同门派的不同方法评估出来的数字经常是不同的，那么究竟以哪个数字作为公司的合理估值呢？究竟有没有一个一劳永逸的估值方法可以既简单又相对准确地评估出一家公司的真实价值呢？

陈正则多年经营公司的实际体会是，每个公司的基本面千差万别，影响估值水平的各种因素也千变万化。**因此，根本没有一劳永逸的万能估值方法，在估值过程中必须结合每个上市公司的四大基本面逐一深入分析，选择相适应的主要估值方法，再选择次要的估值方法进行对比分析，最后得出相对合理的估值。**实践中要在合理估值的基础上打一个折扣，这个折扣就是安全边际，折扣越大，安全边际越大。

陈正则针对估值的主要思路进行了归纳，如表 4-19 所示。

表 4-19　估值的主要思路

适用对象	估值方法的选择
所有投资者最常用	市盈率倍数法 市净率倍数法
“病入膏肓”的公司建议用	破产清算法
具有隐蔽资产的公司建议用	重估家当法或重置法，再结合市盈率倍数法、市净率倍数法等方法综合评估
高确定性的高增长类公司建议用	以可持续增长率法为主，以其他方法为辅
盈利稳定的非强周期类公司建议用	以市盈率倍数法为主，以其他方法为辅
强周期型盈利波动巨大或行业整体处于困境中的公司建议用	以市净率倍数法和净资产瘦身法为主，以其他方法为辅
盈利能力稳定，现金流、现金分红稳定且确定性较高的公司可使用	以自由现金流折现法、现金分红法、市盈率倍数法综合评估为主，以市净率倍数法等其他方法为辅
十分平庸、毫无亮点或行业整体不景气时的公司可使用	以净资产瘦身法为主，以其他方法为辅

第七节 十三种公司对应的估值理念

陈正则将中国 A 股所有的上市公司系统地划分为十三种类型，并对应估值理念，如表 4–20 所示。

表 4–20 中国 A 股所有的上市公司类型分析

上市公司类型	说明	估值理念
1. 弄虚作假型	分析 5 年以上财务数据发现有重大疑点的公司	此类公司有做假账的可能，投资者应绕道而行，远离“雷区”
2. 风雨飘摇型	陷入重大困境，或者连年亏损、扭亏无望、财务状况持续恶化并且漏洞百出、前途命运不确定性很大的公司	此类公司不确定性极大，投资此类公司无异于“火中取栗”，建议投资者远离
3. 绝地逢生型	陷入暂时的困境或危机，但公司中长期发展的前景未变、长期竞争力未变、基本面仍然优良的公司 （注意：对风雨飘摇型和绝地逢生型两类公司的正确判断，是一大难点）	在深入研究公司基本面的前提下，结合公司和行业的历史估值水平科学地评估合理估值。对于暂时陷入困境的公司，往往市场价格大幅低于公司真实价值，此时投资的安全边际很大
4. 低调藏富型	资产负债表上具有没有充分体现资产价值的公司（如被低价记账的优质房产、土地、库存，价值难以估价的专利、品牌、商誉、专营权等）	应重估或重置这部分资产的价值，再结合公司的四大基本面得出合理的估值
5. 阴晴不定型	处于强周期型行业或盈利波动巨大，但财务风险较小、基本面优良的公司 （注意：对于无专业优势的投资者，不建议碰阴晴不定型公司）	以市净率倍数法为主、市盈率倍数法为辅，比照公司和行业的历史估值水平，综合评估合理估值。如四大基本面特别优于同行可适当提高估值，反之，则适当降低估值
6. 不务正业型	财务成绩多年徘徊在“及格分”上下，主营业务不出色，经常今天发布消息说转型、明天停牌说重组，经常玩兼并收购的把戏，期望把“乌鸦变凤凰”，但多数情况下它们还是“乌鸦”	这类公司大多前景虚无缥缈、业务杂而不专、管理层言而无信，对于这类不务正业的公司，从理性投资的角度看，其未来不确定性极大，建议远离。如果一定要给个估值，也应尽量压低其合理估值水平

续表

上市公司类型	说明	估值理念
7. 激进豪赌型	有息负债率远超行业平均水平，管理水平和人才队伍跟不上公司扩张的速度，频繁向新老股东募资“圈钱”，频繁地通过外延式扩张搞兼并收购等	这类公司大多雄起快，衰落也快。从商业史看，激进豪赌型的公司虽有一定的成功率，但失败的概率更大。对于投资者而言，不仅不可以提高估值，而且还要降低其合理估值水平
8. 空中楼阁型	公司当前的真实盈利能力并不突出，但市盈率、市净率常年远高于同行，疑似有庄家操控； 公司处于新兴行业，或者沾上了热点概念，没有盈利支撑，有些公司由于新兴行业的鼓动性致使市盈率、市净率处于很高的位置	这类公司，一定要远离
9. 老好先生型	不乱借钱，不乱并购，不乱发新股，主营业务四平八稳，不下降也不增长，现金分红水平不高不低、不冒进、不激进，缺乏进取心，属于平庸的一类	这类公司是股市中的老好先生，特点就是毫无亮点、毫无想象空间。对于这类公司的估值一般可以给予平均的估值水平，但陈正则建议还是应当压低合理估值
10. 三好学生型	处于非强周期型行业，盈利稳定，增长率稳定且确定性较大，四大基本面优良，历史表现优良的公司	以市盈率倍数法为主、市净率倍数法为辅，比照公司和行业历史估值水平，结合公司四大基本面的差异，综合评估合理的价值
11. 势不可当型	处于非强周期型行业，盈利能力高速增长（可持续增长率在 20%~50%，且可以持续 3~5 年），四大基本面优秀的公司 **（注意：应避免给予此类公司过高估值，避免陷入“高增长陷阱”）**	这类公司一般有着强大的竞争力，可以对比的同行较少，必须结合四大基本面深入分析，既要避免保守低估，又要避免乐观高估。可以可持续增长率法、市盈率倍数法为主，其他估值方法为辅，综合评估合理价值
12. 现金奶牛型	拥有稳定的盈利能力，现金分红比例高，股息率高，现金类资产比例高，资本支出比例低，真实盈利缓慢增长甚至零增长，但也不会大幅波动，确定性很高。多出现在公共事业型行业或成熟期的优秀公司	这类公司可使用自由现金流折现法或现金分红法来估值，并结合公司和行业历史市盈率和市净率水平综合评估。此类公司由于缺乏想象空间，往往不受投资者的待见，市盈率较低，股息率较高（股价的 3% 以上）。**这类公司中存在大量被忽视的、安全边际较高的“金矿”**
13. 长跑冠军型	拥有广阔的美好前景，强大的长期竞争力、固若金汤的财务状况，优秀的管理层，盈利受经济周期影响小，可持续增长率稳定且确定性很高的公司。多出现在消费品、食品饮料、医药、银行、保险等非强周期型行业	这类公司是股市中的“大熊猫”，大概率是股市中的长跑冠军，中长期看可以给投资者带来超额的复利回报，对于这类长跑冠军可以适当提高合理的市盈率、市净率倍数。**大股灾和市场低迷时就是对这类公司绝佳的投资时机**

注：受本书篇幅所限，这十三种公司的详细实例分析，陈正则将不定期发表至自媒体平台，有兴趣的读者添加微信号 xingyuantouzi2025。

差公司、普通公司和好公司的划分如表 4–21 所示。

表 4–21 差公司、普通公司、好公司的划分

差公司	弄虚作假型、风雨飘摇型
普通公司	老好先生型、现金奶牛型
好公司	三好学生型、势不可当型、现金奶牛型、长跑冠军型
顶级好公司	长跑冠军型
需要具体分析的类型	绝地逢生型、阴晴不定型、不务正业型、激进豪赌型、空中楼阁型、低调藏富型

一家上市公司可能同时属于多种类型，有的公司既属于低调藏富型，又属于三好学生型；有的公司既属于弄虚作假型，又属于不务正业型，还属于空中楼阁型。但是所有上市公司的特征都不外乎这十三种类型的不同组合。

公司的类型也不是一成不变的，就像健康的人也可能生病，生病的人也能恢复健康一样。三好学生型也可能变成不务正业型和激进豪赌型，势不可当型也可能变成三好学生型，绝地逢生型也可能变成三好学生型，这就需要投资者密切关注公司四大基本面的变化。

第八节 十三种公司对应的安全边际

陈正则对十三种类型公司的风险和安全边际提示如表 4–22 所示。

表 4–22 十三种类型公司的风险和安全边际

上市公司类型	风险	安全边际
弄虚作假型	这三类公司都可能令投机者的本金血本无归，输到倾家荡产	远离！远离！远离！ 远离就是最大的安全边际
风雨飘摇型		
空中楼阁型		
绝地逢生型	这两类公司在不确定性中深藏着确定性，最大的风险就是对行业和公司的误判	深入研究分析这类公司和其所处的行业。研究越深入透彻，投资决策的成功率越高
阴晴不定型		

续表

上市公司类型	风险	安全边际
不务正业型	这两类公司的不确定性非常高，无异于高风险的赌博，投资本金最终受损的概率很大	市场价格在合理估值水平的 7 折以下时，具有较高的安全边际
激进豪赌型		
老好先生型	因公司毫无亮点，现金分红和股票升值水平从中长期看很难获得超额回报	
低调藏富型	藏富资产被市场发现和认可的时间成本具有不确定性（有可能 5~10 年都不被市场发现和认可）	资产重估后再打个 5 折以下，安全边际较高
三好学生型	四大基本面发生变坏的风险，若分散投资于 3~20 家不同行业的公司，中长期战胜市场的概率极大	在合理估值水平的 8 折以下投资的安全边际较高，7 折以下安全边际则很高
现金奶牛型		
势不可当型	真实盈利增长速度减缓，引起股价大跌的风险	
长跑冠军型	无能管理层破坏公司的竞争力、行业的彻底变革、社会动荡、战争等风险	在合理估值的区间范围内即可投资，但不建议以高于合理估值的价格投资。9 折以下安全边际较高，8 折以下很高，7 折以下则是天赐良机（如大股灾或市场低迷时）

第九节　安全边际的反面典型

本书仅从财务、估值、安全边际的角度，进行案例分析，原始数据均来自本公司的《年度报告》。

如图 4–1 所示，乐视网的股价从 2014 年下半年开始狂飙。在 2015 年的大牛市中，其最高股价达 44.72 元，对应市值在 1600 亿元以上，市盈率达到不可思议的“市梦率”[①]——400 倍以上，并且还是在盈利有水分的情况下。2017 年，乐视网爆发危机，并于 2020 年 5 月 14 日最终退市，退市前最

① “市梦率”是对离谱市盈率的戏称。

后交易日的市值仅剩下 7.18 亿元，较最高点跌去 99.55%，在股价高位买入乐视网的投机客们已经血本无归（投机者的本金实际发生了**不可逆转的永久性损失**）。

注：图中数据来源于 choice。

图 4–1 乐视网股价走势

假设乐视网没有被证实做假账的情况下（事后证明乐视的确做了假账），仅凭看到 2015 年的应收账款（33.6 亿元）、无形资产（48.8 亿元）和净资产（仅 39.2 亿元）这三项数据（见表 4–23），就立刻让陈正则对此公司毫无兴趣了。因为这高达 82.4 亿元的白条（应收账款和无形资产），如果其中有一半是收不回来的烂账，或造假造出来的，这个公司就会变成资不抵债的公司，39.2 亿元的净资产就会灰飞烟灭，就算这家公司没有弄虚作假，陈正则对这种资产结构的公司也十分不看好。

表 4–23　2013 年至 2017 年乐视网主要财务数据　　单位：亿元

乐视网	2013 年	2014 年	2015 年	2016 年	2017 年 1–9 月	说明
净利润（扣非后）	2.47	3.45	5.54	3.44	–16.29	恶劣造假的公司长期必露破绽。乐视网 2010 年上市，2014 年开始露出破绽
经营现金流	1.75	2.34	8.75	–10.68	–28.14	
净资产	15.99	31.66	39.2	102.2	124.8	
可能存在水分的资产						
应收账款（白条）	9.5	18.9	33.6	86.9	97.4	2014 年、2015 年和 2016 年应收账款增长速度惊人
存货	1.46	7.3	11.4	9.5	12.3	2014 年和 2015 年存货异常增长
无形资产	26.4	33.4	48.8	68.8	86	不靠谱的版权资产，增长不可思议
应付账款（欠债）	7.8	16.1	32.3	54.2	53.6	欠债越来越多，增速不可思议
有息负债	16.8	17.9	40.3	82.7	45.1	2015 年和 2016 年有息负债越来越多，财务极度激进
三费开支	4	7.3	17	36	20	2015 年和 2016 年的三费增长率远远超过净利润的增长率，费用管理失控

乐视网 2014 年、2015 年和 2016 年公开的财务报告漏洞百出，潜在风险巨大，其中资产水分明显，财务政策激进，三费开支异常，这些基本的报表识别连一个普通的小会计都看得出来，为什么可以忽悠众多顶尖的公募基金？究竟是什么将众多大型投资机构的公募基金经理和无数投机者斩于马下，使他们血本无归的呢？

“乐视悲歌”的成因可以归结为投机者盲目乐观的误判与实际情况的巨大风险之间的严重错位。

首先，对公司类型的误判是重要原因。2013 年至 2015 年，乐视展现出的“净利润”快速增长极具迷惑性，让投机者误以为这是一家势不可当型的优质企业。然而这种高速增长不仅难以为继，更被证实是通过财务造假虚构的，本质上这是一家弄虚作假型的企业。

其次，投机者被新兴行业概念所迷惑。乐视网涉足的互联网视频、电视、智能手机等业务都属于当时热门的新兴领域，这种概念光环让投机者对其尚未实现的“美好前景”盲目乐观，但缺乏实际盈利支撑的商业模式十分脆弱，高达400倍的“市梦率”估值已经充分表明这只是一座空中楼阁。

再次，投机者完全忽视了公司的激进财务风险。2013年至2016年，在视频和电视业务尚未稳固的情况下，乐视网就贸然进军手机、汽车等新领域。这种盲目多元化的激进扩张虽然迎合了投机者的想象，却埋下了巨大的财务和管理隐患。实际上，这段时间的乐视网完全可归类为激进豪赌型和不务正业型企业。

最后，投机者没有任何安全边际意识。他们既没有认清这是一家弄虚作假、不务正业、激进豪赌型的问题企业，也忽视了其股价完全脱离实际盈利能力的现实。仅财务造假和无盈利支撑公司这两项，就注定这是一场毫无安全边际可言的投机悲剧，乐视网的悲剧结局早已写好。

从“乐视悲歌”中，我们可以总结出深刻的投资教训与启示。

首先，投资者没有正确研究5年以上的财务数据。投资者必须掌握基本的财务知识，能够识别5年以上的历史数据。只有通过深入研究，才能识别出不合理的财务指标，并对存在疑点的公司保持警惕，避而远之。

其次，正确判断公司类型至关重要。投资者常犯的错误是将阴晴不定型公司误认为势不可当型或长跑冠军型公司，容易被新兴行业的光环和财务造假所迷惑。这要求投资者必须时刻保持头脑清醒，通过持续学习和深入研究来增强辨别真伪、抵御诱惑的能力。

最后，最惨痛的教训莫过于以超高估值买入股票。以400倍“市梦率”接盘弄虚作假型的乐视网，无异于火中取栗、自取灭亡。这给我们的启示：即便是真正伟大的长跑冠军型公司，也必须严格遵守安全边际原则。在资本市场中，没有任何一家公司值得投资者以天价买入，理性估值永远是投资的第一要义。

小 结

合理估值和安全边际的概念简单易懂，但在投资实践中，我们只有长期深入细致地研究相关公司的四大基本面，才能提高对上市公司合理估值的相对准确性。

大家可能都知道巴菲特60多年彪炳史册的复利传奇，却鲜有人知道他数十年如一日地坚持每年阅读上千份上市公司《年度报告》。大家也可能听说过彼得·林奇投资了许多10年10倍股，却鲜有人知道他每年至少要走访200家上市公司、阅读700份《年度报告》。

有很多人失败的原因，就是把别人的成功想得太简单了。所有发人深省、励志的人生故事都揭示了一个主题思想——成功没有捷径！

成功投资的核心能力在于投资者估值的能力，而估值的能力考验着投资者正确的判断力，这种判断力又必须根植于投资者丰富的经验、广博的学识、深入的研究分析。唯有如此，投资者才能在云谲波诡的市场波动中，始终坚持理性思考和独立判断，以悠然的心态稳坐钓鱼台，在运筹帷幄之间，决胜千里之外。

第五章

攻守之道

> 善守者藏于九地之下，善攻者动于九天之上，故能自保而全胜也。
>
> ——《孙子兵法·军形篇》

［译文］善于防守的人隐藏自己的实力如同藏在深不可测的地下一样，善于进攻的人调动兵力如同从天而降，所以既能保护自身又能取得全胜。

这一章将为大家讲述如何在确保安全边际和立于不败之地的根本前提下，运用合适的投资策略，在中长期获得稳健且令人满意的复利回报。

第一节　攻城利剑：戴维斯双击

介绍这把“利剑”之前，我们先来介绍这把“剑”的来历，本“剑”的打造者是一位名叫戴维斯的美国人。

1947 年，38 岁的戴维斯先生以 5 万美元开始了投资生涯，至 1994 年去世时，当年的 5 万美元经过了 47 年的投资，变成了价值 9 亿美元的巨额财富。戴维斯用 47 年的时间使投资本金增值了 1.8 万倍，复利系数为 23%，是人类理性投资历史上总投资业绩仅次于巴菲特的人[①]。

戴维斯在 38 岁以前长期从事保险行业，这也促使了他在投资生涯的前 20 年对投资保险公司产生了浓厚的兴趣。1950 年，美国保险行业的平均市盈率进入历史的低点，仅有 4 倍，他大量买入低市盈率、发展前景广阔的保险公司（他本人对保险公司真实价值的研究非常透彻，认为 4 倍市盈率一定是严重低估了），后来的 10 年间，他所投资的保险公司净利润和市场估值水平（市盈率）双双提升，这种倍增效应，产生了惊人的回报。

如表 5–1 所示，10 年间，净利润增长了 8 倍，但股价却上涨了 32 倍，原因就在于市场估值由 4 倍市盈率（低迷期）提升到了 16 倍市盈率（兴旺期），估值水平提升了 4 倍，与净利润增长 8 倍产生了“双击”，导致股价产生了 32 倍的惊人上涨。

① 对戴维斯的故事感兴趣的朋友，陈正则推荐《戴维斯王朝》一书。

表 5-1 戴维斯双击效应示例（1950 年和 1960 年）

戴维斯双击	每股净利润 × 市场估值（市盈率）= 股价
1950 年	1 美元 ×4 倍（低迷期）=4 美元
1960 年	8 美元 ×16 倍（兴旺期）=128 美元
戴维斯双击威力	净利润成长 8 倍 × 市盈率提升 4 倍 = 股价 32 倍

本书第一章中提到的贵州茅台在 2013 年至 2017 年的股价上涨就是典型的戴维斯双击，如表 5-2 所示。

表 5-2 贵州茅台戴维斯双击效应实证（2013 年和 2017 年）

贵州茅台股价的戴维斯双击	每股净利润 × 市盈率 = 股价
2013 年	12.27 元 ×9.62 倍 ≈118 元
2017 年	21.25 元 ×32.46 倍 ≈690 元
戴维斯双击威力	净利润成长 1.75 倍 × 市盈率提升 3.37 倍 ≈ 股价 5.9 倍

投资界将这种净利润和市场估值（市盈率）同时提升，最终引起股价加倍上涨的神奇威力称为戴维斯双击。反之，如果净利润和估值水平（市盈率）同时下降，最终导致股价加速下跌的崩溃现象，称为戴维斯双杀。戴维斯双击这把利剑是投资者获得超额收益最锋利的进攻之剑。

戴维斯双击的原理非常简单，公式：市值 = 净利润 × 市盈率。**净利润的增长与估值水平（市盈率）的同时提升产生叠加的倍增效应，会令投资者获得超额的回报。**投资者若想将这把剑的威力发挥到最大，则需要具备两个方面的能力。一是深入研究，准确判断这个公司未来的净利润究竟能否保持稳定增长，可参见本书的第二章和第六章。二是深入研究，准确判断公司是否被低估、是否具有较高的安全边际，可参见本书第四章。

投资者若要具备这两个能力，**就必须凭借深入分析炼就火眼金睛，并善于等待和抓住战机。**那么戴维斯双击的绝佳战机在何时？

投资市场中的绝佳战机往往出现在两种特殊情境下，而市场参与者的不同反应恰恰构成了理性投资者与普通大众的分水岭。

第一种绝佳战机出现在优质公司绝地逢生时。当企业或行业面临短期负面消息或危机冲击时，原有股东往往恐慌抛售，市场出现恐慌，导致股价暴跌。大多数投资者在此刻退缩畏战，被表象的危机所吓倒。然而，理性投资者通过深入研究发现，这些公司的四大核心基本面其实并未实质性变坏。他们清醒认识到当前的困境只是暂时性的，公司长期前景依然光明。当股价因市场恐慌而大幅偏离其内在价值时，恰恰成为理性投资者重仓出击的黄金时机。

第二种绝佳战机则诞生于市场低迷期或爆发股灾之际。当整个市场极度低迷、人人谈股色变之时，优质公司与劣质公司的股价往往会无差别地同步下跌。绝大多数人极度悲观，不仅对市场失去信心，更难以克服内心的恐惧。此时理性投资者看到的却是千载难逢的机遇。因为优秀公司的股价已被严重低估，远低于其真实价值。更重要的是，这些优质企业未来的盈利能力必将恢复增长，其估值水平也终将回归合理区间。因为理性投资者明白：此时不买，更待何时？

结　论

戴维斯双击的本质就是，**以被低估的价格买入未来净利润将较快增长的好公司**。理性投资者若想长期大幅战胜市场、获得超额的投资收益，戴维斯双击之剑就是攻击力最强大的武器。

第二节　攻守兼备：高股息率策略

在开始介绍高股息率策略前，大家可以回忆一下本书第二章“必胜之师”中有关现金分红的内容。

每股现金分红是最近12个月该公司现金分红的总金额除以总股本得出的。

股息率指最近 12 个月股东每股分到的现金分红占当前股价的比例。股息率随股价和每股分红的变化而变化。例如：现价 100 元的股票，最近 12 个月每股现金分红 4 元，则该公司股价当前的股息率就是 4 元 ÷100 元 =4%；如果几天后股价上涨到 120 元，则股息率就是 4 元 ÷120 元 =3%；如果几天后股价又下跌到 80 元，则股息率就是 4 元 ÷80 元 =5%。在每股现金分红确定的情况下，投资时支付的成本越低，股息率越高。

派息率又称现金分红比率或派现率，指最近一年股东的现金分红占公司最近一年净利润的比例。例如：某公司 2016 年净利润为 100 亿元，现金分红

30 亿元，则派息率为 30%。派息率与股价变动无关。那么股息率达到多少可以称为高股息率呢?

陈正则以银行 5 年期定期存款的利率或 10 年期国债利率为标准，大致将 3% 以上的股息率称为高股息率。

实例分析：

如图 5–1 和图 5–2 所示，2018 年 1 月 12 日，中国银行和农业银行当日股价对应的股息率分别为 4.1% 和 4.23%。我们可以粗略地理解为，假设下一年两家公司的现金分红不变的情况下，如果以当前股价 4.09 元和 4.01 元各买入 100 万元的股票，下一年可获得的现金分红分别为 4.1 万元和 4.23 万元。仅股息一项收入就超过银行定期存款的利息。这还不包括银行股价潜在上涨带来的收益，若股价短期下跌则不必担心，因为稳定的高股息可以确保高于银行定期存款利息的收益。这也是理性投资者戏称在当前低迷期的股市中**“存银行不如买银行”**的原因。

注：图中数据来源于 choice。

图 5–1　中国银行股价

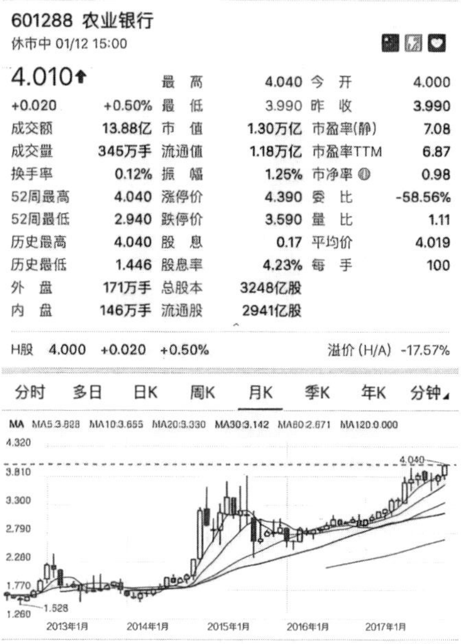

注：图中数据来源于 choice。

图 5–2　农业银行股价

以中国银行为例，假设 2018 年其每股现金分红与 2017 年相当（从历年分红历史和银行业的大趋势看，这种假设不会出现大的变化，长期看每股现金分红随净利润的增长而增长），我们来看一下高股息率对投资本金有着怎样的收益助推和守护作用。

如表 5-3 所示，假设一年后股价稳定，在大熊市或低迷期中仍然可获得高于银行存款利息的收益。若一年后股价上涨 20%，说明市场转入兴旺期或公司盈利提升，将尽享戴维斯双击带来的超额收益，同时现金分红的复投将进一步提高复利系数。若一年后股价下跌 20%，只要公司的四大基本面没有变坏，股价暂时下跌不用恐慌。买入时的市盈率仅仅 6.87 倍，股价再跌 20%，市盈率降为 5.6 倍，从银行业的历史看，这个离奇低估的市盈率必然回归。在回归前，每年稳定的高股息让投资者的收益稳如泰山。如能以股息再增持被严重低估的股票，一旦估值回归和盈利增长，投资者就将获得戴维斯双击的超额收益。

表 5-3　股票投资回报情景分析

一年后股价变化	不涨不跌	上涨 20%	下跌 20%
投资本金（万元）	100	100	100
一年后现金分红收入（万元）	4.1	4.1	4.1
一年后股票市值（万元）	100	120	80
股价对应的股息率（%）	4.1	3.41	5.12
一年后现金分红加股票市值共计（万元）	104.1	124.1	84.1
投资一年收益率（%）	盈利 4.1	盈利 24.1	账面暂时性损失 15.9

保持 5 年以上高股息率的公司可能具备以下优势：

第一，当股价不涨不跌时，高股息率可以保障基本的投资收益，且高于银行定期存款利率；

第二，高股息率的公司买入时股价对应的估值较低（低市盈率），可能具有安全边际较高的特点，如果此公司未来的净利润和市盈率同时提升，投资者将尽享戴维斯双击带来的超额收益；

第三，当高股息率的公司遇到短期股价下跌时，高额的现金分红将对冲一部分市值（股价）的暂时性损失①；

第四，由于高股息率的股价对应的估值水平（市盈率和市净率）在买入

① 暂时性损失与永久性损失之间存在本质的区别，本章“虚实之间：暂时性损失和永久性损失的区别”一节中将做详细讨论。

时一般都已经较低，若股价再下跌，则估值更低。在四大基本面没有变坏的前提下，估值水平必然回归，加上每年的高股息“护航”，投资者本金无大幅永久性损失的风险。

高股息率的投资策略之所以在牛市和熊市中都能立于不败之地的根本原因，还是要回到这家公司四大基本面的素质上。当一家公司连续 5 年以上保持稳定提升的高比例现金分红，并且股价表现出高股息率的特征，虽然不能据此肯定这就是一家好公司，但起码可以透露出如下信息：

其一，高股息率的股价往往对应低市盈率，股票的性价比较高。

其二，保持高股息率的公司起码可以排除是烂公司的可能。

正如你此刻脑海中闪出的想法，保持高股息率的公司往往预示着这家公司又好又便宜！

为什么股息率越高，股价对应的估值水平越低（便宜）？

以前文中的中国银行为例。如表 5–4 所示，在每股现金分红都是 0.17 元的情况下，5.12% 股息率对应的市盈率 5.6 倍，肯定比 4.1% 股息率对应的市盈率 6.87 倍更便宜。

表 5–4　中国银行不同股价下的股息率与市盈率对比

假设中国银行股价（元）	4.09	3.27
每股现金分红（元）	0.17	0.17（假设股息稳定不变）
对应股息率（%）	4.1	5.12（更高）
对应市盈率	6.87 倍	5.6 倍（更便宜）

为什么持续保持高股息率的公司一般不会是差公司呢？

答：当股息率大于 3% 时，公司股价对应的市盈率水平通常不会高于 20 倍，往往现金分红比例占到净利润的 50% 以上。当一家上市公司现金分红比例（派息率）长期保持在 30% 以上，甚至 50% 以上，则可能透露出如下信息：一是基本排除公司恶劣造假的可能，排除了其为弄虚作假型公司。连续 5 年以上恶劣造假，还搭上“真金白银”的现金分红，成本太高，性价比太低，极少有人愿意这么干。二是反映公司盈利的真实性和盈利质量较高，通常高比例分红的公司经营现金流与净利润相匹配。三是反映公司资本支出比例低，不需要留存太多盈利。资金支出比例小、分红比例大的公司起码不是差公司。四是管理层对公司未来抵御财务风险的能力有信心。管理层在公司经营一线，对公司的真实情况了如指掌，管理层既然制定了高比例分红的政策，而不选择将盈利留在公司，至少说明管理层对公司未来财务上抗击风险的能力有较强的信心。

高股息率往往对应着低市盈率和高派息率（现金分红比例高），低市盈率可能意味着具备较高的安全边际，保持5年以上高股息率至少可以透露这不是一家差公司（资金紧张、行业或公司发展困难，甚至处于危机中的公司，一般不会实施高比例分红，更不会连年高比例分红），因此，高股息率的投资策略经常被一些懒得深入研究公司基本面的人应用，他们往往也可以获得较高的投资收益①。

在沪深A股3500多家上市公司中，我们列出2012年至2016年连续5年股息率始终保持在3%以上，共19家公司的股价表现，如表5-5所示。大家来感受一下高股息率策略的实战威力。

表5-5　2012年至2016年股息率持续超过3%的公司

截至：2018年2月10日

代码	简称	上市以来总分红额（亿元）	股息率（%）					2012—2016年平均股息率（%）	2012年以来涨跌幅（%）	2017年以来涨跌幅（%）
			2012年	2013年	2014年	2015年	2016年			
600104	上汽集团	804.19	3.40	8.49	6.06	6.41	7.04	6.28	229.16	53.05
000651	格力电器	417.92	3.92	4.59	8.08	6.71	7.31	6.12	679.04	113.88
601398	工商银行	5500.04	5.76	7.31	5.24	5.09	5.31	5.74	133.04	69.12
600377	宁沪高速	167.51	6.91	6.81	5.21	4.57	4.91	5.68	140.41	18.97
601288	农业银行	3051.71	5.59	7.14	4.91	5.16	5.48	5.66	137.94	51.02
601939	建设银行	6479.76	5.83	7.25	4.47	4.74	5.11	5.48	171.72	69.89
601988	中国银行	3166.79	5.99	7.48	4.58	4.36	4.88	5.46	116.93	39.66
600660	福耀玻璃	100.09	5.70	6.03	6.18	4.94	4.03	5.37	332.48	43.54
600177	雅戈尔	137.04	6.33	6.67	4.34	4.91	3.58	5.17	84.04	–4.05
601006	大秦铁路	563.07	5.77	5.82	4.50	5.22	3.53	4.97	80.21	42.39
601328	交通银行	725.78	4.86	6.77	3.97	4.19	4.71	4.90	111.57	29.93
600741	华域汽车	117.67	3.31	4.64	3.36	4.80	6.27	4.48	263.45	72.15
600036	招商银行	946.71	4.58	5.69	4.04	3.84	4.20	4.47	259.85	90.30

① 在实践中，我们还需要警惕一些连续几年高比例分红，但又经常发行新股募资的公司，这类公司很可能是通过不断地制造假利润，用圈来的钱进行高分红的骗子。

续表

代码	简称	上市以来总分红额（亿元）	股息率（%）					2012—2016 年平均股息率（%）	2012 年以来涨跌幅（%）	2017 年以来涨跌幅（%）
			2012 年	2013 年	2014 年	2015 年	2016 年			
600578	京能电力	54.14	3.34	8.26	3.16	3.29	4.05	4.42	21.56	−16.14
002372	伟星新材	18.42	4.78	5.40	3.80	3.36	3.89	4.24	492.67	71.97
600183	生益科技	37.49	3.56	8.10	3.13	3.03	3.00	4.17	242.44	43.09
600028	中国石化	2229.56	4.34	5.36	3.08	3.02	4.60	4.08	66.37	38.16
000726	鲁泰 A	23.02	4.25	3.61	4.17	3.70	3.90	3.93	68.94	−14.01
601166	兴业银行	655.55	3.42	4.54	3.45	3.57	3.78	3.75	183.79	22.42

2012 年至 2018 年 2 月 10 日，上证指数的涨幅为 48.31%。在连续 5 年保持 3% 以上高股息率的公司中仅有京能电力，涨幅 21.56%，低于大盘，其他 18 家公司的股价表现全部战胜上证指数的涨幅。

在不考虑现金分红再增持股票的情况下，2012 年至 2018 年 2 月，这些公司全部获得正收益，其中 18 家公司大幅战胜市场的平均收益。涨幅靠前的格力电器、伟星新材和福耀玻璃分别获得 6.79 倍、4.92 倍、3.32 倍的超额收益。

请注意，以上高股息率的公司是在经历了 2015 年 6 月史无前例的大股灾和 2016 年的低迷期，并且市场还未完全转换到兴旺期的情况下，取得如此优秀成绩的。

需要注意的是，表 5–5 中的超额投资收益，并未考虑将股票每年获得的现金分红复投的复利加速作用。下一节将介绍复利加速器——现金分红复投。

1900 年至 2022 年，日本股市持续低迷，但日本高分红策略全收益累计上涨 209.1%，年复利 3.4%，跑赢同期 MSCI 日本指数 0.9 个百分点，也高于其间日本名义 GDP 复利 0.8% 的增长。

因此，我们得出一个结论：**可以持续保持高股息率的公司，通常具备穿越牛熊市的能力。**

结　论

高股息率的投资策略有很强的防守效果，现金分红大于银行利息，且买入时估值较低，进攻效果则取决于公司未来真实盈利能力的增长和估值水平的提升，高股息率投资策略是一种一举多得、攻守兼备的上乘武功。

第三节　复利加速：现金分红复投

股东在获得上市公司现金分红后，用分红得到的现金继续增持（增加持股数量）公司的股票，由于增持了股票，在现金分红水平不变的情况下，下一年将获得更多的现金分红，而且在股价上涨的情况下，复利效果将进一步加速提升。

以格力电器为实例，来说明一下分红复投这个收益加速器的威力①。如表5-6所示。

表 5-6　格力电器分红不复投与分红复投的长期收益比较

类型	分红不复投	分红复投
2012 年投资本金（万元）	100	100
至 2018 年 2 月共获现金分红（万元）	57.7	已复投
2018 年 2 月股票市值（万元）	779	1166
扣除 100 万元本金后总投资收益（万元）	市值 779+ 分红 57.7- 本金 100=736.7	市值 1166- 本金 100=1066
6 年总投资收益率（%）	736	1066

假设以下两家公司的股价与净利润同步上升，分红复投 20 年后的收益对比如表 5-7 所示。甲乙两家公司长期的净利润增长率相同，但是乙公司股息率比甲公司高出 4%。20 年现金分红复投下来，乙公司的总投资收益比甲公司多出 499 万元。

表 5-7　不同股息率下分红复投的长期收益比较

公司名称	甲	乙
假设净利润复利增长率（%）	7	7
假设股息率保持不变（%）	1	5
第一年投资本金（万元）	100	100

① 表中数据仅为粗算，但足以说明分红复投可以使复利效果加速提升。

续表

理论上长期股价复利增长率（%）	7	7
分红复投 20 年后的市值（万元）	466	965
分红再复投复利系数（%）	8	12

长期看，分红复投与总投资收益的关系如下：

总投资收益 = 股价上涨收益 + 现金分红收益

分红复投复利系数≈股价上涨复利系数 + 股息率

假设甲乙公司分红复投复利系数均为 12%。在甲乙两家公司（同一行业）四大基本面相近、分红复投后的复利系数相当的情况下，我们也更倾向于投资股息率更高的甲公司（确定性更高）。如表 5–8 所示。

表 5–8 不同增长模式下分红再投资效果对比分析 单位：%

公司名称	甲	乙
分红复投复利系数	12	12
（净利润增长率）股价上涨复利系数	8	10
股息率	4	2

结 论

在两家公司分红复投后的复利系数相近的情况下，股息率更高的公司，通常股价对应的估值水平更低，获得收益的稳定性更高。

第四节 聚焦火力：集中持股策略

大多数实践派的投资大师是集中持股、适度分散策略的推崇者，这与一些教科书上理论派专家学者所论述的广泛分散策略是相互矛盾的。那么这两种不同的投资策略究竟孰优孰劣呢？

我们不必用各种复杂公式来证明集中持股策略更有优势，这个问题其实用一个表格就能简单说清楚，如表 5–9 所示。

表 5-9 广泛分散持股和集中持股对比

项目	策略	
	广泛分散	集中持股
持股的公司数量	20 家，甚至 100 家以上	3~20 家，精益求精，集中火力
持股的行业数量	10 个行业以上	3~10 个行业
精细程度	投资决策人的时间、精力、专业能力有限，无法做到实时跟踪、深入研究每一家公司真实价值的变化	决策人可以做到对 3~20 家公司的及时跟踪和深入研究
分散程度	过度分散，极端的情况是把所有上市公司挨个等比例买一遍	分别投资于 3~10 个行业、3~20 家公司已经完全可以规避一些难以掌控的风险
决策价值	投资的公司数量越多，投资决策人越没有存在的价值，不如买指数基金[a]更省心省事	定期评估，重视所投资公司的质量，在深入研究的基础上投资于物美价廉的公司，体现了投资决策人的价值
回报水平	投资越分散，收益越接近市场的平均水平，注定与超额收益无缘	及时跟踪、深入研究、精益求精，精选物美价廉的公司，中长期将获得超额回报
策略评价	平庸的投资策略、平庸的调查研究、平庸的选股，注定了平庸的投资回报	3~10 个行业、3~20 家公司已足够对冲投资失误和不确定性风险，研究透每一家上市公司的质量，深入的调研和高明的决策，注定了集中持股策略将获得超越市场平均水平的投资回报

注：a. 指等比例购买众多股票且手续费、管理费低廉的“傻瓜基金”，指数基金的收益率与市场平均收益水平相近。

请注意，**集中持股策略并不等于把所有投资集中在一家公司或一个行业。**将本金全部投资于一个行业或一家公司会存在许多弊端。

就集中投资于一家公司而言，其风险主要体现在四个方面：首先，企业核心管理层突发变故（如“一号人物”突然病故或入狱）可能使公司陷入群龙无首的困境；其次，重大安全事故或危机事件可能导致企业声誉扫地、一蹶不振；再次，行业整体被新兴业态替代的风险不容忽视；最后，各种非经营层面的外部突发事件也可能让企业“躺着中枪”。

而集中投资于同一行业的多家公司，虽然分散了个股风险，但仍面临三大隐患：首先也是最致命的是行业整体被新技术颠覆的风险，如柯达胶卷被数码相机淘汰、诺基亚被智能手机颠覆；其次是行业政策环境的突变，比如出口型行业遭遇贸易保护主义冲击；最后需警惕各种难以预料的非经营层面突发事件。

这些风险虽然发生概率较小，但一旦发生就具有毁灭性的破坏力。投资者固然可以无视短期的市场波动，因为这些波动并未影响企业的内在价值；但对于可能彻底改变企业价值的突发性事件和行业变革，必须保持高度警惕。投资中最核心的安全原则：永远不要将所有资金押注在单一公司或单一行业上。适度的分散投资，是确保本金安全的必要保障。毕竟，在资本市场上，活得久远比赚得快更重要。

可能大家要反驳陈正则了——在戴维斯先生早期的投资生涯中（资金量较少时），将资金全部投资于保险公司，虽然当年戴维斯购入的保险公司市盈率很低，并且他本人对保险公司和保险行业非常精通，多年后看，他当年的投资也取得了惊人的回报，但陈正则还是不赞成这种将所有资金集中投资于一个行业的做法。

假如有一天科技发展到可以让普通人活到500岁，那么所有人寿保险公司可能就要遭受毁灭性的打击。虽然发生的概率极小，但谁能保证不会发生呢?

即使是“股神”也并不能做到百发百中，在巴菲特曾经重仓投资的公司中：美国航空、所罗门兄弟证券在危机中一波三折，IBM、康菲石油、TESCO超市都遭遇了较大的永久性损失，德克斯特鞋业破产倒闭血本无归，但这几笔失败的投资损失，完全可以被其他成功投资的丰厚回报所抵销。1988年至1997年的10年间，巴菲特仅重仓投资可口可乐一家公司的投资本金就由12.98亿美元，增值到了133.4亿美元（不包含现金分红）。这就是深入研究和精选公司，进行集中持股，适度分散于3~10个行业、3~20家公司的优势所在：**即使出现个别失败的投资，极端情况下顶多损失掉这一小部分本金，但其他成功投资获得的回报没有上限，甚至无穷大。**

我们再看一下巴菲特1988年（股票投资总市值30.53亿美元）、1997年（股票投资总市值317.74亿美元）、2007年（股票投资总市值749.99亿美元）和2017年11月25日（股票投资总市值1780亿美元）的股票投资组合情况。

如表5-10所示，1988年，巴菲特投资的5家公司处于5个互不相干的行业，30.53亿美元巨额资产依然集中持股。

表5-10 巴菲特1988年投资组合

公司名称	持股市值（亿美元）	投资组合占比（%）
大都会美国广播公司	10.87	35.6
盖可保险	8.49	27.8
可口可乐	6.32	20.7

续表

公司名称	持股市值（亿美元）	投资组合占比（%）
《华盛顿邮报》	3.64	11.9
联邦住房贷款公司	1.21	4
合计	30.53	100

如表 5-11 所示，1997 年，巴菲特投资了 8 家公司，超过 5 个行业，其中可口可乐、美国运通、吉列三家公司占了投资组合的 71.1%，317.74 亿美元的巨额资产依然集中投资。

表 5-11　巴菲特 1997 年投资组合

公司名称	持股市值（亿美元）	投资组合占比（%）
美国运通	44.14	13.9
可口可乐	133.4	42
沃尔特·迪士尼	21.3	6.7
费雷迪·麦尼	26.8	8.4
吉列	48.2	15.2
旅行者集团	12.8	4
《华盛顿邮报》	8.4	2.6
韦尔斯·法戈公司	22.7	7.1
合计	317.74	99.9

如表 5-12 所示，在高达近 750 亿美元的巨额投资组合中，7 家不同行业的公司市值共计 501.8 亿美元，占总投资组合的 66.9%，依然是集中持股策略。

表 5-12　巴菲特 2007 年投资组合

公司名称	持股市值（亿美元）	投资组合占比（%）
可口可乐	122.74	16.36
富国银行	91.6	12.21
美国运通	78.87	10.51
宝洁公司	74.5	9.93
强生	42.87	5.71
卡夫亨氏	40.59	5.41

续表

公司名称	持股市值（亿美元）	投资组合占比（%）
伯灵顿北方圣达菲	50.63	6.75
其他公司	248.19	33.09
合计	749.99	100

如表 5–13 所示，在 1776.4 亿美元的天量投资组合中，6 家公司占到了 67.7% 的比例，依然是集中投资策略。前 6 大公司中，除了美国银行与富国银行同属银行业，其他 4 家公司分属不同细分行业。

表 5–13　巴菲特 2017 年 11 月 25 日投资组合

公司名称	持股市值（亿美元）	投资组合占比（%）
富国银行	256.3	14.41
卡夫亨氏	252.7	14.31
苹果公司	206.4	11.63
可口可乐	179.7	10.13
美国银行	170.8	9.68
美国运通	137	7.72
其他公司	573.5	32.22
合计	1776.4	100

陈正则所遵循的集中持股策略是，只要我们所管理的资产在 100 亿元以内，都会集中投资于 3~20 家公司，并分散于 3~10 个不同行业，单个行业或单个公司的最高占比不超过投资组合总资产的 35%。

结　论

第一，即使一百只麻雀加起来也变不成一只雄鹰，投资成功的关键不在于持股公司的数量，而在于持股公司的质量。

第二，为避免突发事件和行业变革对公司真实价值的毁灭性打击，就算发生的概率极小，我们也不可将所有的本金全部投资于一家公司或一个行业。

第三，集中持股策略必须适度分散于 3~10 个行业、3~20 家公司，从而留有应对突发事件、行业变革以及投资失误时的回旋余地，使投资组合能够长期牢牢地掌控主动权，立于不败之地。

第五节　先人一步：实时调研监测

由于公司的发展是动态的，公司四大基本面也一定是变化的。因此，在投资实践中，如果能够相对准确地掌握最实时的“军情”，做到先人一步，就能够从容地掌控投资的主动权，提高投资的胜算。

投资者获取上市公司信息的渠道主要可分为两大类：常规信息获取方式和实时调研监测策略。这两种方式在信息形式、获取方法、丰富程度、成本投入、准确性和时效性等方面都存在显著差异。

常规信息获取方式主要依靠上市公司定期披露的年度报告、季度报告、官方公告，以及新闻媒体报道和相关机构研究报告等。这类信息可以通过网上下载公司报告、订阅报纸杂志、浏览新闻网站和网络搜索等途径获得。其优势在于信息准确度较高（只要公司不存在恶意造假行为），且主要只需投入时间成本；但是，这类信息往往按照监管要求披露，内容相对有限，且存在明显的滞后性——《年度报告》通常要到次年 3 月或 4 月才发布，《季度报告》也会延迟 1 个月左右。这就导致投资者只能与市场同步获取信息，容易陷入被动局面。

相比之下，实时调研监测策略能够获取更为及时和深入的第一手信息。这种方法包括参加股东大会、约见管理层、走访生产基地、访谈一线员工、调研竞争对手、设置经销商监测点、开展客户市场调研以及库存价格监测等。虽然需要投入较高的人力物力成本，但通过科学严谨的分析筛选，可以获得极其准确的前线信息。更重要的是，这种策略具有显著的时效优势，让投资者能够先知先觉、先人一步，从容掌握投资主动权。通过自主调研获取的信息不仅更加丰富全面，而且针对性更强，有助于投资者做出更有利的投资决策。

我们再来看一下沃沦·巴菲特、戴维斯和彼得·林奇三位投资大师在知己知彼上是如何做到先人一步的。

沃沦·巴菲特早期通过自身体验、访谈和调研等方式获取第一手的公司经营信息，中后期对于重仓投资的公司，有的任命总经理，有的直接担任董事会董事，虽然他不直接参与公司经营，但对所重仓持股的公司经营情况了如指掌。

戴维斯在投资保险公司前，实地走访调研，约见管理层，在对欧洲、日本公司投资前也会坚持这一原则。此外，其作为保险行业内的专业人士，具有专业优势。

彼得·林奇在职业生涯的高峰期，每年走访超过200家上市公司，深入公司内部约见管理层、访谈生产和销售人员，走访竞争对手、经销商和客户，甚至在与妻子旅行的路上，也排满了走访沿途上市公司的日程安排。

三位投资大师的成功实践，一致地验证了“知已知彼，百战不殆”的真理。

专业投资决策者不能轻信和依赖别人的研究结论。没有调查就没有发言权，重要的核心调研必须由投资决策者亲自去做，而**专业投资者花钱请别人做投资调研，就像花钱请别人谈恋爱一样，很可能赔了夫人又折兵。**

另外，陈正则还建议投资者高度重视上市公司精心编制的原版《年度报告》和《招股说明书》，并深度发掘其中的信息价值。对所有报纸、杂志、网络上的研究结论和报道，无论是吹捧还是贬损，投资者都必须通过实际的调研，做出理智思考和独立判断，因为表象与真相常常不一样。

实时调研监测策略的底线必须是合法地获取，不得涉及内幕交易，不能触碰红线。

投资的过程是个动态的过程，就像健康的人也需要体检一样，对所投资的上市公司实时地调研和监测，实际上也是对上市公司的“体检”，对投资者做出更有利的投资决策有百利而无一害。

结　论

在投资上胜人一筹的秘诀之一是，在获取公司四大基本面的信息上做到先人一步。

第六节　诱人陷阱：高预期好公司的风险

本节主要讨论因未能实现高预期增长率，而导致存在市场估值回落风险的好公司，尤其是势不可当型的好公司[①]。

陈正则并不否认这些具有高预期增长率的公司是好公司，但如果这类好公司被市场给予了较高的预期，就可能存在以下两个风险：

第一，公司真实盈利由快速增长，换挡为中低速增长的风险；

第二，一旦公司实际利润增长率低于市场预期的增长率，即使公司仍然交出了漂亮的业绩，则股价还是存在大幅下跌的风险。

实例分析：

老板电器的净利润从2008年的0.54亿元增长到2016年的12.1亿元（如表5-14所示），9年时间净利润增长21.4倍。自2011年至2018年1月，老板电器的股价（市值）上涨超过16倍。净利润增长率由高速转换为中高速，2017年的实际同比增长率20.18%，低于市场预期的35%。

表5-14　老板电器2008年至2017年净利润增长情况

年份	净利润（亿元）	同比增长率（%）
2008	0.54	—
2009	0.82	51.08
2010	1.34	64.17
2011	1.87	39.19
2012	2.68	43.34
2013	3.86	43.87
2014	5.74	48.95
2015	8.30	44.58
2016	12.10	45.32
2017	14.50	20.18

老板电器以40%以上的净利润增长率保持了9年，是非常了不起的成绩。在这9年间，老板电器是一家罕见的势不可当型的好公司。

2009年至2017年，老板电器的业绩势不可当，净利润从0.82亿元增长

① 请注意，市场也会有对弄虚作假型、风雨飘摇型、空中楼阁型和阴晴不定型的公司产生高预期增长率的时候，但遵循本书的投资理念就很难落入此类公司的陷阱，因此这些公司不在本节讨论的范围。

到 14.5 亿元。股价（市值）同样势不可当，从 3.25 元一路上升至 54.5 元（如图 5-3 所示），对应市盈率 35 倍。就连 2015 年 6 月的大股灾对老板电器的股价影响也很小，没过 1 年，股价不仅恢复而且再创新高。

注：图中数据来源于 choice。

图 5-3 老板电器股价

老板电器股价一骑绝尘的表现是因为有超高的真实盈利增长作为支撑，与空中楼阁型公司的股价泡沫有本质区别。其股价对应的市盈率一直在 20 倍至 40 倍。从 2011 年至 2016 年的净利润增长率看，若使用可持续增长率法得出 20 倍至 40 倍市盈率的估值，对应持续了 9 年 40% 以上超高净利润增长率，市值并没有被明显高估。

当股价在 54.5 元，对应市盈率 35 倍的时候，市场对老板电器的净利润增长率的预期还是在 35% 以上。所以在 2018 年 2 月，老板电器预告 2017 年全年净利润增长率为 20.18% 的当天（20.18% 的增长率对许多公司来说已经算高速增长了），其股价却破天荒地连续两天跌停。截至 2018 年 3 月 15 日，老板电器股价为 39.95 元，从高点下跌了 26.7%，对应的市盈率也降到了

25.86 倍。

在老板电器四大基本面未发生重大不利变化的情况下，如果投资者在该公司业绩增长速度下降（请注意是增长速度下降，并不是业绩下降，只是增长速度比以前慢了）的前一两年，以当时的合理估值买入，一旦增长率下降，则可能面临暂时性损失，虽然很难造成永久性损失，但一定会降低投资组合长期的整体收益率。

老板电器 2017 年的净利润虽然获得了 20.18% 的增长，但因为增长的速度低于市场的预期，导致股价在短期内仍然遭受了大幅下挫，这就是投资高预期、好公司的风险。

陈正则建议投资高预期、好公司的策略有三个。

策略一是瞄准快速成长期，而不是临近成熟期再出手。一家公司从诞生开始一般会经历“导入期—成长期—成熟期—衰退期”。而势不可当型的好公司一定是处于成长期的，有的公司成长期只有 3~5 年，有的公司可以持续 5~10 年，而有的却可以持续 10 年以上，并且增长速度也有一定的合理变化区间。投资者需要结合公司的长期竞争力、市场占有率、市场增长空间、竞争对手情况、价格变化情况和利润率变化情况等综合分析成长期可持续的时间，大致判断公司目前处于成长期的前段、中段还是接近尾声。如果在公司成长期的前段或中段以合理估值（或合理估值以下）的价格买入，则会获得超额回报，但陈正则依然坚决反对以高于合理估值的价格买入势不可当型的好公司。

策略二是耐心等待估值具备安全边际时再出手。好公司并不代表投资者可以为其支付任何高估值，投资时仍需遵循安全边际原则。如果投资者不能对公司的经营现状进行实时跟踪，那么还是需要耐心地等待市场估值有较大的安全边际时再出手。例如 2018 年 8 月，老板电器在中美贸易摩擦和净利润增长速度减缓的双重因素影响下，市盈率进一步降至 15 倍以下，此时的股价具有了较高的安全边际。

策略三是对经营现状进行实时监测，先人一步做出决策（增持或减持股票）。这是一个非常有效的策略，只是对普通投资者有一定难度。在实践中，陈正则一定会对重仓持股的公司进行实时监测，具体方法包括走访公司生产基地，访谈生产人员、营销人员和管理层，获取公司经营的第一手信息。对不同地区的销售机构、每季度的销售数量、价格变化和消费者的反馈等情况进行密切调研，先于市场获悉公司的真实经营情况（正常的市场调研是合法的，不属于获取内幕消息），从而先人一步，做出增持或减持股票的决策。例如，老板电器2017年第四季度的销售增长放缓的情况，如果通过实时的专卖店监测到（获取难度较大），则可以提前减持股票。

在当前市场上，的确有一些公司可以称得上长跑冠军型的顶级好公司（未考虑强周期型公司），市盈率（TTM）高达40倍、50倍甚至60倍以上。陈正则认为，尽管以当前50倍市盈率（TTM）买入这些公司，从长期看，本金或许相对安全，投资的收益却要打上一个大大的问号。

陈正则非常警惕那些尚未兑现的高预期，因此给自己设定了一条投资红线：对于任何好公司，可以接受的价格上限是25倍市盈率（未考虑强周期型公司）。在投资实践中，陈正则会倾向于将至少70%的仓位支付价格限定在20倍市盈率以下。这条底线可能有些投资人不认同，却是陈正则长期坚持的核心原则。

结　论

没有任何好公司值得我们用高于真实价值的价格去投资它，即便是拥有高增长率预期的好公司，也必须警惕增长率回落的风险。只要一个好公司的四大基本面没有实质变坏，以合理估值购入该公司，从中长期看，投资本金很难发生永久性损失，但增长率的回落一定会影响投资组合整体的长期收益率。

对于好公司，我们仍须坚持安全边际原则，必须给未来的不确定性风险留有一定的回旋空间，并且尽可能地实时监测公司的经营状况，做到先于市场获悉公司真实的经营状况（合法调研）。只有做好了这些工作，投资者才能在确保立于不败之地的前提下，取得高于市场平均水平的超额收益。

拓展小链接

“龙头股”的误区

在很多专业报刊和“砖家”评论中，经常会出现“龙头股”这三个字，这也导致了许多投资者误认为投龙头股就是投好公司、就是理性投资，也就万事大吉了。

其实，这是一种容易产生误导的投机思想。从投资的角度看，龙头股、好公司、理性投资这三者是不能直接画等号的。

在投资龙头股时，我们需要警惕几个常见误区。

首先，“今天第一不等于永远第一”，这主要体现在三个方面：其一，某些行业的第一名可能因体制僵化、管理层失误或懈怠等原因，竞争力反而不如第二名或第三名；其二，部分行业的后起之秀往往具备更强的竞争力和发展潜力；其三，事物总是向前发展的，我们的目光不能只停留在当前的行业第一名。以贵州茅台为例，上市时并非行业第一，如今已成为行业龙头，但这也并不意味着它能永远保持第一的位置。

其次，“行业龙头不等于好公司”的判断同样基于几个重要事实：一方面，某些行业本身竞争格局恶劣，资本回报水平持续低下；另一方面，部分行业需要惊人的资本支出，盈利提升的代价过于巨大；更有某些行业长期处于全行业亏损状态。按照本书第二章提出的好公司八大标准来衡量，这些行业的龙头企业往往也难以称得上好公司。

结　论

我们既不能迷信行业的第一名，也不能盲目地认为行业龙头就一定是好公司。想知道一个公司是不是好公司、是不是值得投资，还要研究它的四大基本面，只有透彻地看清公司四大基本面的本质，才能避免落入龙头股的误区。

第七节　不败战机：低预期好公司的机会

相较于市场给予高预期的好公司，市场给予低预期的好公司往往蕴藏着更好的投资机会。这一判断主要基于以下几方面的对比分析。

就公司过去的净利润增长速度而言，高预期公司通常表现为增长速度快、业绩优异，低预期公司则表现为增长速度慢、业绩一般。市场对未来增长的预期也截然不同：对于高预期公司，市场往往乐观地认为其会延续过去的快速增长；对于低预期公司，市场则倾向于认为其将维持缓慢增长。这种预期差异直接反映在股价估值上，高预期公司的市盈率、市净率通常等于或高于合理估值，低预期公司的估值则往往等于或低于合理估值。

从投资风险和机会看，高预期公司面临的主要风险在于：高速增长不可能永远持续，一旦增速放缓并低于市场预期，就可能引发股价（估值）大幅下跌。不过，这类公司通常只是增速放缓而非业绩倒退，一般不会遭遇戴维斯双杀，只要未来保持稳定增长，从中长期看投资本金较难发生永久性损失。

相比之下，低预期公司由于估值本就处于低位，净利润增速进一步放缓的可能性较低，安全边际较高。更重要的是，只要公司增速稍有提升，超出市场预期，就很容易推动市场股价（估值）上涨，实现戴维斯双击。

假设甲、乙两家公司都属于本书第二章所述的好公司（非新兴行业、非强周期型行业），两家公司的实际增长率和市场估值（价格）如表 5-15 所示。

表 5-15 甲、乙公司的实际增长率和市场估值（价格）

公司名称	甲公司	乙公司
过去三年净利润复合增长率（%）	30	10
当前市盈率	30 倍	10 倍
对应股息率（%）	1	3
市场对下一年增长率的预期（%）	30	10
如果下一年实际增长率为 15%，则很可能	股价大幅下跌	股价大幅上涨（戴维斯双击）

结 论

在两家公司的四大基本面同样优秀的前提下，陈正则更倾向于投资市场给予低预期的乙公司，对于甲公司则需要耐心地等待时机。

拓展小链接

成长股和价值股的误区

国外许多的投资书中，喜欢把股票分为“成长股”和“价值股”两类，国内许多投资人也引用了这种分类，其实这种分类很容易引起严重的认知误区，甚至将投资者引向投机。

就成长股而言，市场上普遍存在这样一种误导性认知：凡是听起来有前途的公司，或者处于新兴行业的公司，又或者经常进行兼并收购的公司，都被简单地归类为成长股。然而实际上，这类公司的真实业绩往往具有很大的不确定性，加之其市盈率普遍偏高，本质上大多是停留在想象层面的“伪成长股”，这样的分类方式显然具有很大的误导性。

同样地，在价值股的界定上也存在类似的误区。许多投资者简单地认为，凡是具有低市盈率、低市净率特征的公司都可以称为价值股；但现实情况是，市场上低市盈率、低市净率的公司中充斥着大量基本面欠佳的劣质公司。如果仅仅依据这两个估值指标来划分价值股，同样会产生严重的误导性判断。

在区分真正的成长股和价值股时，我们可以从五个关键维度进行判断。

第一，从发展前景看，真正的成长股必须已经取得巨大成功，而非停留在“可能”或“将会”成功的阶段；而真正的价值股所处的行业必须不是夕阳产业，且行业整体需求要保持相对稳定。

第二，在竞争力方面，真正的成长股必须具备高于行业平均水平的竞争力，甚至是行业顶尖水平；真正的价值股则至少要保证在行业平均竞争力水平上。

第三，就财务状况而言，真正的成长股必须满足两个条件：一是财务实力强于行业平均水平，二是必须实现盈利且可持续增长率保持在 20% 以上；真正的价值股必须确保没有财务恶化或破产倒闭的风险。

第四，关于管理层要求，无论是成长股还是价值股，都必须具备合格的管理团队。

第五，从市场估值角度考量，真正的成长股市盈率（TTM）不应高得离谱，30 倍以下尚可接受，但一旦超过 50 倍（强周期型公司除外），陈正则便一律将其划分到空中楼阁型；真正的价值股必须同时满足两个硬性指标：市盈率在 15 倍以下，且股息率在 3% 以上。

以上划分标准的确很苛刻，但是为了确保我们投资本金的绝对安全，必须对公司四大基本面进行严格的筛查。

第八节　进退有据：卖出的学问

理性投资并不等于不管不问地长期持有，投资其实是一门既会买又会卖的艺术，持有时间的长短只是投资过程中的一个变量。

无论买入后持有多长时间（可能是 1 天，也可能是 10 年），只要具备以下三个条件，就可以（或必须）卖出。

一是公司的四大基本面变坏。行业遭遇变革、长期竞争力变弱、财务状况恶化、管理层出现严重问题。公司的四大基本面变坏，如果继续持有，风险巨大。因此，只要公司的四大基本面的其中之一出现问题，无论此时是盈利还是亏损，都必须果断卖出。

二是当有更好的投资机会出现的时候。经过评估，新投资机会的收益更高、更稳健。卖出旧公司才有足够资金购入新公司。需要注意的是，要谨慎评估后再做决策。

三是当股价（市值）明显被高估时。具体标准因公司类型而异：长跑冠军型公司高估 50%~100% 以上时可考虑卖出；三好学生型和势不可当型高估 30%~50% 时卖出；其他类型公司高估 30% 以内即可择机卖出。这种情况通常出现在公司被市场寄予不合理的高预期或处于市场的疯狂期时。当市场价格明显大幅高于公司真实价值时就可以卖出。尽管股价还可能继续上涨，但不必懊悔，总有回落的时候。准备好你的“大盆”，“黄金雨”一定会不期而至。

根据巴菲特历年披露的投资组合，我们可以将巴菲特对所投资公司的长期持有以及卖出的情况分为三类，从中窥见其投资智慧。

第一类是持有至 2017 年底未卖出的公司，包括美国运通（自 1994 年持有24年）、可口可乐（自 1988年持有30年）和富国银行（自 1990年持有27年并持续巨额增持）。截至 2017 年 11 月 25 日，这 3 家公司的持股市值达 576 亿美元，占其总持股市值 1780 亿美元的 32.4%。这些公司都是美国市场上典型的长跑冠军型和三好学生型企业。只要公司的四大基本面没有真正变坏，巴菲特应该还是会继续持有。

第二类是长期持有但中途卖出的公司，典型代表是《华盛顿邮报》。巴菲特从 1973 年至 2013 年共持有 41 年，最终出售给亚马逊。陈正则猜测由于《华盛顿邮报》公司的业务受互联网冲击巨大，竞争力和行业前景出现了不利的变化，因此巴菲特把持有 41 年的股份卖出。

第三类是持有后减持或全部卖出的公司，包括吉列、强生、浦项钢铁、大都会、所罗门兄弟、美国航空、IBM、德克斯特鞋业、宝洁、中国石油、康菲石油等。陈正则认为这些卖出决策基本都符合三个卖出标准：一是公司四大基本面变坏；二是出现更好的投资机会；三是股价明显高估。

根据投资大师巴菲特历年实际持有和卖出的情况，我们可以得出结论：**巴菲特的投资也并不是全部永久持有，当符合卖出条件时，他依然会毫不犹豫地果断卖出。**把理性投资简单地等同于长期持有的认知误区，不攻自破。

作为投资者，有三个卖出的理由是愚蠢至极的。

一是设定达到一定的上涨（或下跌的）比例后就卖出。这是一种典型的投机做法，也是趋势派投机者和投机客们常用的卖出理由，当然这也是他们大多数人最终亏损的原因。因为他们卖出的理由是盯着股价的变动，而不是公司的真实价值。例如，10元买入，如果涨到15元就立马卖出，称为“止盈”，如果跌到8元就卖出，称为“止损”。如果巴菲特按照“止盈止损”的理由卖出股票，那么美国运通、可口可乐、富国银行这些好公司已经被卖了几百回了。

二是因忍受不了股价下跌的煎熬而卖出。**股价单纯地下跌，从来都不应该是理性投资者卖出被低估股票的理由。**如果公司的四大基本面变坏或者明显高估就可以果断卖出；如果公司的四大基本面依然优秀，并且股价被大幅低估，那么即使股价继续下跌，也应该坚定持有。例如，1973年低迷期，巴菲特在深入分析的基础上，以1100万美元重仓买入他认为被低估的好公司《华盛顿邮报》，在其后的4年，持股市值最低下跌至800万美元。如果巴菲特在那几年因股价下跌而抛售，就没有后来持有41年、获得100多倍的超额回报了[①]。

三是因空穴来风的利空消息而卖出。这个变卖理由往往具有一定的迷惑性，投资者需要具有一定的识别能力。只要公司四大基本面并没有真正变坏或者价格没有被明显高估，就不该卖出。

以上三个愚蠢的卖出理由可能会引起读者的误解，陈正则的意思并不是说这三种情况下一定不能卖出手中的股票，而是强调卖出股票的依据，必须建立在对公司的真实基本面和合理估值的正确判断上。

当遇到股价相对于真实价值被低估20%以上，且公司四大基本面保持良好、发展前景依然向好的好公司，若其股价出现莫名其妙的下跌，陈正则提出了三个层级的应对策略。最不建议采用的是下下策：选择卖出股票，“割肉止损”。较为稳妥的是中策：坚持对公司的正确判断，坚定持有现有仓位。最优的选择是上上策：不仅坚定持有现有仓位，更要在股价下跌过程中以更低的价格逐步加仓，实现“越跌越买”。

---

① 在这41年间,《华盛顿邮报》的股价不仅上涨了100多倍，而且该公司还给股东分配了巨额的现金分红。

作者按：本节为全书最核心的内容，看似简单，却极为重要。

第九节 虚实之间：本金暂时性损失与永久性损失的区别

暂时性损失是股价跌至成本线以下，而真实价值仍在成本线以上的情况。由于市场周期周而复始，这种暂时性损失是正常的周期现象，根本无须过于担忧，价格一定会回归价值。

永久性损失是股价跌至成本线以下，同时真实价值也跌至成本线以下的情况。这种永久性损失，才是真正的损失。

对暂时性损失和永久性损失的正确区分，是正确认知暂时性损失并不影响长期复利最终实现的关键，也是投资者在面对市场剧烈波动时最重要的心理压舱石！

暂时性损失和永久性损失的区分如表 5-16 所示。

表 5-16 暂时性损失和永久性损失区别

对比项	损失类型	
	暂时性损失	永久性损失
发生原因	以合理的估值或合理估值以下的价格买入，买入后市场估值出现下降	以超高估值的价格买入，买入后市场估值大幅下降
	公司的真实盈利水平在合理区间内波动，基本面并没有变坏，甚至变得更好	公司的真实盈利水平出现大幅下滑，基本面已经变坏，甚至恶化
	公司受负面消息影响，遇到了暂时性的危机	公司因恶劣造假或其他严重违法行为被退市
	市场大跌或处于低迷期	市场大跌或处于低迷期

续表

对比项	损失类型	
	暂时性损失	永久性损失
	只是暂时性的账面损失（只要不卖出）	是永久性的实质损失（无论是否卖出）
持续时间	大部分好公司暂时性损失持续的时间在18个月以内，具体视公司的基本面及市场波动的情况而定，一般不超过36个月。如果股价在下跌，真实盈利却在持续增长，则未来将会大概率迎来戴维斯双击	大部分永久性的损失即使5年、10年、20年后也不能恢复。因为离奇的超高估值也许永远都无法再现，变坏甚至恶化的基本面也许永远都不可能恢复。永久性损失常常伴随着不可逆转的戴维斯双杀
典型案例	2008年的伊利股份（“三聚氰胺”事件和市场大跌）。 2013年的贵州茅台（塑化剂风波） 2015年的格力电器（盈利合理波动和市场大跌）	2007年以13倍市净率买入中国石油 2015年以400倍的“市梦率”买入乐视网
能否避免	无法避免	可以避免
	世上根本无人可以连续正确预测短期市场波动	完全可以避免盲目地以超高估值买入任何公司
应对之策	保持良好的心态，毫不动摇地坚持理性投资的原则	不抱侥幸，果断卖出

注：若非基本面恶化或离奇估值下降后导致的永久性损失，则无须担忧本金的安全①。投资者对暂时性损失和永久性损失的正确理解，是真正学懂理性投资的关键。

第十节　养兵备战：蓄力待发

所谓的证券，从大类上可分为股票和债券。本书展读至此，陈正则还没有详细讨论过债券，如果介绍大量的债券知识和计算公式过于枯燥，那么即使重复财务书上的内容也没有意义，陈正则只想在本节讨论一些有关理性投资的策略，其他就不再赘述了。

① 巴菲特先生喜欢趁好公司股价下跌或低迷时买入，通过研究巴菲特的成功投资可以发现，这些成功的投资大都在买入后的一段时间内处于暂时性损失（被套）的状态。

目前中国债券市场上主要包含国债、公司债、可转债和优先股四大类品种，各具特点。

国债作为由财政部发行并担保的债券，具有最高级别的本金安全性，其利息收入免税，且可随时卖出或质押变现，市场成交价在所有债券品种中最为稳定。而其收益率仅略高于银行存款，难以抵御通货膨胀的侵蚀。需注意的是，地方政府债券和金融债虽然收益率略高，其安全性与国债相近。

公司债（企业债）由上市公司或大型企业发行，通常有一定资产抵押或担保。其最大优势在于票面利率可达国债的 2 倍左右，且在破产清算时偿还顺序优先于股东；但投资者需要承担企业违约风险，市场价格波动较大，流动性相对较差。

可转债是由上市公司发行，有一定的资产抵押或担保，并可以按照约定的价格转换成公司普通股[①]的债券。其独特优势在于股价上涨时可分享超额收益，股价下跌时则享有债券的本金保护（在买入价不超过面值的情况下）；但可转债票面利率一般在所有债券品种中最低，甚至为零，且普遍设有 130% 的强制转股条款。一旦公司股价大跌，公司又无力偿还本金，则有大幅永久性损失本金的风险。

优先股（可转换）由上市公司发行，可以比普通股股东优先获得利润分配，虽然名为优先股，实则更接近债券性质。其票面利率是四大债券中最高的，可达国债的 2~4 倍，且可转换品种还能分享股价上涨收益。对发行公司而言，优先股通常没有固定还本金期限，公司无偿还本金的压力，但投资者需注意，优先股通常没有投票权，且在公司盈利不足时可能暂停付息，导致价格大跌甚至本金损失。

债券总体上是一种偏向于防守的投资品种，但对债券的分析一点儿也不能含糊，必须建立在发行人的真实基本面之上，也必须坚持安全边际的原则，远离投机。

对于公司债（企业债）、可转债、优先股这三大债券的投资分析，陈正则并不赞同许多财务书中仅以利息保障倍数（发行公司的利润与需支付利息之间的倍数）作为投资决策的依据。陈正则建议投资者对发行人的四大基本面进行深入的分析，必须以投资普通股的审慎态度来对待这三大债

---

① 普通股是股份公司发行的无特别权利的股份，也是最基本、最常见的一种股票形式，代表着股东对公司的所有权。

券。这也是为什么陈正则在本书中只用很少的篇幅介绍债券，因为只要遵循了普通股的理性投资理念，债券的理性投资理念就能触类旁通、“照葫芦画瓢”了。

一、国债：以逸待劳，养兵备战的最佳工具

第一，在股票市场的疯狂期或缺乏投资机会时，让闲置资金时刻处于枕戈待旦的备战状态，胜过急切地把资金投入并不令人十分满意的目标上。**当必胜战机出现时，再去招兵买马是来不及的。**

第二，国债所具备的既能保本，又有收益，又能随时相对足额变现的优势非常明显。因此，国债是理性投资者（资金量较大时）在股票市场的疯狂期或缺乏投资机会时以逸待劳、以静制动、养兵备战的首选工具。

二、公司债（企业债）、可转债、优先股（可转换）：获取超额收益的战机

在大多数情况下，这三大债券只能获得复利系数在 10% 以下的收益率；然而，当特定市场条件出现时，投资者可以在风险较小的情况下，大概率获得超额收益（不考虑中央银行政策因素的情况下）。以下是三类债券的详细分析。

第一，公司债（企业债）投资要点：优质的公司必须满足的五个基本面要求，一是所处行业没有夕阳化或被颠覆的风险；二是企业竞争力要高于行业平均水平；三是有息负债率处于行业合理水平，盈利能力稳定；四是管理层至少达到合格水平；五是具备偿债能力，必须确保无破产退市风险，能够如期还本付息。其超额收益机会往往出现在市场大跌或公司遭遇暂时性危机时，当债券价格大幅跌破面值且发行人偿债能力无忧的情况下，折扣越大意味着未来潜在收益越高。

第二，可转债投资要点：一是行业前景必须向好；二是企业需具备显著竞争优势；三是有息负债率处于行业合理水平，盈利能力稳定，且具有确定性较高的盈利增长前景；四是管理层水平优秀；五是具备偿债能力，必须确保无破产退市风险，能够如期还本付息。这类品种的超额收益机会来自两方面：一是市场低迷时，上市公司难以通过发行普通股募集资金，此时部分好公司发行的可转债往往有着诱人的吸引力；二是部分好公司已发行

的可转债可能会出现折价交易的情况，折扣越大，未来的超额收益就可能越大。

第三，优先股（可转换）投资要点：一是行业前景需持续向好；二是企业竞争力具有较大优势；三是优先股特别强调盈利的稳定性，对财务状况要求最高；四是管理层水平优秀；五是确保盈利无大幅波动的风险，无破产、退市风险（注：国内优先股发行人主要为金融机构）。其最佳投资时机出现在市场低迷或处于金融危机时，上市公司难以通过正常的条件补充资本金，此时部分好公司会通过发行条件优厚的可转换优先股来补充资本金，此时往往有绝佳的投资机会。与此同时，部分好公司已发行的可转换优先股可能会出现折价交易的情况，也是买入的绝佳时机。

实例分析 1:

2008 年 9 月，在金融危机最水深火热的时候，市场上募集资金的难度非常大，走投无路的高盛公司（世界顶级投资银行）向巴菲特求救，巴菲特当即拿出 50 亿美元，认购了条件优厚的高盛公司可转换优先股。一年后，高盛渡过危机，股价大涨，巴菲特获得超额收益。

实例分析 2:

2024 年，美国股市的整体估值处于高位，相对缺乏足够的投资机会。截至 2024 年第三季度，巴菲特掌管的伯克希尔 – 哈撒韦公司的现金储备飙升至 3252 亿美元，成为历史新高。这些天量的现金类资产此刻正在养兵备战，蓄力待发。

结　论

第一，和股票一样，公司债（企业债）、可转债和优先股（可转换）的最佳投资时机大多也是出现在市场大跌时或低迷期。正是人们的过度恐慌，成就了理性投资者的物超所值。

第二，理性投资者在股市的疯狂期或缺乏投资良机时，应当让足够的现金以逸待劳、养兵备战（如购买无风险的国债），一旦出现绝佳的战机，就能迅速出击，获得超额收益。

小　结

投资是一门兼具进攻与防守的平衡艺术。本章要点如表 5–17 所示。

表 5–17　本章要点

策略	攻守之道	
	进攻	防守
戴维斯双击	深入研究公司是否具有高确定性的盈利增长前景	公司本身已经估值较低（低市盈率），对真实基本面靠谱的公司来说，估值进一步大跌的概率较低
高股息率策略	研究公司是否具有进一步盈利增长的前景。一旦盈利增长超预期，则具有较强攻击性	现金分红收益已经超过银行定期存款利率；高股息率本身也对应低估值（低市盈率），对四大基本面靠谱的公司来说，估值进一步大跌的概率较低
现金分红复投	分红复投增加收益的复利系数	分红不复投也是投资者实打实的现金收入
集中持股策略	将火力聚焦在最物美价廉的好公司上。集中火力打必胜之仗	将火力适度分散于 3~10 个行业、3~20 家公司，完全可以起到对投资失误和不确定性风险的防守作用
实时调研监测策略	在掌握第一手可靠信息的优势下，先人一步发起攻击	在掌握第一手可靠信息的优势下，先人一步采取防守策略
养兵备战策略	养兵千日，用兵一时，一旦战机出现，就能迅速出击，获取未来的超额收益	在股市的疯狂期或缺乏投资机会时，让足够的现金以逸待劳、养兵备战（如购买国债）
陈正则始终坚定不移的攻守原则	**1. 在市场整体低估时提高股票的仓位** **2. 不会为任何好公司支付超过 20 倍市盈率（TTM）的价格** （注：未考虑强周期型行业）	**1. 在市场整体高估时降低股票的仓位** **2. 70% 以上仓位支付的价格限定在 15 倍市盈率（TTM）以下**

第六章

见微知著

> 人皆知我所以胜之形，而莫知吾所以制胜之形。
>
> ——《孙子兵法·虚实篇》

［译文］人们都了解我军战胜敌人的外在形迹，却没人了解我军取胜的个中奥妙。

投资者应当用望远镜来看待市场波动，用显微镜来观察公司的四大基本面。

在财务书中，有一大堆分析财务数据的比率和公式，陈正则研究过这些比率和公式后发现，它们大多过于复杂，并不能直击基本面的要害，甚至令投资者产生误判。

本章中还是没有令人头疼的比率和复杂公式，陈正则化繁为简，将从六个方面直击基本面要害，解读上市公司《年度报告》，如表 6-1 所示。

表 6-1　解读上市公司《年度报告》的六个方面

见微知著	直击要害点
看竞争力的变化	分析营业收入、净利润、存货、应收账款、广告费用、无息负债、行业增速、行业集中度中隐含的信息
看盈利的代价	分析固定资产、在建工程、无形资产、生产能力、折旧摊销、资本支出中隐含的信息
看财务的风险	分析有息负债、现金类资产、现金分红、现金流中隐含的信息
看管理层的水平	分析诚实守信、降成本、商誉中隐含的信息
看其他细枝末节	分析客户集中程度、研发资本化、资产减值损失、重要股东增减持股票、股票回购、员工人数和薪酬、高管薪酬、股权激励中隐含的信息
回归净资产收益率	不一样的视角，解析净资产收益率（资本回报水平）

本章的解读是建立在上市公司 5 年以上的财务数据，排除了恶劣造假的前提下。一家诚实守信的上市公司《年度报告》中至少包含了 80% 对投资决策有用的信息，因此正确解读上市公司的《年度报告》，是投资者做出明智决策前的必修课。

注意：成功的历史不等于未来，本书中所引用的上市公司数据实例仅作为对历史经营的分析，不构成对列举公司未来前景的实质性预测，也不构成对读者的投资建议。

本章导读　读年报的重要性

上市公司每年发布的《年度报告》（以下简称年报）中蕴含着价值极高的信息，是做出正确投资决策的重要依据。我们身边有很多搞投机的朋友买股票从来不看年报，就像打牌从来不看牌一样，赌徒的结局可想而知。

年报主要由“管理层陈述”“财务报告（经审计）”以及“报表附注”构成，面向的读者主要是公司的内外部投资者。发布的目的是接受投资者的审阅和公众的监督。无论上市公司的规模如何，每年制作一份年报都需要付出较大的经济成本，少则上百万，多则上亿元，大家不惜重金做出的年报中究竟蕴藏着怎样的宝藏？

在摸清这个宝藏的价值前，我们需要先掌握财务语言才能读懂它。此时，许多人开始发怵了，要么觉得财务太难、要么不知道财务该从何学起。其实对于一般投资者来说，只要学会四张表，即资产负债表、利润表、现金流量表和股东权益表，掌握表中每个科目的含义以及各科目之间的关系就可以了。只要我们肯花功夫，3 个月就可以基本掌握了。掌握了这门技术，接下来你就可以进入这座宝藏的大门，领略它的无穷魅力，并在日积月累的阅读中持续精进自己对上市公司的认知，不断提高对这座宝藏的变现能力。

阅读年报到底能给投资者（读者）带来什么好处？

读年报能给投资者（读者）一个宏阔的视野。全国上市公司的作用举足轻重，营业收入在国民经济中的占比过半。一个上市公司的员工人数少则数百人，多则数万人，甚至数十万人。公司的业务部门林立，日常的管理千头万绪，即使你是内部员工也难以摸清公司的实际经营情况，更何况一个局外人。可是年报为我们提供了一个非常清晰、全面和已量化的免费资料库，让我们能以极低的经济成本深入获取各行各业的珍贵情报。

读年报有助于投资者（读者）对具体的上市公司进行全面体检。体检的原理就在于一个公司的实际管理水平、经营成果、现金流、资本回报等重要情报都能通过数据的形式体现在财务报表中。就像学生的学习状况能够通过考试得分体现一样，年报中经过审计的《财务报告》就是一张更加详尽的成绩单，我们根据这张成绩单就可以反向推导，获取这个公司的真实经营情况。

和考试作弊一样，上市公司的年报也存在说谎和作弊的问题。其实我们不必过于担心被骗。首先，说谎和造假的证据不会灭失。因为所有谎言和重大财务造假都会以年报的形式向大众公开，并永久作为证据存在。其次，公司的运行必然遵循一定的规律。随着时间的推移，我们很容易就能发现异常，财务造假一定会在财务报告中留下蛛丝马迹。最后，上市公司只要没退市、没倒闭，就要一直发布年报，很多不负责任的谎言会在接下来的年报中不攻自破（如没有实现、自相矛盾或者东窗事发）。时间是最好的测谎仪，所以我们经常强调：只看 5 年以内的年报没有意义。

有过经营经历的投资者（读者）在阅读年报时，可以把自己想象成公司的管理层，阅读时就会有一种奇妙的成就感，不用自己亲自经营，也能对它了如指掌。我们通过对比同行业中的不同公司，很容易判断它们在管理层水平、长期竞争力上的差异。在这些公司遇到似曾相识的顺境或困境时，我们就可以通过财务指标之间微妙的关系识别出这个公司是兴旺发达、走下坡路、还是走上了不归路。我们凭借经验就可能判断这些公司接下来的应对之策和发展趋势，正确区别公司面临的是可以逆转的经营波动还是不可逆转的基本面恶化，正确判断此时投资是天赐良机还是无底深渊。我们会感到很幸运，因为投资者可以做到经营者无法做到的洒脱：公司若有道则亲之，若无道则弃之。

阅读年报还有助于投资者（读者）准确研判国民经济的整体运行情况、所处周期、行业景气度、居民收入以及消费支出等情况，这些数据的获取甚至比我们从新闻媒体中得到的更加全面和准确，并有助于我们在接下来做出更明智的投资决策。

大量阅读年报还能让我们掌握一些本质和规律性的东西，我们有很多朋友在刚开始读年报的时候比较慢，但日积月累读多了后，整体效率就能高起来，因为很多公司生存、安全和发展的本质规律是相似的，阅读的时候是可以加速的。所以，一些经验丰富的理性投资者年报阅读的效率会很高。

只有涉猎大量的庸书，才能懂得好书的稀缺与可贵。读年报和读书一样，也需要累积一定的数量级，才可能拥有一双甄别好公司的慧眼。所以我们说："博览年报，是找到好公司的第一步。"在研读至少一千本年报后，我们再去随便翻一本年报，就能大致判断这个公司的真实价值，以及这个真实价值相对于股价是高估了还是低估了。这个时候，你可能已经拥有了这座巨型宝藏的金钥匙，接下来就是如何将这种高水平的认知能力变现了。

第一节　看竞争力的变化

一、利润率中隐含的信息

我们回忆一下第二章第二节中的利润表（简化版），如表 2–19 所示。

毛利率和净利率是衡量公司竞争力变化的重要指标，因此，投资者必须搞清楚两者的区别。毛利率的升降主要受营业成本的影响，而净利率的升降还要受三费的影响。

陈正则在研读公司资料时发现，很多人只注重毛利率的变化，却忽视了净利率的变化，其实这是片面的。毛利率与净利率的变化都要看，并且陈正则认为，净利率指标的变化更能综合反映公司竞争力的变化。

从会计核算技巧看，营业成本和三费在理论上是可以合法调节的，比如一个车间主任的工资，既可以算到营业成本里，又能“混入”管理费用中。如图 6–1 所示。

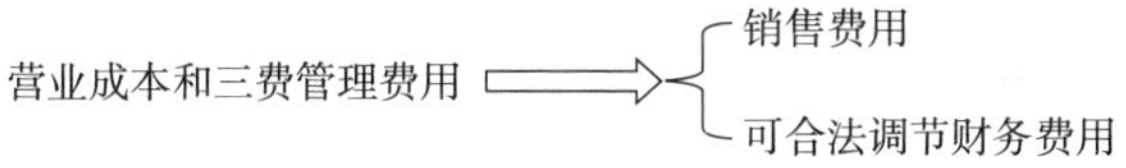

图 6–1　企业成本费用调节关系

如果算到了管理费用中，就能合法地降低经营成本、提高毛利率，但公司实际的总成本并没有因毛利率的提高而降低，这是一种“合法造假”的小伎俩，却很容易迷惑投资者。投资者只需要按按计算器，计算一下净利润率或营业利润率，就能很容易辨别实际利润率是否真的提高了。

实例分析：

如表 6–2 所示，华润三九的净利润增长速度慢于营业收入增长速度，说明虽然货卖得多，钱却没多挣。毛利润率提高，但净利润率下降了，净利润率下降的主要原因是销售费用增长快于营业收入的增长速度。

表 6-2 华润三九财务指标对比分析表（2015—2016 年）

科目	2015 年	2016 年	同比增长率（%）
营业收入（亿元）	79	89.8	13.6
净利润（扣非后）（亿元）	10.5	10.7	1.9
毛利率（%）	63.51%	64.87%	1.36
净利率（%）	13.6%	11.9%	1.7
销售费用（亿元）	26.8	32.7	21.2
管理费用（亿元）	7.7	8.7	11.2

2016 年，华润三九依靠提高销售费用来提升营业收入，实际效果是毛利率提高了，净利率却下降了。原因有两种可能：一是公司竞争力有所下降，需要投入更多的销售费用来推动销售；二是公司所处的行业整体日子不好过。对于这两种可能，投资者就需要进行更进一步的深入分析了。

二、营业收入与净利润（扣非后）增速中隐含的信息

通过对比公司净利润（扣非后）增速与营业收入增速的关系，可以挖掘出重要的财务信息。

当净利润（扣非后）增速明显快于营业收入增速时，往往预示着公司净利率正在提升。这种提升主要来自两个关键方面：一是毛利率的提升，体现出公司竞争力增强或行业景气度上升；二是三费成本的有效控制，体现了管理层的费用管控能力。需要特别注意的是，若这类公司不处于强周期型行业，且发展趋势具有可持续性，则非常值得投资者重点关注。

当营业收入增速与净利润（扣非后）增速基本持平时，这种表现相对中规中矩，需要结合其他财务指标进行更全面的分析评估。

当营业收入增速明显快于净利润（扣非后）增速时，则可能隐含多重信息：公司可能身处竞争激烈的行业，产品竞争力不足导致单价下降；或营业成本上升导致毛利率下降；也可能是行业整体不景气；抑或三费增长过快所致。这种情况下，公司往往需要销售更多产品才能驱动较少的利润增长，这种“吃力”的增长模式需要投资者保持警惕。当然，若判断此类公司正处于行业暂时性调整时期，其中也可能蕴藏投资机会。

实例分析：

如表 6-3 所示，顺丰控股 2017 年的营业收入增长率为 23.64%，明显慢于净利润增长率（40.11%），公司 2017 年的毛利率和净利率提升主要由于两费增速均慢于营业收入和净利润的增速。说明公司竞争力具备优势，成本管控得力。

表 6-3 顺丰控股财务指标对比分析（2016—2017 年）

顺丰控股	2016 年	2017 年	比上年增长率
营业收入（亿元）	571	706	23.64
净利润（扣非后）（亿元）	26.43	37.03	40.11
毛利率（%）	19.55	19.97	0.42
净利率（%）	4.63	5.25	0.62
销售费用（亿元）	11.5	13.5	17.96
管理费用（亿元）	60.7	73.5	20.9

如表 6-4 所示，相较于 2016 年，涪陵榨菜在 2017 年的营业收入增长 35.71%，净利润增长 69.4%。涪陵榨菜的两费管控得力，其中管理费用不升反降，省下来的钱提高了净利润，毛利率和净利率同时提升。

表 6-4 涪陵榨菜财务指标对比分析（2016—2017 年）

科目	2016 年	2017 年	同比增长率（%）
营业收入（亿元）	11.2	15.2	35.71
净利润（扣非后）（亿元）	2.32	3.93	69.4
销售费用（亿元）	1.78	2.19	23.3
管理费用（亿元）	0.52	0.48	−7.2
毛利率（%）	46.16	48.32	2.16
净利率（%）	20.6	25.9	5.3

以上两家公司的毛利率和净利率同时提升，加快了净利润的增长速度，毛利率和净利率提升反映了公司本报告期内市场竞争力的强势地位。销售费用和管理费用的有效管控体现了公司良好的费用控制水平，表明了公司净利润增长的质量较高（注意：在实践中我们还需要结合同行业公司的表现进行综合分析）。

三、预收账款和应付账款中隐含的信息

本书的第二章第二节中对有关无息负债的内容已有分析。

四、应收账款、存货和广告费用中隐含的信息

应收账款指货已发出，但钱还没收到的资产，可理解为客户给公司打的白条，这个科目位于资产负债表中。

存货主要指成品、半成品、原材料。这个科目位于资产负债表中。

广告（营销）费用指为了促进销售所花费的广告（营销）支出，这个广告（营销）费用包含在利润表的销售费用中，这个科目可以在利润表的附注中查到。

通过分析应收账款、存货和广告费用增速与营业收入增速的对比关系，可以洞察企业经营状况的深层次信息。

第一类情况是三项指标增速均低于营收增速。应收账款增速放缓表明企业对客户“打白条”的严格控制，销售信用政策趋紧[①]，往往预示着报告期内产品的竞争力持续强势；存货增速放缓反映了库存管理效率提升或产品供不应求的市场状况；广告费用增速低于营收增速则说明广告投放精准有效，产品竞争力持续强势。这类情况通常意味着企业竞争力提升或行业景气度向好。

第二类情况是三项指标增速与营收增速基本持平。这种表现中规中矩，说明企业经营状况稳定，但需要结合其他财务指标进行综合评估。

第三类情况是三项指标增速高于营收增速 30% 以内。这种情况表明公司采取了激进的信用政策和广告投放来提高营业收入，但也增加了客户白条收不回和库存过大的风险，广告费用增速高于营业收入增速，说明当期投放广告的效果并不理想（广告效果也有可能在未来体现）。这种激进的信用政策和广告投放并没有带来营业收入的等比例提升，可能预示着公司的竞争力有所下降或者产品不够强势，也可能是由于行业整体不景气或竞争格局恶化，投资者需谨慎观察。

第四类情况是三项指标增速超营收增速 50%。**如果公司这几项指标与同**

① 信用政策指给予客户先收货再付款的期限；趋紧表示缩短信用账期，激进则表示延长信用账期。

行相比有较大异常，并且公司报告中未给出令人信服的合理解释，则需要高度警惕公司做假账虚增资产的可能。祸患常积于忽微，大家回忆一下“乐视悲歌”的案例。

五、行业整体增长速度与公司增长速度中隐含的信息

行业整体增长速度指行业整体营业收入和净利润的增长速度。一般在公司《年度报告》中可以找到，投资者也可以通过其他渠道核实数据的准确性。

用上市公司该年度营业收入和净利润的增长速度与行业整体增长速度进行比较，可以大致判断公司竞争力的变化趋势。若公司增速快于行业增速，则表明公司的竞争力强于行业平均水平。若公司增速与行业增速相当，则表明公司的竞争力处于行业平均水平。若公司增速慢于行业增速，则表明公司的竞争力弱于行业平均水平。

实例分析：

如表 6–5 所示，2017 年，全国规模以上白酒行业整体增长速度较快，其中净利润的增速（35.79%）大幅高于营业收入的增速（14.42%），表明该行业整体的利润率呈上升趋势。从营业收入和净利润增速看，贵州茅台和五粮液的增速大幅高于行业增速，大致可以判断两家公司的竞争力大幅强于行业整体水平。我们也可以大致得出 2017 年白酒业三巨头竞争力的强弱排序：**贵州茅台强于五粮液强于洋河股份。**

表 6–5　2017 年白酒行业整体与头部企业增长表现对比　　单位：%

白酒行业头部企业	营业收入增速	净利润增速
规模以上白酒业整体	14.42	35.79
贵州茅台	49.87	60.57
五粮液	22.99	43.4
洋河股份	15.92	15.5

需要注意，个别经营业绩起伏较大的公司可能存在调节利润的行为，所以还需要结合长期历史表现和其他指标综合分析。对于行业内规模较小的公司，我们则不可以用短期增长率直接衡量其长期竞争力的强弱。

六、行业集中度中隐含的信息

行业集中度一般指行业前几名的公司（如行业前三、前十、前一百名）在整个行业中所占有的市场份额。投资者可以在公司《年度报告》中找到该数据（有些公司不披露），也可通过其他渠道获取并核实行业集中度的数据。

陈正则对行政垄断型行业（如石油业和电信业等）的行业集中度兴趣不大，但对市场自由竞争的行业进行行业集中度的分析就很有价值了。

在分析保持增长的行业（年增速 7% 以上的快速增长或 0~7% 的缓慢增长）时，行业集中度的变化趋势可以揭示重要信息，需结合企业市场份额变动情况进行综合判断。

当行业集中度上升时，可能出现两种截然不同的情况。一种是若公司的市场份额同时提升，则表明该行业的进入壁垒越来越高，强有力的竞争者越来越少，呈现“强者恒强”的发展态势，这类公司有很高的关注和研究价值；另一种是若公司的市场份额却在下降，则表明公司在与同行的竞争中落了下风，这类公司的竞争力有所下降，投资者需谨慎对待。

当行业集中度下降时，也需要分两种情况看待。一种是在快速发展期行业中，若公司市场份额在提升，则这类公司也具有较高的关注和研究价值；另一种是行业集中度下降，表明行业竞争参与者越来越多，行业的竞争格局复杂化，一般会出现在进入壁垒较低的行业，也可能出现在快速发展期的行业，但无论如何，行业集中度的下降往往意味着竞争的加剧、行业整体利润率的下降。

结　论

在自由竞争并保持增长的行业里，如果行业集中度呈不断提升的趋势，其中的优秀公司市场份额如果可以保持同步提升，甚至加速提升，则表明公司在行业内拥有强大的竞争力，这类公司值得重点关注和研究。在不受待见的行业里往往隐藏着被别人遗弃的“黄金”。

第二节　看盈利的代价

一、固定资产、无形资产、净资产中隐含的信息

固定资产主要由厂房、设备、运输工具、电子办公设备等构成，资产负债表上的固定资产是账面价值，并不是购买时的价格（原值[①]）。

无形资产主要由土地、专利、商标构成，资产负债表上的无形资产也是账面价值，真实价值可能更高也可能更低。中国的土地只有使用权，因此我国的会计准则将土地资产在财务上划归为无形资产，而不是固定资产。

净资产是资产负债表上的总资产减去总负债后得出的，是真正属于股东的资产。这个净资产数字也是账面价值，真实价值可能更高也可能更低。

根据一家公司的真实盈利能力需要使用多少土地、厂房、设备来支撑，可以判断这家公司是属于重资产型还是轻资产型。陈正则划分轻、重资产的粗略标准如表 6–6 所示。

表 6–6　轻资产型和重资产型公司划分标准

固定资产、无形资产占净资产的比重	资产驱动类型
＜ 30%	轻资产型
30%~60%	不轻不重型
61%~100%	重资产型
＞ 100%	超重资产型

轻资产型公司只需较小比重的土地、厂房和设备，就能维持或提升较高的盈利能力。该类型公司用于购买土地、厂房、设备的资本支出占净利润的比例较小，折旧摊销负担小，用于现金分红的比例通常较大，公司提升盈利能力所付出的代价较小。

重资产型和超重资产型公司需要较大比重的土地、厂房和设备，才能维持或提升较低的盈利能力。该类型公司用于购置土地、厂房、设备等资本支

① 账面价值指已扣除折旧后的价值，原值指购置价格。

出占净利润的比例较大，折旧摊销负担较重，用于现金分红的比例较小，公司提升盈利能力往往需要付出更大的代价。

如果将重资产型公司的划分再保守一些，可以再加上在建工程，为了简化，在此未考虑在建工程。有些财务书将库存也计算在内，但陈正则认为不同行业的库存变现能力差异巨大，比如在电子行业里，过时的库存有可能一文不值，高端白酒的库存则可能价值连城。另外，公司的库存性质也可能存在差异，比如有些公司库存增大是因为货卖不出去，是不好的信号，但有些公司库存增大是为了提前备货或为了锁定成本提前采购原材料，并不是不好的信号。因此，在评估公司是轻资产还是重资产型时不宜笼统纳入库存，以免产生误判。

如果让陈正则现在去创立经营一家公司，陈正则一定会选择经营轻资产型的公司，道理很简单，因为轻资产型的公司维持和提高盈利能力（净利润）所需付出的代价更小，挣的钱大部分会变成现金。而重资产型或超重资产型的公司为了维持或提高盈利能力，需要付出较大的代价，挣的钱（净利润）大部分变成了土地、厂房和设备，甚至经常出现利润表上显示公司挣钱，但实际上总是处于缺钱境地的现象。

我们的国民经济的确需要大批重资产型[①]的企业，比如石油、钢铁、化工、航空、汽车、船舶等行业，但我们作为投资者，有大量优秀的上市公司可以选择，何苦选择重资产型公司呢？在陈正则的投资组合中，除了具有专业优势的强周期型公司，没有重资产型、超重资产型公司的身影。

实例分析：

贵州茅台属于轻资产型企业。如表 6–7 所示，2014 年至 2016 年，其资本支出比例较小，现金分红比例较大，净利润的很大比例变成了现金分红和现金储备。

表 6–7　贵州茅台财务指标（2014—2016 年）

科目	年份		
	2014 年	2015 年	2016 年
固定资产 + 无形资产（亿元）	121	150	179
净资产（亿元）	534	639	728

① 重资产型行业在解决就业、增加社会投资、提高居民收入等方面对国民经济的稳定和发展起到了重要的作用，但这些行业中的大多数公司并不是长期投资者的理想选择。

续表

科目	年份		
	2014 年	2015 年	2016 年
固定资产、无形资产占净资产比例（%）	22.6	23.4	24.4
资本支出（亿元）	44	21	10
净利润（扣非后）（亿元）	155	156	169
资本支出占净利润比例（%）	28.3	13.5	5.9
现金分红占净利润比例（%）	32.5	50	51

汤臣倍健属于轻资产型企业。如表 6–8 所示，2015 年至 2017 年，汤臣倍健的资本支出比例较小，现金分红比例较大，净利润大部分变成了现金分红。

表 6–8　汤臣倍健财务指标（2015—2017 年）

科目	年份		
	2015 年	2016 年	2017 年
固定资产 + 无形资产（亿元）	6.4	7.9	8.4
净资产（亿元）	46	47	51
固定资产、无形资产占净资产比例（%）	13.9	16.8	16.5
资本支出（亿元）	2.7	1.5	1.5
净利润（扣非后）（亿元）	6.1	4.8	6.4
资本支出占净利润比例（%）	44.2	31.2	23.4
现金分红占净利润比例（%）	68.7	71.4	63.3

海螺水泥属于重资产型企业。如表 6–9 所示，2015 年至 2017 年，海螺水泥的资本支出比例较大，现金分红比例较小。水泥行业属于强周期型行业，2017 年是景气年份，盈利在高位，故资本支出比例相对下降。

表 6–9　海螺水泥财务指标（2015—2017 年）

科目	年份		
	2015 年	2016 年	2017 年
固定资产 + 无形资产（亿元）	688	697	677
净资产（亿元）	739	803	920
固定资产、无形资产占净资产比例（%）	93.1	86.8	73.6
资本支出（亿元）	51.7	49.8	36.6

续表

科目	年份		
	2015 年	2016 年	2017 年
净利润（扣非后）（亿元）	53	77	141
资本支出占净利润比例（%）	97.5	64.8	25.9
现金分红占净利润比例（%）	30.32	31.06	40.11

安琪酵母属于超重资产型企业。如表 6–10 所示，2015 年至 2017 年，安琪酵母的资本支出比例很大，提升盈利需付出很大比例的资本支出。现金分红比例较小。

表 6–10　安琪酵母财务指标（2015—2017 年）

科目	年份		
	2015 年	2016 年	2017 年
固定资产 + 无形资产（亿元）	38.8	37.1	47.8
净资产（亿元）	30.4	32.5	38.4
固定资产、无形资产占净资产比例（%）	127.6	114.1	124.4
资本支出（亿元）	2.76	7.97	9.27
净利润（扣非后）（亿元）	2.44	4.94	7.97
资本支出占净利润比例（%）	113.1	161.3	116.2
现金分红占净利润比例（%）	35.31	46.2	34.05

贵州茅台、汤臣倍健、海螺水泥和安琪酵母这 4 家上市公司都是各自行业的龙头。从历史数据看，真实业绩的增长成绩优秀，但**从中长期理性投资的角度看，非强周期型行业中的轻资产型公司资本支出比例明显更低，现金分红比例明显更高，中长期的投资价值也更高。**

陈正则建议投资者在筛选公司前，先做一下公司“轻重”的体检，再做进一步深入的分析。

二、机器设备、在建工程、无形资产中隐含的信息

机器设备包含在固定资产科目中，具体数字可以在固定资产的附注中找到。对于轻资产类、非强周期型且产品单一的公司，可以通过机器设备大致计算设备的盈利倍数，评估设备投资回报效率。

在建工程位于资产负债表中，详细目录可查阅在建工程的附注。在建工

程增加往往预示着产能扩张，可能的表现：新设备需要安置到老厂房中，或者因老厂房容量不足而新建厂房。

无形资产主要包括土地、专利技术和软件等资产。分析时应重点关注报表附注中是否新增土地购置，这可能预示着公司有扩建厂房的计划，是产能扩张的前期信号。

对于生产型企业（服务类除外），固定资产中的厂房、无形资产中的土地和在建工程的增加，是不能提高实际生产能力的，只有增加了机器设备才有可能实质性地增加产能。

无形资产、在建工程和机器设备之间的逻辑关系如图 6–2 所示。

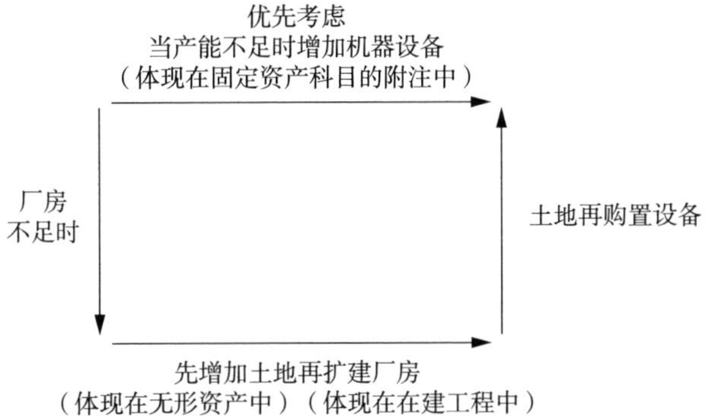

图 6–2　无形资产、在建工程和机器设备之间的逻辑关系

实例分析 1:

从表6–11中可看出，2012年至2016年，贵州茅台设备盈利倍数在18.7倍至 27.9 倍。2012 年至 2015 年逆市扩张。

表 6–11　贵州茅台设备效能与资本支出表（2012—2016 年）

科目	年份				
	2012 年	2013 年	2014 年	2015 年	2016 年
净利润（扣非后）（亿元）	134	154	155	155	169
机器设备（账面价值）（亿元）	4.8	6.2	7.8	8.3	8.4
设备盈利倍数（净利润除以设备）	27.9	24.6	19.9	18.7	20.1
资本支出（亿元）	42.1	54.1	44.3	20.6	10.1

注：此方法仅适用于产品单一、不用更新换代的轻资产型公司，不适用于强周期、重资产型公司。

一般的公司增加设备投入生产后 1 年内就能体现在产量和盈利变化中，

由于茅台酒生产工艺的特殊性，增加的产量在5年左右才开始销售，体现在销量和盈利中。按照茅台酒5年左右的生产周期，2013年至2015年增加的产量，将在2017年至2020年释放到市场，从茅台酒供不应求和具备提价权上看，2017年至2020年贵州茅台的净利润仍有很大的增长潜力。

从贵州茅台管理层一贯优秀的表现看，稳健的作风不至于去做冒进的事情，公司在2013年、2014年和2015年这3年（白酒行业深度调整时期），不仅没有缩减资本支出，反而逆市增加资本支出，大幅增加了机器设备投入生产，体现了公司管理层对公司未来发展和市场前景的极大信心，这也是该公司这3年《年度报告》中传递给投资者的最积极信号。

结　论

优秀的非强周期型、轻资产型、产品单一、不易更新换代、管理层优秀的好公司，如果机器设备大幅增加，可能是公司未来盈利大幅增长的一个积极信号。在公司增加机器设备之前，可能先购置土地（增加无形资产）和新增在建工程。投资者可根据历史的设备盈利倍数情况，大致判断产量增加的可能，以及从设备增加看出管理层对公司未来发展前景的态度。

投资者在阅读《年度报告》时，还需要注意以下一些异常情况。

一是固定资产（厂房和机器设备）、在建工程巨幅增加，但是净利润（扣非后）却不见增长，甚至倒退的情况。出现这种情况可能是该公司处于强周期型行业，属重资产型公司；公司管理层不合理投资，真实盈利不达预期，投资失败；公司存在恶劣造假，虚增固定资产和在建工程，或资产被高估入账。

二是在建工程进度缓慢、长期挂账，迟迟不完工的情况。出现这种情况可能是因为该工程是烂尾工程；或者公司试图以拖延完工的进度来减少折旧，从而提高净利润，“合法造假”。识别这种情况的技巧是，只要公司有大额在建工程迟迟不完工的，就基本可以判定有虚增利润的可能。

三是无形资产中有大量专利技术计入账面价值的情况。该情况不能一概而论。在无形资产中，除了土地使用权的价值容易评估之外，陈正则对一切专利技术的市场价值都持谨慎态度，所谓的专利技术虚无缥缈，价值难以估量，也可成为虚增资产造假的高发区。如一家公司无形资产中扣除土地后有大量的非土地资产，则需要提高警惕。

资产负债表中的账面无形资产主要由土地使用权和非土地使用权构成，不同的公司在非土地使用权资产的分类名称上有所不同，但常见的非土地使用权资产无非就是一些专利权、商标权、软件权等虚无缥缈的资产。通过比较同行公司之间账面无形资产的构成情况，往往可以得到一些有价值的信息。

实例分析 2：

从表 6-12 中可以读出如下隐含的信息：

第一，G 公司的专利和商标等资产的真实价值不可能为 0，但 G 公司在账面上都以 0 来处理，相比 M 公司和 H 公司，G 公司在账面资产的核算政策上最为保守。那么，G 公司账面净资产的含金量也就有可能最高。

第二，2016 年，G 公司的土地使用权资产增幅较大，表明公司该年度又购置了大量的土地准备扩大生产规模，而 M 公司和 H 公司新购置的土地使用权资产较少。从 3 家公司的历史经营表现看，G 公司在未来几年很可能继续较大规模地增加生产能力，发展模式主要为内生式增长[①]。

第三，2016 年 M 公司和 H 公司的非土地使用权资产急剧增加，主要是由兼并收购其他公司所导致，扩张模式主要为外延式增长。

表 6-12　同行业三家公司账面无形资产的情况（2015—2016 年）

单位：亿元

账面无形资产	G 公司		M 公司		H 公司	
	2015 年	2016 年	2015 年	2016 年	2015 年	2016 年
土地使用权	26.47	33.48	33	31.76	12.34	14.27
专利权	0	0	0	1.66	0	7.25
商标权	0	0	0	5.54	0	6.59
使用权	0	0	0	25.25	0	38.76
软件权	0	0	5.45	8.67	0.43	3.24
其他	0.09	0.07	0.38	3.16	1.76	2.32
合计	26.56	33.55	33.92	68.69	14.54	72.42
其中非土地使用权合计	0.09	0.07	5.83	44.73	2.19	58.16

① 我们不能据此排除 G 公司管理层在未来盲目地实施兼并收购的可能。

结　论

第一，一家公司在账面资产的核算政策上是激进、普通还是保守，往往可以反映出该公司整体的财务政策，如果一家公司相比同行在财务政策上更为保守，那么这家公司的底气往往更足，账面净资产的含金量往往更高，抵御风险的能力和盈利的真实性也可能更高。

第二，有许多投资者对实施兼并收购的外延式增长抱有盲目的乐观，从而忽视了企业文化、管理理念、人才匹配、市场协同和盈利能力的真实性和持续性等各种巨大的不确定性因素。陈正则对一切看似美妙的兼并收购行为都持有极为谨慎的态度，陈正则更偏爱那些财务政策保守、不使用大规模的有息负债（不借钱扩张）、主要利用自身创造的经营利润进行合理扩张的内生式增长，这种公司财务的风险往往更小，扩张的成功率往往更高，盈利能力的稳定性和持续性也可能更强。

三、折旧、摊销与资本支出中隐含的信息

折旧和摊销是指当公司用现金购买固定资产和无形资产后，资产负债表上相应的现金就变成了固定资产和无形资产，这些花掉的钱并没有作为费用从利润表中扣除，而是作为资产记入了公司的资产负债表中。固定资产和无形资产在公司经营过程中必须按照一定的标准进行固定资产折旧和无形资产摊销，每一期的折旧和摊销金额记入利润表中，作为成本费用扣除，影响净利润。每期折旧和摊销的详细数据可通过查阅财务报表附注的“现金流量表补充资料”找到相关科目。

资本支出主要指公司购建固定资产、无形资产和其他长期资产所支付的现金，该科目的支出不影响当期的净利润，但会增加未来年度的折旧摊销、影响未来的利润表。每期资本支出的详细数据可查阅现金流量表中的“购建固定资产、无形资产和其他长期资产支付的现金”科目。有些人将用于兼并收购支付的现金也作为资本支出，但陈正则一贯反对大多数公司的兼并收购行为，故不赞成将并购支出纳入合理的资本支出范围。

虽然折旧和摊销的金额因行业和公司的不同会有较大差异，各公司折旧和摊销的年限和比例也有细微差别，但在实践中，同行业折旧和摊销标准相近的公司之间仍然有比较价值。通过折旧和摊销的金额与资本支出金额的比较可以大致判断公司目前所处的阶段是收缩、平稳还是扩张。

实例分析：

2012 年至 2016 年，贵州茅台资本支出持续大于折旧和摊销。2012 年至 2015 年，公司处于明显的扩张阶段。如表 6–13 所示。

表 6–13　贵州茅台折旧摊销与资本支出对比（2012—2016 年）

单位：亿元

科目	2012 年	2013 年	2014 年	2015 年	2016 年
折旧摊销	4.3	5.5	7.6	8.5	9.3
资本支出	42.1	54.1	44.3	20.6	10.1

2012 年至 2016 年，五粮液资本支出小于折旧摊销，公司处于平稳发展阶段，扩张的积极性不高。如表 6–14 所示。

表 6–14　五粮液折旧摊销与资本支出对比（2012—2016 年）　单位：亿元

科目	2012 年	2013 年	2014 年	2015 年	2016 年
折旧摊销	7.1	6.8	6.5	6.2	5.7
资本支出	3.6	3.4	4.1	4.0	3.1

2012 年至 2015 年，洋河股份资本支出大幅高于折旧摊销，公司扩张态势明显。如表 6–15 所示。

表 6–15　洋河股份折旧摊销与资本支出对比（2012—2016 年）　单位：亿元

科目	2012 年	2013 年	2014 年	2015 年	2016 年
折旧摊销	2.4	3.6	5.4	6.2	7.3
资本支出	33.7	26.8	17.9	7.2	4.8

2013 年至 2017 年，隆基股份资本支出大幅高于折旧摊销，公司处于极速扩张期。如表 6–16 所示。

表 6–16　隆基股份折旧摊销与资本支出对比（2013—2017 年）　单位：亿元

科目	2013 年	2014 年	2015 年	2016 年	2017 年
折旧摊销	1.9	2.4	2.8	4.2	7.3
资本支出	3.3	5.0	9.8	20.8	39.5

2013 年至 2017 年，承德露露的资本支出整体小于折旧摊销，公司处于平稳和收缩阶段。如表 6–17 所示。

表 6-17　承德露露折旧摊销与资本支出对比（2013—2017 年）　单位：亿元

科目	2013 年	2014 年	2015 年	2016 年	2017 年
折旧摊销	0.4	0.39	0.37	0.33	0.3
资本支出	0.23	0.3	0.53	0.14	0.14

（注意：以上方法仅供粗略判断时使用，具体公司需具体分析。）

结　论

通过近 5 年至 10 年公司的折旧摊销和资本支出这两个重要数据的比较分析，可以大致判断公司的发展策略和扩张状态。

第三节　看财务的风险

在开始讨论之前，让我们先回忆一下本书第二章中的资产负债表（陈正则版），如表 6-18 所示。

表 6-18　资产负债表（陈正则版）

<table>
<tr><th colspan="2">总资产</th><th colspan="2">总负债</th><th>净资产</th></tr>
<tr><td rowspan="3">现金类资产</td><td>货币资金（包含定期存款）</td><td rowspan="3">有息负债</td><td>长期借款</td><td>股本</td></tr>
<tr><td>银行理财、所持国债、优质债券</td><td>短期借款</td><td>资本公积</td></tr>
<tr><td>持有的上市公司流通股票、已收到的银行承兑汇票等</td><td>已发行的债券等</td><td>未分配利润等</td></tr>
<tr><td rowspan="8">非现金类资产</td><td>存货</td><td rowspan="8">无息负债</td><td>预收账款</td><td rowspan="8"></td></tr>
<tr><td>应收账款</td><td>应付账款</td></tr>
<tr><td>固定资产（厂房、设备等）</td><td>应付职工薪酬</td></tr>
<tr><td>无形资产（土地、专利等）</td><td>应交税费</td></tr>
<tr><td>在建工程</td><td>应付股利</td></tr>
<tr><td>商誉</td><td rowspan="3">其他应付款等</td></tr>
<tr><td>持有的未上市公司股权</td></tr>
<tr><td>其他科目</td></tr>
</table>

续表

总资产	总负债	净资产
总资产的数字显示该公司账面上的（仅仅是账面）资产总额，既包含属于自己的资产，也包含不属于自己的资产，总资产数字有可能高估或造假了（有水分），也有可能低估了，比如品牌价值、土地价值的低估	总负债表示这部分资产是属于别人的，只是暂时放在自己账上	净资产是真正属于公司股东的资产，又称为股东权益，净资产仅指账面上的数字，有可能高估也有可能低估

一、有息负债中隐含的信息

关于有息负债的讨论，请大家查阅本书第二章第二节中有关财务风险抗击能力的内容（金融业不在本书讨论范围内）。

二、现金类资产中隐含的信息

现金类资产是由实际迅速变现的能力决定的。它不仅包含会计上认定的现金及存款（含 3 个月内到期的定期存款），还扩展涵盖了公司账面上的所有定期存款、银行理财产品、国债及优质债券，以及上市公司流通股票等具有高度流动性的金融资产。

现金及现金等价物仅包括库存现金、银行活期存款以及 3 个月内到期的定期存款（需扣除受限使用的保证金等）。如果仅用这个标准来衡量上市公司的现金充裕程度，往往会低估其实际可动用的流动性资源，存在明显的局限性。

银行理财、国债和优质债券、持有的上市公司流通股、已收到的银行承兑汇票可以视同现金。

在中国买银行的理财产品，尤其是大银行，享有国家的隐性担保，当公司急用钱时，可放弃利息，及时兑换现金，或者用理财产品随时质押贷款换取现金。因此，银行理财产品完全可视同现金。这类资产一般记入资产负债表中的“其他流动资产”或“可供出售金融资产”科目。

国债由国家担保，可及时转让、质押贷款，变现能力极佳，可视同现金。优质债券也具有很强的变现能力，可视同现金。该资产一般记入资产负债表中的“持有至到期投资”科目。

上市公司的可流通股在股市的交易时间随时可以卖出变现或质押贷款，变现能力很强，可视同现金。该资产一般记入资产负债表中的“交易性金融资产”或“长期股权投资”科目。

银行承兑汇票由银行承诺兑付，虽没到兑付时间，但可以随时贴现换成现金，可视同现金。该资产一般记入资产负债表中的“应收票据”科目。

如果以会计书上的“现金及现金等价物”只统计库存现金、银行活期存款和3个月内到期的定期存款，则有可能严重低估一家上市公司的现金类资产规模，从而误判这家公司的财务状况。

实例分析1:

如表6–19所示，洋河股份2017年虽然“现金及现金等价物”科目仅有17.49亿元，但在其他流动资产科目却放置了巨额的理财产品，公司的实际现金类资产总额高达148.79亿元。2017年，公司的现金类资产充足，财务的抗风险能力很强。从表6–19还可以看出洋河股份的管理层不怕麻烦，善于理财，勤于为股东创造价值。如果仅以库存现金、活期和定期银行存款计算该公司现金类资产的实力，则会误判该公司的财务状况。

表6–19　洋河股份2017年现金类资产构成明细　　单位：亿元

现金类资产	金额
现金及现金等价物	17.49
银行理财等现金类资产合计	约131.3
实际现金类资产共计	148.79

陈正则观察一家非金融类上市公司的财务风险不喜欢用各种会计书中的诸如流动比率、速动比率、利息保障倍数等指标，只大概计算现金类资产是否足够覆盖短期借款（含1年内到期的长期负债等）、应付账款①和预收账款这三大负债指标，如果可以100%覆盖，则该公司本期财务风险即可判定为十分安全。

财务风险在实际中的判定逻辑：**假设在极端情况下，债主（1年内到期的所有借款）、供应商（应付账款）、客户（预收账款）三者同时向公司逼债，公司的现金类资产是否足以立即偿还，如果可以做到，则表明公司财务具有较强的抗风险能力**。虽然这种极端情况发生的概率极小，但**有备无患才是立**

① 应付账款统计中包括应付票据。

于不败之地的前提。所以，陈正则个人偏爱现金类资产覆盖比例大于100%的公司。

实例分析2：

如表6–20所示，2012年至2017年，贵州茅台现金类资产的覆盖比例高达359%~1259%，财务状况固若金汤，但现金类资产的比例太高也是一种“幸福的烦恼”。

表6–20 贵州茅台短期债务覆盖能力分析（2012—2017年）

科目	年份					
	2012年	2013年	2014年	2015年	2016年	2017年
短期借款+应付账款+预收账款（亿元）	54	33	22	91	186	154
现金类资产合计（约）（亿元）	221	252	277	368	668	879
现金类资产覆盖比例（%）	409	763	1259	404	359	570

如表6–21所示，2015年至2017年，山西汾酒现金类资产的覆盖比例在86.2%~92.5%，总体稳健。

表6–21 山西汾酒短期债务覆盖能力分析（2015—2017年9月）

科目	年份		
	2015年	2016年	2017年1–9月
短期借款+应付账款+预收账款（亿元）	12	14.5	17.7
现金类资产合计（约）（亿元）	10.5	12.5	15.5
现金类资产覆盖比例（%）	92.5	86.2	87.5

如表6–22所示，某重资产型公司现金类资产覆盖比例仅有20.3%~21.75%，财务风险较大。

表6–22 某重资产型公司短期债务覆盖能力分析（2016—2017年）

科目	年份	
	2016年	2017年
短期借款+应付账款+预收账款（亿元）	21.6	26.6
现金类资产合计（约）（亿元）	4.7	5.4
现金类资产覆盖比例（%）	21.75	20.3

如表 6–23 所示，海螺水泥作为强周期型、重资产型公司，2016 年至 2017 年现金类资产覆盖比例高达 182%~201%，现金类资产实力雄厚，财务抗风险能力强，在重资产型公司中属于上乘表现。

表 6–23　海螺水泥短期债务覆盖能力分析表（2016 年—2017 年）

海螺水泥	年份	
	2016 年	2017 年
短期借款 + 应付账款 + 预收账款（亿元）	105	127
现金类资产合计（约）（亿元）	192	256
现金类资产覆盖比例（%）	182	201

结　论

现金类资产覆盖比例较低的公司并不一定是烂公司（如由行业结算特性所致或者处于快速发展期的公司），但是**现金类资产覆盖比例超过 100% 的公司，财务上抵御风险的能力很强。**

三、现金分红中隐含的信息

请参阅本书第二章第二节中有关现金分红的内容。

四、经营现金流中隐含的信息

请参阅本书第二章第二节中有关经营现金流的内容。

第四节　看管理层的水平

本书第二章第三节中重点论述了管理层极其重要的作用，让我们回忆一下优秀管理层的十大特征。优秀管理层的十大特征如表 6–24 所示。

表 6-24 优秀管理层的十大特征

优秀管理层的十大特征	
诚实守信	说到做到，一诺千金
	不做假账
管理才能	降成本
	增强长期竞争力
	选贤任能
	卓越的运营能力、文化管理
以股东利益至上	不以权谋私
	不搞不合理的股票增发、股权激励、兼并收购
	合理的薪酬待遇
稳定方面	优秀接班人的培养机制和平稳的交接班

一、经营情况讨论与分析中隐含的信息

在每一份上市公司《年度报告》的“经营情况讨论与分析”中往往隐含着重要信息。公司的管理层，尤其是“一号人物”，对公司的实际经营情况、行业发展状况、企业未来前景比任何外部投资者都了然于心，因此《年度报告》中管理层对公司“经营情况讨论与分析”的自我陈述就非常有价值。

投资者应当阅读每一份《年度报告》中“经营情况讨论与分析”的内容，不同公司的陈述质量差异很大。在分析上市公司年报中的管理层陈述时，我们可以将其划分为五种典型风格，每种风格都传递出不同的信息价值。

一是诚恳细致型。诚恳细致型的陈述最具参考价值。这类年报会运用翔实的数据回顾上一年公司及行业的发展状况，详细列出了下一年度生产能力、生产量、销售计划、营业收入增长目标、成本控制目标及盈利增长目标。虽然这些计划不构成管理层的实质性承诺，但计划目标翔实细致、切实可行，管理层敢向投资者披露详细的经营目标，体现了管理层的务实和诚意，可信度较高。

二是谨慎保守型。在客观的基础上，管理层对公司及行业的分析偏向于谨慎和保守，对于公司下一年度的经营目标一般只设定营业收入的增长目标，而不设定利润目标，而且偏向于保守。如果这类公司历史成绩优秀，并且经常超额完成目标，那么管理层自我陈述的可信度就可能较高。

三是豪情万丈型。这种豪情万丈必须建立在历史业绩均完成既定目标的情况下，通常出现在势不可当型公司或新兴行业公司的《年度报告》中。公司管理层会向投资者放出“三年利润翻番”“打造百亿元级（千亿元级）营业收入的企业”等豪言壮语，如果往年《年度报告》中管理层设定的目标都完成了，那么这些豪言壮语不可忽视，表明了管理层对公司发展前景的信心，投资者可重点关注这类公司的实际经营表现。

四是空洞无物型。管理层在网上复制一些空洞的内容，毫无诚意、毫无见地，没有对过去一年经营情况的精准分析，更没有为下一年的经营设定目标。我们基本可以断定，在“经营情况讨论与分析”中内容空洞无物的公司，很难是好公司。

五是卖拐忽悠型。管理层为上一年度未完成的目标找各种借口和理由，推卸责任；并为下一年继续设定不切实际、不太务实的目标（反正大多数投资者不懂，能忽悠一年是一年）。对于管理层经常达不到自己设定的目标、满口跑火车的公司，陈正则的建议是直接拉黑。

结　论

商业世界对诚信品质的要求近乎苛刻，投资者既要听其言，也要观其行。作为一家上市公司的管理层，特别是“一号人物”，肩负的是对股东、员工、客户和社会的责任，必须说到做到、一诺千金。

通过阅读一个行业内主要上市公司近10年所有《年度报告》中的“经营情况讨论与分析”，你会有很多有趣和有益的发现和收获。

二、从销售费用、管理费用中看降成本

销售费用指与公司销售工作有关的费用支出，包括销售人员工资、广告费用、差旅费、与销售有关的办公租赁费等。该科目位于利润表中。

管理费用指与公司管理工作有关的费用支出，包括行政管理人员工资、办公费、差旅费、激励费用等。该科目位于利润表中。

企业降成本主要体现在两个方面：一是降低营业成本（主要指与产品和服务直接相关的成本，这个指标的获取和分析比较复杂，本书暂不讨论）；二是提高三费成本的控制水平，这个指标很好获取和分析，由于陈正则偏爱零有息负债或有息负债率很低的公司，因此，本书略去财务费用，三费变两费，重点讲一讲销售费用和管理费用的问题。

首先，陈正则想从企业经营和企业真实价值的角度向大家强调：

第一，管理层每多花出一分不必要的费用，公司的价值就会成倍地下降；公司每节省一分不必要的开支都会成为属于股东的净利润（扣税后），都会以数倍，甚至数十倍地放大，提升公司的真实价值，进而间接提升股价（市值）。降低成本费用是提升公司真实价值最直接、最有效的方法之一。

第二，陈正则在长期经营和研究企业中得到的体会是，高薪、高待遇和高管理成本并不是好公司的必要条件。有时恰恰相反，合理的激励制度、销售和管理费用管控得力，却是成为好公司的必要条件。

陈正则在经营公司的过程中深刻体会到，小到一张纸的办公费用，大到高管的薪酬待遇，都体现着“一号人物”的经营理念和管理智慧。两费成本降到一定程度后，再降就会变得很困难，但是以股东利益至上的优秀管理层却总能发现节俭之道。

我们来看两个在降成本费用上令人钦佩的实例。

实例分析 1：

20 世纪 80 年代中期，美国美洲银行与富国银行在管理模式上形成了鲜明对比，最终导致截然不同的经营成果。

美洲银行的管理层办公室极其奢华，其旧金山市中心总部设有富丽堂皇的办公室、高管专用餐厅和直达电梯，更配备了高管专享的直升机和高额津贴。这种铺张浪费的作风必然导致运营成本居高不下，最终在 20 世纪 80 年代中期酿成 3 年累计 18 亿美元的巨额亏损（这在当时堪称天文数字）。

与之形成强烈反差的是在卡尔·赖特领导下的富国银行。1983 年上任后，赖特从自身做起，严格控制费用支出。他关闭了管理人员专用的食堂，只配备了一个类似大学食堂的服务厅。关闭了领导专用电梯，卖掉了公司的直升机，并且禁止主管办公室中有绿色植物，因为浇水费用大。他撤掉了主管办公室的免费咖啡机，取消了送给管理层的圣诞树，公司的纸质报告都要求员工自己装订，辞掉了专门的装订工人。卡尔·赖特同他的副总经理和各部门主管开会时，坐的是一把破得填充物都露在外面的旧椅子。卡尔·赖特在听取主管财务支出的申请报告时，他就坐在那儿，摆弄露在外面的旧椅子填充物，于是好多听起来“很有必要”的费用申请就被取消了。在卡尔·赖特的任期内，富国银行的盈利能力和成本控制水平显著高于同行，公司的净利润和市值（股价）大幅提升，管理层为股东创造了巨额价值。

21 世纪的富国银行仍然以成本控制得力而闻名美国银行界，其盈利能力显著高于同行。近年来，富国银行长期占据美国上市银行市值第一的位置。

巴菲特一直对费用管控得力的公司青睐有加，富国银行也是巴菲特重仓持有的公司，从 1990 年至 2017 年已持有超过 27 年。

实例分析 2：

巴菲特所执掌的伯克希尔 – 哈撒韦公司全球总部成本费用的情况如表 6–25 所示。

表 6–25　伯克希尔 – 哈撒韦公司全球总部成本费用情况

科目	1996 年	2016 年
持有股票的市场价值（参股）（亿美元）	300	1200
控股子公司数量（控股）（家）	15	60
公司净资产（亿美元）	250	2500
控股子公司员工总人数（万人）	3.3	35
公司净利润（亿美元）	25	200
公司每股股价（亿美元）	3.5	20
公司总市值（亿美元）	600	3200
市盈率（约）	24 倍	16 倍
全球总部办公面积（平方米）	约 1000	约 1500
全球总部员工人数（包括巴菲特本人在内）（人）	12	25

注：为突出起见，表中的数值取平均值或整数值。

1996 年至 2016 年，巴菲特所执掌的伯克希尔 – 哈撒韦公司净利润增长了 700%，市值增长了 433%，并长期处于世界 500 强前列和全美市值最大的十大公司之列，已成为全球实力最雄厚的保险投资集团之一。然而，其全球总部设在美国小城奥马哈的基威特大厦 14 层，在 21 年的时间里，办公面积仅扩充了 500 平方米，总部员工规模也仅仅增加了 13 人。**陈正则敢打赌，这样的全球总部一定是所有世界五百强中最寒酸的**！“窥一斑而知全豹”，从巴菲特对全球总部苛刻的成本费用控制中，我们可以想象到，他对旗下其他子公司成本费用的控制会多么严苛。

陈正则曾和大多数人一样，认为公司的门面能体现一家公司的实力，但后来发现，其实恰恰相反，**一家公司的里子永远比面子更重要**。如果有一天你来到陈正则的公司，发现陈正则的办公室并没有其他投资公司那么豪华气派，甚至陈正则还坐在一张填充物露在外面的旧椅子上，请你千万不要惊讶。

在上市公司的《年度报告》中，我们可以通过该公司历年的营业收入、净利润与销售费用、管理费用的变化关系来大致衡量管理层对销售费用和管理费用的控制水平。方法很简单。如果两费的增长率慢于营业收入和净利润的增长率，则表明两费管控得力；反之，若无合理解释，则表明管控不得力[①]。

实例分析 3：

如表 6–26 所示，口子窖 2016 年的两费增长幅度明显小于营业收入和净利润的增长幅度，表明该公司 2016 年的两费管控得力。特别是管理费用控制得力，2016 年不升反降。

表 6–26 口子窖财务业绩与费用变动分析（2015—2016 年）

科目	2015 年	2016 年	同比增长率（%）
营业收入（亿元）	25.8	28.3	9.53
净利润（扣非后）（亿元）	6.05	7.63	26.26
销售费用（亿元）	3.58	3.61	0.26
管理费用（亿元）	1.92	1.87	–2.32

如表 6–27 所示，东华软件 2016 年的两费增长幅度明显高于营业收入增长幅度，且在净利润下滑 21.5% 的情况下，两费大幅增长了，说明公司 2016 年的两费管控不得力。

表 6–27 东华软件财务业绩与费用变动分析（2015—2016 年）

科目	2015 年	2016 年	同比增长率（%）
营业收入（亿元）	56.2	64.7	15.1
净利润（扣非后）（亿元）	9.3	7.3	–21.5
销售费用（亿元）	2.34	2.78	18.8
管理费用（亿元）	6.09	7.46	22.5

三、商誉中隐含的信息

商誉指收购一家公司时支出的超出这家公司账面净资产的费用，在会计

① 观察期限应以 3 年以上为宜。

处理上记入了资产负债表中的“商誉”科目。例如，甲公司收购乙公司时花了20亿元，但乙公司账面净资产只有10亿元，那么多花的10亿元就记入“商誉”这个科目作为资产。需要注意，财务报告中的商誉仅指并购时支付的超过被收购公司净资产的钱，与我们通常理解的品牌价值不是一个概念。例如贵州茅台的商誉科目数字是零，并不是指贵州茅台的品牌价值是零。

当一家公司成为上市公司后，融资的渠道和方式多了，钱多了，各种听起来前景美好的兼并收购的诱惑自然也就多了，同时管理层因过度自信[①]而犯错误的机会也就更多了。上市公司在面对兼并收购的诱惑时，极大地考验着管理层的定力和专注力。

上市公司实施兼并收购主要有两种方向。

一是主业并购。例如，海螺水泥公司利用资本优势兼并全国范围内的水泥厂，通过统一管理、统一定价，产生更大的协同和规模效应，提高市场占有率和盈利能力，这是同行业间主业并购成功的案例，但主业并购也存在风险，近10年来，白酒行业里，同行业之间的兼并收购很难形成协同和规模效应，大多数白酒行业的并购以失败告终。主业并购的最大风险在于管理上可能存在水土不服或产品和市场不能产生协同效应。

二是跨行业并购。原有主营业务增长乏力、前景黯淡的公司，可通过兼并收购转型转行，实现新的突破和增长。对大型投资集团的多元并购，则可能增强公司未来的盈利能力（如巴菲特的公司，但这种好公司极为罕见）。同行业的并购尚存在较大风险，跨行业并购的风险则更加巨大。最大风险在于公司管理层是否有能力经营全新的行业，并应对跨行业并购所面临的众多不确定因素。对于为了主业转型而实施跨行业并购的公司，投资者需持十分谨慎的态度。

根据麦肯锡公司一项针对124起兼并收购案的研究，仅有30%的案例产生了预期的协同效应，40%的案例综合成本不仅没有下降，反而出现上升。陈正则对大多数公司并购的前景持消极悲观的态度。

例如，贵州茅台虽然在高端白酒行业拥有强大的竞争力，但贵州茅台去做啤酒和红酒却没能拥有同样强大的竞争力。格力电器虽然在空调领域拥有

① 心理学研究表明，成功的企业家过去取得成功的历史，很容易导致他们对自身能力产生过度自信，从而低估了客观存在的种种风险，尤其是在实施跨行业的并购时，极易产生盲目乐观的误判。在商业历史上，由成功企业家所实施的失败并购案例数不胜数。

无人匹敌的竞争力，但格力电器跑去做手机、汽车却只能铩羽而归。可口可乐虽然在可乐领域拥有超过百年的无敌竞争力，但可口可乐去养虾、拍电影一样面临失败。

结论

历史上有无数个鲜活的案例警醒我们，**由于管理层的过度自信而盲目地实施跨行业的多元化兼并收购，往往会带来“多元恶化”的苦果。**

因此，投资者需远离不靠谱公司。所谓的不靠谱公司主要有三类。

一是眼花缭乱型公司。其特点是主业一塌糊涂，一年到头忙着到处兼并收购，令投资者眼花缭乱。这种公司的管理层只是单纯的资本玩家，并不是真正的企业经营者，建议投资者远离为妙。

二是高估值并购型公司。一般人都能看出来被收购的资产只值 10 亿元，管理层却刻意包装后以 20 亿元收购，管理层与被收购公司里外勾结，暗箱分赃，狼狈为奸。管理层以明显高估的价格兼并收购损害了上市公司全体股东的利益，对于这种管理层可以直接拉黑了。

三是业绩精准达标或下滑型公司。被收购的公司承诺的业绩精准达标（做假账的可能性极大）或者在被收购后业绩突然变脸下滑。这是对管理层愚蠢并购行为最直接的“打脸”。说好的承诺呢？说好的未来呢？事实胜于雄辩！

那些在资产负债表中冒充资产入账的商誉这一科目，就记录了管理层溢价兼并收购的“罪证”，通过对历年的商誉数据所对应的每笔并购情况进行分析，可以评估管理层实施并购行为的方向以及并购后的业绩达成情况是否符合预期。

注意，对于未记入商誉科目的并购，评估思路与上文所述的思路一致，因涉及较复杂的会计核算，本书暂不详细讨论。

无论在今天的商业界还是在商业的历史上，无论是中国还是其他国家，依靠不断地兼并收购而取得辉煌成就并能够长盛不衰的公司是极其罕见的。而大多数伟大的公司，尽管偶尔也会实施个别的并购，但都是围绕主业展开的，并且并购价格公道，并购后能产生协同效应和规模效应。

陈正则偏爱那些专注主业，主要依靠内生式增长，适度实施经过严格评估、风险可控、价格公道的合理并购的公司，谨慎对待那些实施跨行业并购的公司，远离那些胡乱并购的不靠谱公司。

第五节　看其他细枝末节

一、从前五大客户销售额占比看客户集中度风险

冠豪高新是一家发票的纸张供应商，发票纸张相对于普通纸张有着可观的毛利率、稳定的客户和无须操心的销售增长率。自 1996 年至今，该公司被国家税务总局、中国印钞造币总公司选定为增值税发票唯一供应商。2000 年至今，被国家邮政局选定为 EMS 特快专递专用无碳复写纸的主要供应商。看了以上介绍，是不是感觉这是一桩很好的生意？

可是 2018 年 3 月 19 日，冠豪高新发布的 2017 年《年度报告》显示：2017 年公司净利润仅 4515 万元，比 2016 年大幅下滑 56.57%，原因在于电子发票、电子快递单的推广导致相关大客户减少了采购。

一些以苹果手机为主要客户的公司，一旦苹果公司终止或更换供应商，请问这个生意还会那样美好吗？这是所有客户集中度高的公司都会面临的不确定性风险。

值得中长期投资的公司必须拥有市场的主导权，不过分依赖任何大客户，这是一家公司立于不败之地的重要前提。

理性投资追求的是一种高度的确定性，但是如果一家公司对大客户的依赖程度过高，就一定会存在两个巨大的潜在风险：一是在新订单谈判时可能处于任由买家宰割的不利地位；二是一旦部分大客户流失，就会引起业绩大幅下滑的风险，甚至使公司遭受毁灭性打击。对于大客户集中度过高的公司，陈正则的建议是如果前五大客户的销售额占营业收入的 50% 以上，就不碰为妙，合理的前五大客户销售额占比应该在营业收入的 10% 以下，有些特殊行业可以略高，但若高于 30% 需谨慎对待。

实例分析：

如表 6–28 所示，某电池公司严重依赖前五大客户，占比高达 77.63%，其中第一大客户竟然占了总销售收入的一半，客户的集中度风险特别大。

表 6-28　某电池公司 2017 年大客户销售占比　单位：%

销售收入占比	数值
前五大客户占销售收入占比	77.63
其中第一大客户占销售收入占比	50

如有些公司的前五大客户中有阿里巴巴（天猫）、京东商城等大型网购平台，可以不纳入前五大客户的统计，因为大型网购平台的消费者实际上是分散程度很高的零售客户。在本质上，大型网购平台只是一个信息中介，并不能算公司真正的客户，也就不存在客户集中度的风险了，但若上市公司的大客户中存在一些不知名的电子商务平台，则需要警惕业绩造假的风险。

此外，有些造假者通过勾结“马甲公司”进行虚假交易来虚增利润，若上市公司的前五大客户中存在这类可疑的“客户”，我们就需要高度警惕。

二、研发投入资本化中隐含的信息

研发投入指公司用于研发而支付的研发人员薪酬及各项相关支出。

研发投入费用化指把用于研发而花的钱从利润表中作为费用扣除，研发投入费用化会减少当期净利润，大多数公司采用研发投入 100% 费用化的会计处理方法。

研发投入资本化指不把用于研发而花的部分成本从利润表中扣除，而是记入资产负债表中的“无形资产”或“开发支出”科目中“冒充”资产。这是一种把花掉的钱不作为费用扣除，而作为资产的会计处理方法。研发投入资本化的金额越大，通过会计手段“合法”增加的净利润也就越大。

研发投入资本化常常出现在医药、科技类等研发投入较高的公司，这是一种通过“合法”会计手段增加当期净利润的方法，我们只需将该公司研发投入资本化的金额从净利润中扣除（为了简化，未考虑税收因素），就可以得出实际净利润。需要注意的是，如果公司历年研发投入资本化的数字波动巨大，则存在合法调节净利润的可能。

实例分析：

表 6-29 为乐普医疗研发投入资本化调整后的净利润对比。

表 6-29 乐普医疗研发投入资本化调整后净利润对比（2014—2016 年）

单位：亿元

科目	2014 年	2015 年	2016 年	备注
净利润（扣非后）	4.06	5.09	6.63	
研发投入资本化	0.65	0.62	0.66	三年数字波动不大
扣除研发投入资本化后的实际净利润	3.41	4.47	5.97	

结　论

在实践中，投资者可通过还原实际净利润挤出净利润中的水分，提高给公司合理估值的准确性。

三、资产减值损失中隐含的信息

资产减值损失包括应收账款、存货、固定资产、在建工程、商誉等各类资产发生的损失或冲回。由于这些资产的损失和冲回存在较大的人为操纵空间，因此成为“合法造假”、调节净利润的重灾区。最常见的调节出现在应收账款和存货中，其中利用应收账款调节净利润最为常见。该科目位于利润表中。例如，白条（应收账款）收不回来，成为坏账，就要作为“资产减值损失”从利润表中扣除；如果将来白条又收回来了，就冲回“资产减值损失”，从利润表中加回来。

实例分析：

表 6-30 为假设的某公司坏账损失调节对净利润影响分析。

表 6-30 某公司坏账损失调节对净利润影响分析　　单位：万元

某公司利润表中的“净利润”	10000	10000
已扣除资产减值损失中的“坏账损失”	1000	2000
真实的坏账损失	2000	1000
“合法造假”调节利润	少扣除坏账 1000	多扣除坏账 1000
还原实际净利润	9000	11000

结　论

在利润表中观察历年“资产减值损失”的数字变化情况，如果相对于净利润比例非常小，则可以忽略不计；但如果数字较大，或者每一年的数字变化较大，则需要查阅各个资产减值损失的科目是否合情合理，如果不合情合理则需要按照表 6–30 中的方法还原实际的净利润再给企业合理估值。

四、大股东和管理层增持、减持股票中隐含的信息

大股东和管理层增持、减持股票是指使用自筹资金而非公司的资金购买公司股票，与下一节讨论的股票回购（使用公司的资金买回公司的股票）有区别（减持即指卖出股票）。

在分析上市公司大股东和管理层的股份增持、减持行为时，需要深入理解其背后的动机，这对投资决策具有重要指导意义。

当大股东和管理层多人动用巨额资金增持时，通常意味着一个实质性利好信号。这种增持行为本质上是管理层对公司未来发展投下的信任票，因为其使用的是自筹真金白银。但需要注意，这种判断必须建立在管理层过往诚信记录良好的基础上，若管理层曾有忽悠投资者的不良记录，则仍需保持警惕。另一种需要警惕的情况是动机不纯的增持，比如大股东为了维持股票质押贷款比例，或为了配合新股发行拉升股价。这类增持往往“雷声大雨点小”，比如某公司高调宣布 10 亿元增持计划，最终仅象征性增持 100 万元，投资者需通过实际增持金额识别这类“忽悠式”增持。这种“忽悠式”增持识别起来很简单，就是看大股东到底花了多少真金白银来增持。

正常的个人资金需求减持是可以理解的，大股东和管理层也有消费或投资的需求，他们中许多人把大半辈子的青春都献给了这家上市公司，而持有这家上市公司的股票就是他们奋斗历程的见证和物质财富的嘉奖。因此，如果他们小幅、小比例地减持股票，用于个人的需要，如改善住房、支付子女教育费、归还债务、用于其他投资等，都是可以理解和正面看待的，这也不是利空信号。

当股价暂时被高估时，并且大股东和管理层有多人减持（减持所持股份的比例在 20% 以内），投资者也可以据此做出减持决策。如大股东及管理层有多人较大比例减持的，则是一个明显的股价被高估的卖出信号；但若出现控股股东和管理层多人短期内大比例减持（超过 20%）甚至清仓的情况，这往往预示着公司存在未公开的重大利空，投资者应当机立断卖出持股。乐视网崩盘前大股东的大幅减持套现就是典型案例。

结　论

第一，增持不能只看公司公告中的承诺，而要看实际增持了多少，增持的信心取决于真金白银。

第二，对于个别高管的少量减持无须过分解读，但如果有两个以上大股东和高管同时减持所持有股份 20% 以上的，则需要警惕。对于多人多次减持其所持股份的大部分甚至全部清仓的公司，投资者无须抱有侥幸心理，趁股价暴跌前立即清仓为妙。

五、股票回购中隐含的信息

股票回购指以公司名义，用公司账上的钱买回自家公司的股票。回购是一种公司行为，而不是股东的个人行为。股票回购可以提升剩余每股股票的真实价值，从而间接推动股价的提升。

近年来，股票回购在美国优秀的上市公司中非常流行，巴菲特所重仓持有的苹果、可口可乐、美国运通、盖可保险、《华盛顿邮报》等公司都曾用富余现金大量回购自家公司的股票，然后注销，以此来提升剩余每股股票的真实价值。

回购自家公司股票，然后注销，可以提升剩余每股真实价值的原理如表 6–31 所示。从表 6–31 中可以看出，公司用自己账上的钱回购自家公司的股票注销后，减少了总股本数，在净利润不变的情况下，提升了剩余股票的每股收益，从而间接推动股价的提升。

表 6–31　某公司股票回购对每股收益影响测算

科目	股票回购前	股票回购后
净利润（扣非后）（亿元）	10	10
原总股本数（亿股）	10	10
股票回购注销数（亿股）	0	1
剩余总股本数（亿元）	10	9
每股收益（净利润）（元）	1	1.11

注：如果公司回购的股价高于该公司的合理估值，也可能损害公司股东的利益。

如果一家公司以合理估值以下的成本实施股票回购，则可能透露如下隐含信息：

第一，管理层抵御住了许多乱投资、乱并购的诱惑，用现金回购股票（投资自家公司）的方式回报股东，以股东利益至上。

第二，公司自由现金流充裕，财务风险稳健可控，只有在此基础上管理层才会使用大量富余的现金回购自家公司股票，回报股东。

结　论

以合理估值以下的价格回购自家公司股票并注销，是一种比现金分红更好的回报股东的方式，因为现金分红股东可能还要缴纳10%~20%的税金，而股票回购不需缴税，甚至更有效地提高了每股股票的真实价值。持续高额"真刀真枪"实施股票回购的公司，很可能是管理层认为公司的真实价值被低估了，投资者可以重点关注和研究。

六、员工人数、员工薪酬中隐含的信息

员工人数指上市公司在职领取薪酬的员工人数。由于上市公司都必须按国家规定为其员工缴纳保险，因此员工人数造假的成本较高，造假手续很烦琐。员工人数通常可真实反映公司的实际员工数量，可信度高。这个科目在上市公司《年度报告》的"员工情况"中可以查阅。

员工薪酬指所有员工领取的薪酬。由于上市公司拖欠员工工资的情况很少见（连员工工资都拖欠的上市公司可以直接拉黑了），我们可以把现金流量表中的"支付给职工及为职工支付的现金"科目作为全体员工领取的总薪酬，这个数字是实际支付给了员工的钱。在实践中，也较难造假，可信度高。

查看员工人数和员工薪酬是在逻辑上验证公司业务扩张或业务收缩情况变化的小技巧，可以为投资者得出分析结论提供佐证。

实例分析：

2013年至2016年是白酒行业的调整期，贵州茅台在此期间的业绩表现出缓慢增长的态势，员工人数和薪酬却出现较大增幅（如表6-32所示）。如果换作其他企业，出现这种情况是不正常的，但由于茅台酒的生产周期长，需要5年左右才能向市场销售，因此，2013年至2016年，公司员工人数和薪酬大增实质上是逆市扩大生产规模的明确信号（增加的产量会在2017年至2020年释放到市场），可视为茅台的管理层对公司未来市场前景的看好，这个信号对投资者做出投资决策具有很大的参考价值。

表 6-32 贵州茅台业绩增长与人力成本分析（2013—2016 年）

科目	2013 年	2014 年	2015 年	2016 年
营业收入增长率（%）	16.88	2.11	3.44	18.99
净利润增长率（%）	15.30	0.45	0.62	8.57
员工总薪酬（亿元）	31.35	33.9	45.3	46.7
员工人数（人）	16800	17487	21115	21237
人均年薪（万元）	18.7	19.4	21.4	22

结　论

第一，若员工人数和员工薪酬的增长率大幅高于公司营业收入和净利润的增长率，且从逻辑上不能合理地解释，则可能是公司成本管控不力导致。

第二，若员工人数和员工薪酬的增长率大幅低于公司营业收入和净利润的增长率，且从逻辑上不能合理地解释，尤其是需要密集劳动力支撑的行业，则存在做假账的可能，需要警惕。

第三，若员工的人均薪酬大幅高于或大幅低于行业平均水平，且无合理的解释，则需要高度警惕造假的可能。

七、高管薪酬中隐含的信息

高管薪酬指正副董事长、正副总经理、财务总监、董事会秘书等人的薪酬。他们的薪酬情况披露在《年度报告》的“董事、监事、高级管理人员”中。

在企业治理结构中，股权架构与管理层薪酬模式之间是存在关系的，主要可分为两种典型情形。

第一种情形是最大股东或者实际控制人亲自担任董事长或总经理，直接参与经营管理。由于高管薪酬是否合理关乎大股东或实际控制人的直接利益，这种情形下，高管薪酬一般采用“低固定薪酬 + 高考核标准下的高奖金”模式。

第二种情形是公司股权分散，无实际控制人控制董事会，或者实际控制人不担任董事长或总经理，不直接参与经营管理。在这种情形下，由于担任董事长或总经理的人不是公司的大股东，甚至连一点儿股权也没有，因此他们有可能利用手中的权力为自己和其他高管谋取私利，从而损害上市公司股东的利益。这种现象用专业术语称为“代理成本”。代理成本的一大表现就是管理层采用“高固定薪酬 + 低考核标准下的高奖金”模式。

在实践中识别以上两种情形相对简单，就是将这家公司历年的业绩与高管薪酬列出来，再与同行业的其他公司进行比较，来大致判断高管薪酬是否合理。

陈正则并不排斥高薪酬，但是高薪酬必须建立在取得优秀业绩和成本费用管控得力的基础上，**“低固定薪酬 + 高考核标准下的高奖金”才是陈正则所推崇的高管薪酬模式。**

实例分析：

如表 6–33 所示，2016 年，贵州茅台、山西汾酒、口子窖三家公司的高管薪酬合计数字与他们的经营业绩和控费水平相适应，并且通过与同行业对比，三家公司的高管薪酬都没有偏高，至于有没有偏低，则另当别论了。口子窖的两费控制水平明显好于贵州茅台和山西汾酒，因此高管薪酬高出两家同行 200 多万元，陈正则认为十分合理。为股东省钱并取得更高业绩增长的管理层就应该拿更高的奖金；但“假设酒企甲”的业绩下滑，两费上升，高管薪酬却比同行业高出很多，这个高薪就明显不合理了，投资者就需要警惕出现管理层以公谋私损害股东利益的问题。

表 6–33　2016 年白酒企业高管绩效与费用控制对比分析

2016 年管理层部分绩效指标		企业名称			
		贵州茅台	山西汾酒	口子窖	假设酒企甲
经营业绩	营业收入同比增长率（%）	18.99	6.69	9.53	–5
	净利润（扣非后）同比增长率（%）	8.57	16.13	26.26	–10
控费水平	销售费用同比增长率（%）	13.5	15.4	0.76	10
	管理费用同比增长率（%）	9.4	4.7	–2.32	10
高管（含董事、监事）薪酬（万元）		651	620	859	2000

结　论

第一，采用“低固定薪酬 + 高考核标准下的高奖金”模式的管理层可能更有能力、更有奋发进取精神。

第二，持有较多本公司股票的管理层，与全体股东站在一起、以股东利益至上的概率更大。

八、股权激励中隐含的信息

股权激励是以达成一定的考核目标为条件，允许部分员工打折购买或免费赠予其股票的激励政策。

许多投资人认为只要上市公司实施了股权激励就是一种利好，其实这是片面的，相反，股权激励中也同样存在管理层为了谋取私利，制定并实施较低考核标准的股权激励计划，从而稀释股东的权益，损害股东的利益的情况。

中国上市公司常用的股权激励方法对比如表 6–34 所示。

表 6–34　中国上市公司常用的股权激励方法对比

对比项	股权激励方法		
	股票期权	员工持股计划	限制性股票激励计划
概念简介	授予员工达成一定的考核指标后可以事先约定的价格购买公司股票的权利	一般指员工出一部分钱，可能公司再帮员工贷款一部分，委托第三方机构买入公司股票。股票来源因不同的持股计划而不同，有的来自公司增发，有的来自大股东转让，有的直接从市场上买入。具体方案因不同计划而异	员工自己出钱，以一定的折扣买入公司的股票，但一般买入后需要锁定 1~4 年，只有满足解锁条件才能出售交易。如果员工未完成考核目标，则公司原价回购股票并予以注销
达成考核目标前员工是否需要自己出钱	考核目标达成前不必出钱	介于两者之间	考核完成以前就掏钱购买，通常有折扣
员工风险程度	未完成考核指标也无损失	介于两者之间	一般公司会承诺以原价回购，本金不会损失，但可能损失时间成本
利益绑定程度	没有事先以真金白银买入，危机与紧迫感不强，利益绑定效果较弱	介于两者之间	以真金白银事先购买，并设有锁定期，利益绑定效果较强
是否会稀释老股东的权益	员工一旦行使购买权等同于增发股票[a]，会稀释老股东的权益	若股票来自增发则会稀释，若来自大股东转让或在市场上购买则不会稀释	

续表

对比项	股权激励方法		
	股票期权	员工持股计划	限制性股票激励计划
是否给公司带来现金并增加净资产	一旦员工行使购买权，资金就会进入公司，增加净资产	如股票来自增发，则会增加公司净资产。若来自大股东转让或在市场上购买，则不增加公司净资产	
对员工激励的有效程度	较强	强	很强

注：a. 增发股票指上市公司额外发行新股票募集资本金，同时也增加了总股本数，会稀释老股东的权益。

如果一家公司一定要实施股权激励计划，陈正则认为从激励有效性的角度看，员工愿意积极参与限制性股票激励计划，体现了员工对公司的信心和诚意，起码员工自己掏钱全款购买了公司的股票，如果员工对公司发展没有信心会自己掏钱买 1~4 年不能卖出的股票吗？即使老板再会忽悠，员工也不是傻子吧。

陈正则个人偏爱“低固薪 + 高奖金”这种简单有效的激励方式，因为股权激励的真实成本并不透明，很难精确计算，所以反对上市公司滥用不合理的股权激励，损害股东利益；但是在实践中，依然有不少好公司在实施这种成本并不透明的股权激励方法。

我们可以通过一个简单方式大致判断股权激励是否合理：查阅一家上市公司历年实施股权激励计划后 1~4 年的真实利润增长情况，如果净利润大幅增长（必须真实且可持续），我们就可以简单地认为公司的股权激励计划合理；但如果实施股权激励计划后 1~4 年，真实利润增长缓慢甚至下滑，就可以理解为管理层实施了不合理的股权激励计划，损害了股东利益。

第六节　回归净资产收益率

净资产收益率是用净利润除以净资产得出的。这个指标反映了公司净资产盈利的效率，是体现公司净资产回报水平最核心的指标。本书中反复提及的资本回报水平，主要就是指净资产收益率。

净资产是由总资产减去总负债得出，是真正属于股东的资产，又称股东权益或所有者权益。

本节，陈正则想从不一样的角度来深入探讨一下净资产收益率。

一、复利的机器

净资产收益率就是上市公司的考试成绩，是体现上市公司资本回报水平最重要的指标之一。如果一家公司的净资产收益率长期低于银行理财的收益率（假设为 6%），则表明该公司资本回报水平低下，那么这家上市公司也就不具备中长期的投资价值了。

如果一家公司可以长期保持较高的净资产收益率（如 15% 以上），并且该公司每年资本支出与折旧摊销的金额相当，净利润全部用于股东分红，或者净利润一部分用于分红，剩下的都用于增厚净资产，并且扩大经营规模后，净资产收益率依然可以保持原有水平，这家公司从理论上说就是一部“复利的机器”。

假设存在“全留存[①]零分红”和“零留存全分红”两种类型的公司，如表 6–35 和表 6–36 所示。

表 6–35 “全留存零分红”公司复利增长演示

科目	时间				
	第一年	第二年	第三年	…	第 N 年
长期净资产收益率（%）	20	20	20		20
净利润全部用于增厚净资产（扩大经营规模）（亿元）	100	120	144		以 20% 的复利增长
净利润（亿元）	20	24	28.8		以 20% 的复利增长

表 6–36 “零留存全分红”公司复利增长演示

科目	时间				
	第一年	第二年	第三年	…	第 N 年
长期净资产收益率（%）	20	20	20		20
净资产（亿元）	100	100	100		100

① 全留存指将净利润全部留存在公司用于扩大经营。

续表

科目	时间				
	第一年	第二年	第三年	…	第 N 年
净利润（亿元）	20	20	20		20
净利润全部用于现金分红（亿元）	20	20	20		20

虽然“零留存全分红”公司因为净利润全部用于现金分红，导致净资产没有增加，但每年的现金分红为投资者带来了丰厚的现金收益，投资者完全可以用获得的现金分红再去投资其他可以获得20%复利回报的公司，只要净资产收益率可以保持，无论公司分红，还是不分红，长期复利的效果是一样的。

在巴菲特先生早年资金量并不充裕的时期，他所投资的《布法罗新闻报》和禧诗糖果就属于高净资产收益率、低留存高分红的公司，他将每年丰厚的现金分红再投入其他高净资产收益率的项目，实现了财富惊人的复利增长。巴菲特将长期净资产收益率（大于15%）作为首选指标的秘密正在于此。

让我们再回忆本书第一章第二节“‘慢就是快’之惊人的复利”中伯克希尔–哈撒韦公司1965年至2017年账面价值（净资产）和股价（市值）的变化数据，如表6–37所示。

表6–37　53年间（1965—2017年）伯克希尔–哈撒韦公司复利效应对比

科目	53年的复利系数（%）	总增长倍数
每股账面价值（净资产）	19.1	10880
股价（市值）	20.9	24037

53年间，巴菲特所执掌的伯克希尔–哈撒韦公司就属于典型的“全留存零分红”并可以长期保持净资产收益率19.1%的公司，可以说伯克希尔–哈撒韦公司就是一部行稳致远的复利机器。

二、实际投资成本收益率

讲到这里，很多读者可能就会误以为只要选择投资长期保持高净资产收益率的公司就万事大吉、坐收复利了。这个观点是片面的，因为我们还必须考虑另一个重要因素，就是购买这些高资本回报水平的净资产需要支付多少本金。如果支付的价格过高，依然会降低实际的投资收益率。

同样是一家长期净资产收益率为 20%，并且可以持续保持高比例现金分红的好公司。若以净资产 5 折的价格（0.5 倍市净率）买入，则实际投资成本收益率高达 40%。若以净资产 1 倍的价格（1 倍市净率）买入，则实际投资成本收益率达到 20%。若以净资产 4 倍的价格（4 倍市净率）买入，则实际投资成本收益率只有 5%。如表 6–38 所示。

表 6–38　企业估值倍数对投资回报率影响测算

科目	购买价格		
	以净资产 5 折购买	以净资产 1 倍的价格购买	以净资产 4 倍的价格购买
账面净资产	100 亿元	100 亿元	100 亿元
净利润	20 亿元	20 亿元	20 亿元
长期净资产收益率	20%（20 ÷ 100）	20%（20 ÷ 100）	20%（20 ÷ 100）
实际购买此公司的成本	50 亿元	100 亿元	400 亿元
实际投资成本收益率	40%（20 ÷ 50）	20%（20 ÷ 100）	5%（20 ÷ 400）

因此，在不考虑估值变化和盈利增长潜力的情况下，就可以得出一个重要的公式：

实际投资成本收益率≈长期净资产收益率 ÷ 购买时支付的市净率

结　论

第一，一个可以长期保持高净资产收益率和高比例现金分红的好公司，其实际复利收益，并不仅仅取决于长期净资产收益率，还取决于投资时支付的价格（市净率）。

第二，在不考虑市场估值变化的情况下，长期净资产收益率越高，购买时支付的市净率越低，实际的投资成本收益率就可能越高。

需要注意，有些处于抗周期型行业的轻资产型公司的四大基本面都极为优秀，如果该公司的净资产收益率可以长期保持在 15%，甚至 20% 以上的水平，并且该公司真实盈利还拥有可以预见的高增长潜力，那么，立足于长期投资，可以适度提高支付价格所对应的市净率水平，甚至可以为了这个罕见的优质资产支付 2~5 倍的市净率，但是问题在于，**判断这家公司的盈利究竟有怎样的增长潜力，有非常高的难度，一般的投资者很难把握好这个尺度。**投资界的普通选手与顶尖高手的差距也在于此。

三、实际净资产收益率

有些公司账面上趴着大量的现金类资产，既不用于现金分红或股票回购，又不用于对外投资，也不用于资本支出（扩大经营规模），这些钱完全处于长期闲置的状态，当然这些现金类资产增强了公司财务的抗风险能力，但也会增加公司净资产的基数，无形中掩盖了真实的净资产收益率。

如果一家公司闲置多余的现金类资产过多，则会掩盖其真实的净资产收益率，还原实际净资产收益率的方法就是扣除多余的现金类资产。如表 6–39 所示。

表 6–39　剔除冗余现金前后的净资产收益率对比

科目	公司名称	
	甲公司	乙公司
净资产	100 亿元	100 亿元
净利润	20 亿元	20 亿元
账面净资产收益率	20%（20 ÷ 100）	20%（20 ÷ 100）
剔除多余的现金类资产	0	50 亿元
剔除多余现金类资产后的净资产	100 亿元	50 亿元
还原实际净资产收益率	20%（20 ÷ 100）	40%（20 ÷ 50）

陈正则剔除多余现金类资产的方法：将现金类资产超过“短期借款 + 应付账款 + 预收账款”的部分进行剔除（详细讨论请查阅本章第三节“现金类资产中隐含的信息”）。

实例分析：

对于拥有高比例现金类资产的公司，可从净资产中剔除多余的现金类资产，用净利润除以剔除后的净资产，得出实际净资产收益率。可以简单地理解为公司把多余的现金全部分红以后可以达到的净资产收益率。假设 2017 年底，贵州茅台将账上 724 亿元多余的现金全部给股东分红，那么其实际净资产收益率就会达到恐怖的 139%。如表 6–40 所示。

表 6-40 贵州茅台真实盈利能力解析（2012—2017 年）

科目	年份					
	2012	2013	2014	2015	2016	2017
净利润（扣非后）（亿元）	134	154.5	155.2	156.2	169.6	272
净资产（亿元）	341	426	534	639	728	915
账面净资产收益率（%）	45	39.4	32	26.2	24.4	33.13
剔除多余的现金类资产（亿元）	167	219	255	277	482	724
剔除后的净资产（亿元）	174	207	279	362	246	190
还原实际净资产收益率（%）	77	74.6	55.6	43	68.9	139

注：由于不同公司净资产的含金量可能存在巨大的差异，“实际净资产收益率”仅作为参考指标。

四、解析长期高净资产收益率

企业保持和提高净资产收益率主要通过三大途径实现，每种途径对应不同的方法，其本质都指向企业的核心竞争力与管理能力。

第一种途径是提高负债率。具体包含两种方法：一是提高有息负债率，这种方法犹如双刃剑，除金融、地产等特定行业外，多数优秀企业往往保持零有息负债或低于行业平均的负债水平，说明提高有息负债并非大多数好公司长期取得高净资产收益率的必要条件。二是提高无息负债率，这要求企业具备更强的市场竞争力和充裕的现金储备，本质上仍是企业综合实力与财务管控能力的体现。

第二种途径是提高周转效率。通过提高周转速度实现净资产收益率的提升。实质上还是在比拼公司的长期竞争力和管理层的生产经营管理水平。

第三种途径是提高净利率。通过提高毛利率或降低两费实现净资产收益率的提升。实质上还是在比拼公司的长期竞争力和管理层的成本费用管控水平。

当我们通过会计书上的“杜邦分析体系[①]”透视高净资产收益率的本质后发现：**净资产收益率与公司的长期竞争力和管理层的水平有着必然关系，而强大的长期竞争力则最为重要。**如果一家公司拥有高水平的管理层，却没有强大的长期竞争力，高净资产收益率也是不可能长期持续的。

① 杜邦分析体系指一种会计上的分析方法。

结 论

第一，强大的长期竞争力搭配水平高超的优秀管理层，是好公司可以长期取得较高净资产收益率的必要条件。

第二，当一家上市公司拥有强大的长期竞争力和水平高超的优秀管理层，那么它就一定可以长期取得较高的净资产收益率。

第三，如果在合适的时机以较低的估值投资于那些拥有强大的长期竞争力和优秀管理层的好公司，那么从中长期看，投资者将获得超额的复利回报。

小 结

理性投资者无论持有公司股权是长期、中期，还是短期，都应以长远眼光经营投资。独立严谨思考，勤奋激情工作，密切关注公司前景、竞争力、财务状况和管理层这四大基本面，准确判断上市公司真实价值变化，站在公司主人翁视角审视中长期发展前景。

投资时，采用较高安全边际和适度分散投资目标策略，足以抵御多数不确定性风险。公司稳健盈利增长与现金分红，持续提升真实价值，股价自然随之上涨。

当一切有序运行时，时间就只是资本复利增值的一个变量。

第七章

计安天下

> 知兵之将，生民之司命，国家安危之主也。
>
> ——《孙子兵法·作战篇》

［译文］懂得用兵规律的将帅，是百姓生死的掌控者，也是国家安危的主宰者。

第一节　公司上市的六种动机

有投资人问陈正则："公司为什么要上市？"

为了便于投资者根据上市公司的实际表现对号入座，陈正则归纳了以下六种动机。

上市动机一：谨慎合理的募资

公司急需上市融资扩大规模，以迅速抢占市场，大幅提升盈利能力。由于发行新股募资会扩大总股本，如果募集的资本不能产生较高的资本回报，就会稀释股东的权益，所以这类公司在上市时会极为谨慎地评估发行新股的数量和控制募资的总额，并且会用实际行动为股东创造较高的真实回报。

上市动机二：损害股东利益的"圈钱"

该动机常常出现在资本回报水平较低的行业，或竞争力平庸的公司，抑或将募集资金投入存在较大变数的项目上。这类公司通过上市扩大总股本、发行新股"圈钱"的目的在于盲目扩大公司规模，管理层给股东描绘的"美好前景"实际上根本无法实现。因此，也很难为股东创造真正的回报，甚至还会大大损害股东的权益。

我们可以通过下面两种方法来简单识别谨慎合理的募资和损害股东利益的"圈钱"[①]：一是观察公司上市后10年以上的数据，计算股东获得的现金分红总额是否远远大于公司发行新股的募资总额（本方法适用于大部分上市公司）。二是观察公司发行新股后的3~5年，公司真实利润的增长比例是否远远大于发行新股的比例，以及盈利能力是否可以持续（本方法适用于非强周期型的上市公司）。

① 陈正则将一切不能给股东带来社会平均资本回报水平的募资都称为"圈钱"。

上市动机三：投资人急于变现

许多公司的早期投资人希望公司尽快上市，以出售自己的股权实现变现，有些持有公司股权的管理层也盼望公司尽快上市以获得股权的增值收益。这类公司一旦具备上市的条件，就可能迫于投资人的压力而选择尽快上市。

上市动机四：规范公司治理

这类公司的主要股东或管理层期望成为上市公司能使公司的经营管理更规范、风险防控更健全、财务税务更透明，增强公司的抗风险能力和人才吸引力，以持续提升公司的真实价值。

上市动机五：提升知名度和影响力

上市公司的身份可以有效提升公司的知名度和影响力，降低沟通成本和营销成本，同时可以增强对地方政府和金融机构的话语权，并享受到更多的政策倾斜和红利。

在现实中，也有极少数的好公司没有上市的动机，例如老干妈公司，这类好公司通常具备三个特征。一是公司的真实盈利能力很强，提升盈利所需的代价（资本支出比例）很小，自身的真实盈利能力足够支持公司的扩张需要，有息负债率很低，甚至为零，公司的财务状况固若金汤。二是公司没有中小投资人（股东）急于上市变现的压力。三是公司已经具备健全的治理水平，拥有很高的知名度和商界影响力。

上市动机六：骗子骗钱

公司不具备真实的盈利能力，其利润是通过恶劣造假伪造出来的，或者项目的风险变数巨大，公司的管理层和控股股东很清楚公司不具备可持续的盈利能力，通过造假上市并推高市值后，来掩护大股东高价套现，以此坑害不明真相的投资者。这种动机是一种可耻的骗子行为，但骗子一定会留下蛛丝马迹，投资者只需具备一些基本的识别能力，就能避免上当受骗。

以上是一般公司选择上市的六个动机。在实践中，许多公司选择上市可能同时具有多种动机，但不外乎这六种动机的不同组合。愿各位投资者能够提高风险意识，远离怀有不良动机的公司。

第二节　投资收益的三大可靠来源

愚蠢的投机者总喜欢预测飘忽不定的股价如何波动，而聪明的投资者能牢牢地依靠“三大可靠来源”确保长期超额回报的实现。

可靠来源一：估值回归

日有昼夜交替，月有阴晴圆缺，时有四季变化……这些自然规律浅显易懂，几乎尽人皆知。人类的经济活动同样遵循着经济规律运行，在经济规律中有着一条核心定律，即**价格始终围绕价值上下波动**。自人类有经济活动以来，这条颠扑不破的真理就从未失效。在经济历史上，无论投机活动曾经如何地猖獗，也无论价格与价值出现过怎样巨大的偏离，价格都将最终回归价值。

在深入研究分析公司四大基本面的基础上，当一家真实价值 10 亿元的上市公司，由于人们情绪的变化导致股价莫名其妙地跌至 5 亿元，此时投机者大多会认为该公司的股价尚未企稳，或认为股价会继续下跌而卖出该公司股票。投资者若此时以大幅被低估的价格投资该公司，那么市值 5 亿元与真实价值 10 亿元之间的差价，就是估值回归的收益来源。在公司四大基本面未变坏的前提下，随着时间的推移，估值回归的收益就像太阳一定会升起一样，必然会成为投资者的囊中之物。

然而，投机者经常买入市值在 15 亿元以上，真实价值却在 10 亿元以下的公司，他们认为股价会继续朝他们预测的方向上涨，认为会有更傻的人以更高的价格买入他们手中已经被严重高估的公司。期望更傻的人出更高的价格来赚取投机的收益，就像太阳一定会落下一样，必然会令投机者输到倾家荡产。如果你认为别人是傻子，那么自己就是最大的傻子，人类天性中盲目的乐观和过度的自信是导致投机者失败的最大原因。

可靠来源二：现金分红

股价的短期波动毫无规律可循，但股价的长期走势一定与公司真实价值的变化一致。对于一家四大基本面稳定而优秀的好公司，它的长期现金分红水平是可以大致预测的，现金分红的水平只与公司的实际经营成果和公司的分红政策有关，并不会受到公司股价短期波动的显著影响。作为一名投资者，每年可以持续获得与投资本金相适应的现金分红，是获得投资收益十分可靠的第二大来源。

许多渴望在短期内赚大钱的投机者，常常看不上现金分红这点小钱，但他们可能真的没有去计算，哪怕复利系数只有1%的提升，长期的复利收益就会产生惊人的差异！请记住，**任意让小钱从身边溜走的人，一定留不住大钱。**

可靠来源三：公司成长

公司真实价值的成长主要来自良好的经营带来的真实利润的增长，公司真实利润可持续的良性增长最终一定会相应地提升公司的股价（市值）。在公司四大基本面稳定的前提下，公司真实价值的持续提升，是驱动公司股价（市值）持续上涨的根本动力。

对于真实价值可以持续较快增长的优秀公司，即使以合理的估值投资，长期也能获得较高的回报。因此，许多投资者认为这类公司即使在估值水平合理（并未明显低估）的情况下，也具有较高的投资价值，但请注意，投资者绝不能以高估的价格投资于此类公司。

综上所述，在投资收益的三大可靠来源中，估值回归的收益来自人类心理情绪的变化，现金分红和公司成长的收益皆来自公司实际经营的成果，即根本上取决于公司的四大基本面，这三大收益的来源都是相对可靠，并能大致判断的。**最顶尖的投资者可以将这“三大可靠收益”皆收入囊中，从而实现“价值回归 + 现金分红 + 公司成长”三者叠加的超额收益。**

假设某公司10年间的估值水平由市盈率（TTM）7倍提升至14倍，即估值水平提升了100%；现金分红占股价的比例平均为3%的水平，10年分红复投下来产生大约34%的复利收益；真实盈利以15%的复利增长了304%。那么，投资该公司10年下来的总投资收益率约为982%，10年的综合复利系数高达 26.9%。

若投资者在深入研究分析公司四大基本面的基础上，掌握好投资的合理估值，将稳定的资金投资于不同行业的 3~10 家估值水平较低（或合理）、现金分红水平较高（或合理）、成长确定性较高的公司，就能够在抵御突发事件、行业变革和留有应对投资失误回旋余地的基础上，获得长期可靠且惊人的复利回报。

许多投机者则总是乐此不疲地预测那些根本无法预测的短期股价涨跌，他们总是过度自信地认为自己比别人更聪明，实际上他们只是身在赌场，并已经注定最终会失败的赌徒而已。

第三节　评价资本回报的误区

在许多情况下，投资者喜欢使用净利润率（或毛利润率）和总资产收益率来衡量资本的回报水平，其实这是存在问题的。如果**投资者对资本回报水平的理解存在误区，就可能对投资成果产生误判**。下面我们就来讨论这个问题。

（注意：为了表述的简洁，本节将财务报表的科目、公式等做了简化。）

误区一：用净利润率来评价资本回报水平

在现实中，我们经常遇到一些投资者在谈论某些项目的净利润率很高（如表 7-1 所示的三个项目），认为这些项目的回报挺诱人的，并可能因此而参与这些项目。

表 7-1　等额营收条件下项目效益对比分析

科目	项目			备注
	项目 A	项目 B	项目 C	
营业总收入（万元）	1000	1000	1000	
总成本（万元）	500	500	500	包含所有折旧摊销
总费用（万元）	200	200	200	包含所有税费
净利润（万元）	300	300	300	
净利润率（%）	30	30	30	净利润率 = 净利润 ÷ 营业总收入

虽然这三个项目的净利润率看起来很高，都是30%，但是净利润率指标的计算并没有涵盖这个项目所需要占用的总资产和总耗时。由于不同行业、不同公司和不同项目需要占用的总资产和总耗时是存在巨大差异的，这就可能导致净利润率相近的项目，总资产收益率却有着很大的差别。

如表 7–2 所示，我们不难看出，**净利润率相同的项目，占用的总资产越少、总耗时越短，总资产收益率就会越高。**

表 7–2　资产效率与收益周期对比分析

科目	项目			备注
	项目A	项目B	项目C	
项目需占用的总资产（万元）	3000	1000	2000	
项目总资产收益率（%）	10	30	15	项目总资产收益率 = 净利润 ÷ 总资产
完成项目总耗时（年）	2	1	1	
总资产收益率（%）	5	30	15	总资产收益率 = 项目总资产收益率 ÷ 总耗时

如果不把项目所需占用的总资产和总耗时考虑在内，仅使用净利润率来评价资本回报水平，就会产生较大的误判。

误区二：用总资产收益率来评价资本回报水平

总资产收益率评价的是项目所占用的总资产的回报水平，并未考虑负债在其中起到的作用，其作用可能为正面，也可能为负面。如果项目所占用的资产中有一部分并不属于投资者（资金是有成本的），再用总资产收益率这个指标衡量项目的资本回报，也会产生较大的误判。

如表 7–3 所示，三个项目中，负债最大的项目 A，通过负债的作用大幅提升了净资产收益率，而没有负债的项目 B 和项目 C 的净资产收益率却没有变化。

表 7–3　负债经营对项目净资产收益率的影响

科目	项目			备注
	项目A	项目B	项目C	
项目需占用的总负债（万元）	2000	0	0	
项目净资产（万元）	1000	1000	2000	净资产 = 总资产 – 总负债
净资产收益率（%）	15	30	15	净资产收益率 = 净利润 ÷ 净资产 ÷ 总耗时

这时候，我们需要强调的是，高负债是一把双刃剑。市场好的时候，高负债能快速提升净资产收益率；而市场坏的时候，高负债也能加速崩溃。经营者通常会本能地高估自身驾驭负债的能力，很多公司的快速崩溃和失败正出现在高负债时。由于负债的危险性，我们不难得出结论：**在净资产收益率相同的情况下，负债比例越低的项目，投资的价值越高。**

结　论

净资产收益率的指标涵盖了净利润率、总资产、总负债和总耗时这四个影响资本回报水平的重大因素，是最能综合反映资本回报水平的指标。

我们在评价一个项目资本回报水平的时候，应当通过同行业不同公司之间的横向比较、公司的历史纵向比较，综合分析净资产收益率的平均水平、波动性以及行业差异。通过系统比较行业和公司的净资产收益率，我们能不断提升对全行业和全社会的资本回报规律的认知。这种分析框架既可提升宏观行业洞察力，也能增强微观企业评估能力，最终帮助投资者对行业、公司、项目的资本回报水平做出更加全面、准确、客观的评价。

第四节　小论参股与控股

在讨论参股与控股在本质上的异同前，我们先来了解作为一家公司的股东拥有哪些权利。《公司法》明确地赋予了公司的股东依法享有三大主要权利，即资产收益权、参与重大决策权和选择管理者的权利。

资产收益权指每一股股权依法享有平等的现金分红权和股权增值权。

参与重大决策权指公司的重大经营方向、投资计划，公司的预算、决算方案，公司的利润分配方案，公司的合并、分立或散伙方案等重大决策，需经股东大会投票决定。

选择管理者的权利归属公司股东。负责公司日常经营的核心决策机构是公司的董事会，上市公司的董事会由 5～19 人组成，董事会决议实行一人一票，做出一般决议须经全体董事过半数通过。公司全体股东协商或投票选举董事并组成董事会，再由董事会投票选举出一名董事长，该董事长即公司管理层的“一号人物”，对公司的经营活动产生重大影响。

那么，在投资的实践中，参股式投资和控股式投资该如何区分呢？参股式投资与控股式投资的区分主要基于持股比例及其对应的控制权强度，具体可分为以下五种类型。

第一种是超级控股型，持有股权占公司总股本比例的 67%~100%。控股股东享有绝对控制权，可独立决定股东大会和董事会所有事项。案例如工商银行，其控股股东为中央政府，拥有完全主导权。

第二种是强势控股型，持有股权占公司总股本比例的 50% 以上。控股股东拥有董事会的多数席位，重大决策很容易获得股东大会和董事会的通过，对公司的控制力很强。例如贵州茅台的控股股东是贵州省国资委。

第三种是和谐控股型，持有股权占公司总股本比例的 20%~50%。控股股东控制的董事会中有若干名代表其他大股东利益的董事，董事会为了共同利益的最大化而和谐共处，共同协商和处理股东之间的不同意见和分歧；但由于控股股东任命（或认可）的董事长和总经理对公司的日常经营活动拥有重大的影响力，决定了控股股东对公司也具有较强的控制力①。例如万科的控股股东为深圳地铁。

第四种是特殊控股型，持有股权占公司总股本比例的 5%~20%。该类型存在两种情况：第一种情况是这类公司的股权较为分散，没有持股比例超过 20% 的单一大股东，因此持有 20% 以下股权的股东就能够控制董事会，但占股 20% 以下的股东对公司的控制力较弱，一旦出现“野蛮人”恶意收购，公司的控制权就很容易易主。例如格力电器的控股股东珠海市国资委②。第二种情况是这类公司在发展初期需要不断地引进投资人的巨额资金，从而大量稀释了创始股东的股权占比，但是投资人把更多的投票权授予了创始股东，出于对主要大股东（投资人）的信任，公司的创始股东以很小的股权占比就能够对公司拥有很强的控制力。这类公司一般出现在互联网等少数行业。例如腾讯控股、阿里巴巴、百度和京东等。

第五种是参股型，持有股权占公司总股本比例低于 5%。参股股东拥有的投票权无法直接参与公司的经营和左右公司的重大决策，但参股股东拥有查阅财务报告、参加股东大会、对公司管理层提出质询等股东权利。

下面，我们来讨论一下参股式投资与控股式投资在本质上的异同。

---

① 有些公司的控股股东授予优秀的管理层很大的经营自主权，这类公司的管理层对公司也有较强的控制力，但这类公司的管理层与控股股东发生决策权冲突的可能性也较大。

② 格力电器在 2019 年以前的控股股东为珠海市国资委。

第一，**资产收益权完全平等。**在商业投资的法律本质上，参股股东和控股股东拥有完全平等的资产收益权，即每一股股权依法享有平等的现金分红权和股权增值权，控股股东并不会因为控制了董事会而获得高人一等的收益，董事会无权给控股股东多分红，也无权给参股股东少分红。

在控股股东不侵害公司整体利益和中小股东利益的前提下，控股股东及管理层为了使公司能够持续取得良好的经营成果，为了全体股东的共同利益付出了巨大的智力成本和时间成本，他们除了获得相适应的工资奖金，并没有获得资产收益权（分红权和股权增值权）之外的其他收益，因此，如果参股股东投资的公司已经拥有了十分优秀的管理层，那么参股股东无疑是幸运和幸福的投资者。反之，若公司的管理层不务正业、心术不正，侵害股东利益，那么就是参股股东的不幸和灾难[①]。

第二，**控制权上存在差异。**控股式投资与参股式投资最大的差异在公司的控制权上，而控制权的焦点在于对公司日常经营和投资决策是否有足够的控制力，虽然《公司法》明确地赋予了全体股东参与公司重大决策的权利，但是在实践中，由控股股东控制的董事会可以巧妙地绕过股东大会，直接决定大部分的日常经营方针和投资方案，不必通过股东大会的决议。需要注意，修改公司章程，大额举债，大额担保，大额并购，公司合并、分立、解散等重大事项必须经股东大会投票决定，董事会无权直接拍板。

在实践中，控股股东有权决定公司管理层的人选，公司控股股东可以自己担任董事长和总经理，或任命他人担任董事长和总经理，因此，控股股东或由其任命的管理层是否合格，往往决定着这家公司的兴衰和股东投资的成败。

有些公司的管理层不能合理地利用公司的盈余资本进行分红或再投资；有些公司浪费严重、成本高昂，管理层却熟视无睹；还有些公司的管理层盲目扩张规模，实施愚蠢的并购，使公司的体形越来越"肥胖"，却不能产生相对应的合理回报……这些管理层都不同程度地制约了公司的良性发展，损害了全体股东的长远利益。

而那些能够给全体股东持续带来巨额回报的优秀管理层，他们除了拥有优秀的日常运营能力，还拥有卓越的战略远见和对盈余资本高超的配置能力。若控股股东拥有对公司强有力的控制权，就可以更加有力地支持优

---

① 参股股东由于股权占比很小，无法直接通过施加重大影响力撤换不合格的管理层。

秀管理层的工作，为公司的长远发展和全体股东的利益创造更大的价值。因此，公司的控制权对于拥有更优秀管理能力的控股股东而言具有更大的价值。

有些公司的控制权对于居心不良或不务正业的伪投资者（投机者），也有着“重大价值”。他们一旦取得了一家公司的控制权，就可能滥发新股来稀释股东的权益，通过关联交易向控股股东输送利益，制造各种利空或利好消息，操纵股价并从中非法渔利，甚至利用各种非法的手段掏空公司的优质资产。这些行为严重侵害了公司中小股东的利益，制约了公司的良性发展，甚至亲手将公司毁灭。

正是由于公司的控制权对于拥有更优秀管理能力的投资者和居心不良、不务正业的投机者都有着“重大价值”，因此他们往往会为了顺利取得上市公司的控制权（控股股东地位），而愿意支付比市场上的股价更高的成本来购买相应的股权。

结　论

第一，参股式投资者和控股式投资者的每一股股权在资产收益权（分红权和股权增值权）上拥有完全平等的权利。

第二，对于已经拥有十分优秀管理层的公司，参股式投资者在股权的支付价格、智力和时间的付出成本上享有更大的优势。

第三，可以带来更优秀管理能力的控股式投资，可以显著提升公司的真实价值，为全体股东创造更大的长远利益。

第五节　分析一个公司的思路

一、四大基本面

陈正则以中国 A 股“股王”贵州茅台为实例，简析该公司四大基本面。

第一，行业前景优势。作为抗周期型行业的代表，食品饮料板块具有需求稳定的特性，而高端白酒更展现出独特的行业韧性。受益于居民收入持续增长带来的消费升级，高端白酒市场需求持续增长。高端白酒业前景明朗、竞争格局合理，资本回报水平较高。需注意的是，同期低端白酒市场正经历需求萎缩与竞争激烈的双重压力。

第二，构建核心竞争力。独特的酿造工艺、独有的地理条件、深入人心的国酒品牌、享誉世界的文化符号，构筑了茅台无可匹敌的强大竞争力，这种强大的竞争力令业内的老对手望尘莫及，令蠢蠢欲动的潜在新对手望而却步。最近十年来，在高端白酒市场上，贵州茅台公司仅有五粮液和洋河股份两家主要的竞争对手，但它们难以对茅台形成强有力的威胁。在高端酱香型白酒市场上，飞天茅台更是一枝独秀，数十年来难逢对手。强大的长期竞争力使公司拥有加速提升盈利的“杀招”——提价权。飞天茅台 2017 年的销量约为 2000 年的 10 倍，每瓶飞天茅台的出厂价比 2000 年提升了 435%，这种产品销量和单价能够同时大幅度提升的公司，不仅在中国，在世界上也极为罕见。

第三，财务表现优秀。贵州茅台盈利效率惊人，最近十年来净资产收益率一直保持在 20% 以上，若剔除多余的现金类资产，则盈利的效率更惊人。扩大生产经营规模的支出占净利润的比例较低。无应收账款，并可以提前收取巨额的预收账款，经营现金流常年大于净利润。2001 年至 2017 年，现金分红共计 430.97 亿元，占公司净利润的 50% 左右。财务抗风险能力极强，常年没有有息负债，账上有巨额的现金类资产。财务状况长期保持健康和稳定，财务指标未发现不合理的瑕疵。

第四，管理层优秀。季克良（任职时间：1999—2011 年）和袁仁国（任职时间：2001—2017 年）两位“一号人物”都是从茅台厂的基层岗位一步步干起，在千锤百炼中成长为业内的顶尖专家，他们把青春献给了茅台，保持和提升茅台强大的竞争力，为茅台实现跨越式发展立下了汗马功劳。

2017 年，贵州茅台的净利润（扣非后）为 272.2 亿元，是 2000 年 2.5 亿元的 108.9 倍，上市以来盈利能力逐年提升，且未出现下降，年增长复利系数 31.73%。2017 年底，公司的股价（市场价格）为 8761.87 亿元，是 2001 年上市时 78.25 亿元的 111.97 倍，年增长复利系数 31.99%。

2001 年至 2017 年，贵州茅台取得了辉煌的经营业绩和一骑绝尘的股价表现，该公司的持续成功其实是四大基本面相互作用、良性循环的结果。如图 7-1 所示。

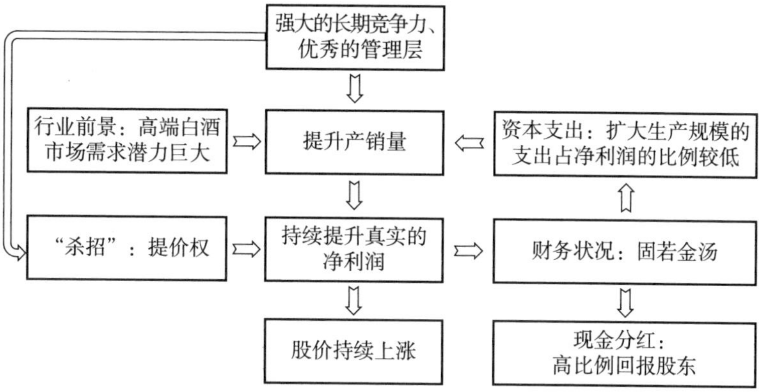

图 7-1　贵州茅台四大基本面的良性循环（2001—2017 年）

然而，贵州茅台成功的历史并不能表明它一定会拥有同样成功的未来。投资者虽然不能未卜先知，但完全可以通过对一家公司的四大基本面进行深入的调查和研究，来分析这家公司未来发展的机遇和可能存在的风险。

那么贵州茅台未来 5~10 年发展的机遇如何呢?

我们先来看一下2017年贵州茅台的销售收入和利润在整个行业中的比重，如表 7-4 所示。

表 7-4　2017 年贵州茅台的销售收入和利润总额及其在行业中比重

2017 年	全国规模以上白酒行业整体	贵州茅台	行业占比（%）
销售收入（亿元）	5654	582	10.29
利润总额[a]（亿元）	1028	387	37.65

注：a. 利润总额中未扣除企业所得税。

有人认为贵州茅台一家公司的销售收入就占到了全行业的 10.29%，利润占到了全行业的 37.65%，已经接近行业的天花板，增长的空间已经不大了。对于这个观点陈正则是不赞同的，因为这家公司的市场占有率应该以产销量来计算，而不能用销售收入和利润来计算。

我们再来看下 2000 年和 2017 年白酒行业和贵州茅台的产销量情况，如表 7-5 所示。从贵州茅台酒的产销量看，2000 年至 2017 年，即使算上贵州茅台的中端系列酒，公司的市场占有率也仅仅从 0.1% 提升至 0.5%，18 年来，市场占有率仅仅提升了 0.4 个百分点，而净利润却提升了 108 倍！

表 7-5 2000 年和 2017 年白酒行业和贵州茅台的产销量情况

年份	全国规模以上白酒行业整体销量	贵州茅台销量	市场占有率（%）
2000	产量 500 万吨	销量约 4000 吨（高端酒）	约 0.1
2017	产量 1198 万千升[a]（约 1100 万吨）	销量 30205 吨（高端酒）	约 0.25
		销量 60107 吨（含系列酒）	约 0.5

注：a. 该数据源自贵州茅台 2017 年《年度报告》，不同机构不同口径发布的数据可能会出现一些差异。

即使悲观地假设喝白酒的总人数未来不再增长，甚至下降，但随着中国消费者消费能力的提升，只要贵州茅台公司不犯低级错误，作为行业内最有竞争力的公司，在未来的 5~10 年里，仅仅 0.5% 的市场占有率仍有巨大的提升空间，公司的盈利能力仍拥有惊人的成长潜力。

（注意：以上观点不作为对读者的投资建议。）

从审慎的角度看，贵州茅台在未来的发展中可能会遭遇以下风险。

内部风险方面：一是战略决策失误风险，若实施不当的生产销售政策，可能严重削弱公司核心竞争力；二是多元化经营风险，盲目跨行业扩张可能导致资源分散，引发“多元恶化”问题；三是食品安全风险，一旦发生重大食品安全事件且处置失当，或将造成灾难性后果。

外部风险方面：一是业内可能出现更强有力的竞争者，近年来，各路实力雄厚的资本都试图进入利润丰厚的高端白酒业，但大多以失败告终。未来出现更强有力竞争者的可能性极小；二是可能国家立法全面禁酒，这是任何人都无能为力的风险，但发生的可能性极小；三是可能加征更重的税费，但加税只是短期影响，从长远看，影响不大。

在上述风险中，业内可能出现更强有力的竞争者和国家立法全面禁酒所发生的概率极低。内部风险与管理层的水平直接相关。

从贵州茅台的四大基本面看，行业前景是相对明朗的，而财务状况最终是由竞争力和管理层决定的。由于贵州茅台的竞争力已经处于行业内的最高地位，主打产品飞天茅台也几乎不存在更新换代和消费者对高端白酒喜新厌旧的风险，因此，只要管理层不犯低级错误，给竞争对手以可乘之机，那么公司强大的竞争力就无法被竞争对手削弱和超越。

由此，陈正则得出结论：贵州茅台未来 5~10 年的发展状况是否能够延续 2001 年至 2017 年的卓越表现，很大程度上取决于新任管理层是否优秀。有些专业投资人士认为贵州茅台这种好公司管理层的作用已经微乎其微，这一点陈正则绝不赞同。

在实践中，我们还需要长期关注和研究贵州茅台在行业内的竞争对手，如五粮液、泸州老窖、山西汾酒、洋河股份、古井贡酒、口子窖等公司，通过历史、现状对比来深入分析各家公司四大基本面的变化情况，并融合各种经验和知识，判断公司未来发展的机遇和可能存在的风险，这是投资者在给公司估值前必须做扎实的事。

二、合理估值

给公司合理估值是投资中最简单，也是最难的事。

（一）贵州茅台的公司类型

按照本书“十三种公司对应的估值理念”来判断，在假设未来 3~5 年公司的管理层依然优秀的前提下，2017 年底贵州茅台应该属于长跑冠军型的好公司。

（二）贵州茅台的估值方法

按照本书第三章“静观其变”和第四章“不败之地”中论述的基本思路，长跑冠军型公司并不适合用破产清算法和净资产瘦身法，由于贵州茅台公司独有的强大竞争力，行业内并没有与其同等级别的对手，所以用市盈率倍数法和市净率倍数法与同行业公司进行对比也不够准确，因此对于贵州茅台公司的合理估值，陈正则主要使用重估家当法、可持续增长率法和自由现金流折现法。

由于公司的四大基本面是不断发展变化的，不同时期公司的合理估值也有所不同，陈正则以 2017 年底的财务数据来测算贵州茅台当年的合理估值。

用重估家当法对贵州茅台公司进行估值，在不考虑品牌价值的情况下，仅公司账面上的现金和茅台酒库存的市场价值就约有 6000 亿元。因此，合理估值约为 6000 亿元，对应市盈率（TTM）为 22 倍。

用可持续增长率法对贵州茅台公司进行估值，公司近 17 年净利润复利增长率为 31%，近 10 年为 25%，近 5 年为 15%。假设未来 5 年公司的管理层依然优秀、依然能够动用提价权的情况下，未来 5 年净利润的复利增长率为 15%~25%，则 2017 年底的合理估值为 15~25 倍市盈率（TTM）。

用自由现金流折现法对贵州茅台公司进行估值，保守假设公司预测期5年增长率为10%，永续期增长率为5%，折现率为10%，得出2017年底贵州茅台自由现金流价值（内在价值）约为6535亿元，对应市盈率（TTM）为24倍。

（详见本书第四章第五节真金白银派与安全边际。）

结　论

综合以上三种相对保守的估值方法，未来3~5年，在贵州茅台的管理层依然保持优秀的前提下，陈正则愿意给贵州茅台20~25倍市盈率（TTM）的合理估值。

三、安全边际

按照本书三种公司对应的安全边际中，对长跑冠军型公司安全边际的建议是合理估值的9折以下买入安全边际较高，8折以下买入安全边际很高，7折以下买入则是“天赐良机”。

若以此为标准可大致得出，当贵州茅台股价对应的市盈率（TTM）在20倍以下时，具备较高的安全边际；当股价对应的市盈率（TTM）在15倍以下时，则是买入的好机会。因此，在贵州茅台的四大基本面依然十分优秀的前提下（这是最核心的必要条件），当公司的股价跌破市盈率（TTM）20倍时，越跌越买就是最明智的投资决策。

那么坚守安全边际和绝不使用有息负债的原则对投资的成败究竟有怎样的影响呢？详见表7–6。

表7–6　贵州茅台历年的真实盈利、总市值和对应市盈率（TTM）

年度	净利润（扣非后）（亿元）	年底总市值（亿元）	对应市盈率（TTM）倍数
2000	2.50	2001年上市时市值：78.25	2001年上市时市盈率（TTM）：23.93
2001	3.28	93.88	28.62
2002	3.77	67.98	18.03
2003	5.87	69.27	11.80

续表

<table>
<tr><th>年度</th><th>净利润（扣非后）（亿元）</th><th>年底总市值（亿元）</th><th>对应市盈率（TTM）倍数</th></tr>
<tr><td>2004</td><td>8.21</td><td>110.44</td><td>13.39</td></tr>
<tr><td>2005</td><td>11.18</td><td>173.86</td><td>15.55</td></tr>
<tr><td>2006</td><td>15.38</td><td>810.16</td><td>52.67</td></tr>
<tr><td>2007</td><td>28.33</td><td>2095.24</td><td>73.96</td></tr>
<tr><td>2008</td><td>38.03</td><td>1022.89</td><td>26.90</td></tr>
<tr><td>2009</td><td>43.08</td><td>1603.89</td><td>37.23</td></tr>
<tr><td>2010</td><td>50.50</td><td>1735.84</td><td>34.37</td></tr>
<tr><td>2011</td><td>87.65</td><td>2006.80</td><td>22.90</td></tr>
<tr><td>2012</td><td>134.01</td><td>2170.00</td><td>16.19</td></tr>
<tr><td>2013</td><td>154.51</td><td>1332.82</td><td>8.63</td></tr>
<tr><td>2014</td><td>155.21</td><td>2165.46</td><td>13.95</td></tr>
<tr><td>2015</td><td>156.17</td><td>2740.90</td><td>17.55</td></tr>
<tr><td>2016</td><td>169.55</td><td>4197.59</td><td>24.26</td></tr>
<tr><td>2017</td><td>272.24</td><td>8761.87</td><td>32.18</td></tr>
<tr><td>成长倍数（2001—2017）</td><td>108.90</td><td>111.96</td><td rowspan="2">市盈率 TTM：在 8.63 倍与 73.96 倍之间波动</td></tr>
<tr><td>复利系数（%）（2001—2017）</td><td>31.73</td><td>31.99</td></tr>
<tr><td>价值定律</td><td colspan="3">市场短期波动不可预测，但价值将最终决定价格</td></tr>
</table>

2001 年至 2017 年，贵州茅台公司的股价经历了无数次市场波动的洗礼，其中至少经历了 6 次非理性的暴涨和暴跌，但这 17 年来，贵州茅台的四大基本面一直保持着十分优秀的状态，从未发生过实质性的不良变化，公司的真实盈利也势不可当地以 31.73% 的复利系数持续增长，在这个最核心的必要前提下，通过表 7–6 中的历史数据，可以得出如下重要的结论。

第一，以足够的安全边际买入四大基本面长期保持优秀的好公司，从长远看，将获得超过真实利润增长率的超额收益。

在 2001 年至 2017 年的任意年度，只要你能坚持以市盈率（TTM）在

20倍以下的价格（具备安全边际）买入贵州茅台的股票，买入后也根本不必在意股价是否会出现暂时的下跌（暂时性损失），或者在市盈率（TTM）在20倍以下时越跌越买，那么一直持有到2017年底，你的投资将获得超过31.73%的复利收益。

第二，即使公司的净利润增长率符合预期，以超高的估值买入长跑冠军型的好公司，从中长期看，也只能获得微不足道的收益。

如果你在2007年底以市盈率（TTM）73.96倍的高价买入贵州茅台，那么到7年后的2014年底，贵州茅台在8年间的净利润从28.33亿元高速增长到155.21亿元，净利润增长了448%，而在这8年间，公司的股价仅仅上涨了可怜的3.35%，即使再算上这8年里获得的现金分红，8年的光阴也仅仅换来了10%左右的微薄收益。

第三，即使好公司的股价已经具备足够的安全边际，也绝不能冒险使用有息负债。

如果你在2012年底以市盈率（TTM）16.19倍的价格（具备安全边际）借钱买入了贵州茅台，但在接下来的1年里，股价又继续非理性地下跌了38.61%［市盈率（TTM）跌至不可思议的8.63倍］，此刻你的债主可不想听你讲什么好公司和安全边际，债主只会看到股价大跌并逼你破产卖出股票来还债，当你卖出了被严重低估的好公司，接下来的4年，股价累计上涨557%的超额收益也就与你无关了。

结　论

投资者获得超额收益最靠谱的方法并不是每天费尽心思地去预测股市、参与投机活动，最靠谱的投资收益一定是来自公司真实价值的成长、现金分红和合理估值的回归。如果投资者能够正确判断和评估不同行业中不同公司的合理估值，坚持在合理估值的基础上以一定的折扣价买入，并适度分散于3~10个行业、3~20家公司，那么投资者就必然能够立于不败之地，并最终取得令人满意的回报。

因此，**正确判断一家公司的真实价值才是投资中最核心的事**。其实要做好这件事根本没有捷径可走。投资者必须依靠深入的学习、调查和研究，必须融合各种经验、知识和讯息，才能拥有一双远见卓识的慧眼，才能正确判断一家公司的真实价值。

本文结合全书的要点，以贵州茅台为例简述了公司四大基本面、合理估值和安全边际的分析思路，这些基本的思路适用于每一个重要的投资决策。

作者按：很努力的人，常常低估了成功的必然性；喜欢投机的人，往往高估了成功的偶然性。

第六节　投资收益与投机收益

篮球界有句名言："用正确姿势投丢的球，比用错误的姿势投中的球更有价值。"很多投资者希望依靠正确的原则成为一名理性的投资者，并取得持久的成功。如果大家对股票的收益究竟来自哪里还不是很清楚，就有可能让侥幸的胜利误导我们掉入更大的陷阱，从而使自己陷入危险境地。

我们需要静下心来，弄清楚股票的收益究竟来自哪里，弄清哪些是必然的、是有支撑的、是我们可以把握的，哪些是偶然的、是运气眷顾的、是可遇不可求的。

我们把股票收益区分为投资收益和投机收益。投资收益来自三个方面：公司盈利、现金分红和估值回归。公司通过盈利，持续地创造可以自由支配的现金，体现了公司存在的根本价值。公司通过持续盈利、再投资和现金分红，不断适度扩张和回报股东，体现了公司良性发展的基本状态。我们主要依据公司自由现金流的持续创造能力，大致给出一个合理估值的区间。由于价值定律和市场周期的作用，公司的股价一定会从低估状态回归至合理状态，估值回归的过程就是市场馈赠的投资收益。上述三者，皆应确认为投资收益，除此之外的股票收益都是投机收益。

投机收益主要来自合理估值之上的"击鼓传花"、猜测股价和图形的运气、违法作弊交易的侥幸等。博取高额短期投机收益存在巨大的风险和不确定性，它不以任何个人的意志为转移，没有任何可靠的支撑，也没有任何规律可循，其内在的胜率与赌博的胜率实质上并无差异。历史上也不存在任何一名长盛不衰的投机家或赌博家。历史已经证明投机收益无法持久，这是我们必须承认的历史事实。

在生活中，人们一天内的情绪有多次波动是正常的，同样的心理学原理也适用于中国资本市场的两亿名投资者。这两亿人每天都会有数亿次情绪的变化，相应地，市场里每天就会有数以亿计的不同预期，而数以亿计的不同预期相互作用形成的情绪组合的数量是无穷的。概率学的基本原理告诉我们，市场预期组合的无穷变化是无任何规律可循的，也无任何连续精准预测的可能。我们的任何预测都只是猜测。历史已经证明，没有任何人具有预测市场的短期波动和明天的股市涨跌的能力（不考虑非法交易）。任何鼓吹可以预测明天股市涨跌的人，不是自欺欺人，就是赤裸裸的骗子。市场的短期波动不可预测，这是我们必须承认的客观事实。

在承认短期市场波动不可预测的基础上，陈正则以五粮液为例，说明投资收益和投机收益的区别。

投资收益之一：公司盈利及增长

我们经过保守估算认为，2019 年至 2023 年，五粮液的合理估值区间为 15 倍市盈率左右[①]，根据该公司每年的真实净利润，大致给出该公司对应的真实价值中枢[②]，如表 7–7 所示。

表 7–7　五粮液公司净利润与真实价值中枢（2019—2023 年）　单位：亿元

科目	年份				
	2019	2020	2021	2022	2023
净利润	174	200	234	267	301
真实价值中枢	2610	3000	3510	4005	4515

2019 年至 2023 年，该公司的净利润从 174 亿元增长到 301 亿元，通过自身持续创造自由现金流的能力，该公司的真实价值中枢从 2610 亿元跃升至 4515 亿元。5 年的时间里，公司的真实价值增长了 72.99%，公司盈利能力的增长提升了公司的真实价值，这部分收益我们应该确认为投资收益。

真实价值中枢的提升，根本原因在于公司盈利能力的提升；而公司盈利能力的提升与资本市场股价的涨跌没有任何关系，公司盈利的主要支撑还是公司内部的日常经营管理，这种支撑是可靠的、持久的、大致可预判的。

① 公司的真实价值只是一个大致的区间，并非精确的数据。

② 真实价值中枢：根据价值定律，无论短期的股价是高估还是低估，股价最终都必然回归它的真实价值区间。

投资收益之二：现金分红

2019 年，我们严格遵守安全边际的投资原则，以该公司真实价值中枢以下的成本买入，如表 7–8 所示。

表 7–8　五粮液买入成本与真实价值对比（2019 年）

公司名称	买入股价（元）	对应市值（亿元）	对应市盈率倍数	真实价值对应市盈率倍数	低估幅度（%）
五粮液	49.71	1930	11.09	15	26

在以较高安全边际的价格买入后，持有 5 年共获得现金分红如表 7–9 所示。

表 7–9　五粮液现金分红回报分析（2019—2023 年）

科目	年份					合计
	2019	2020	2021	2022	2023	
现金分红（元）	2.210	2.198	3.023	3.782 元	4.670	15.88
买入成本（元）	49.71	—	—	—	—	—
5 年分红占投资成本比例（%）	—	—	—	—	—	31.94

持有这家公司股票的 5 年间，无论是中美贸易摩擦、俄乌冲突、加息还是降息，无论美国总统是特朗普还是拜登，也无论股市牛气冲天还是深不见底，我们都能稳坐钓鱼台，高达投资成本 31.94% 的现金分红照收不误。丰厚的现金分红既是实打实的托底式投资收益，也让我们的心理状态变得非常悠然、洒脱和惬意。

投资收益之三：估值回归

五粮液公司的估值回归如表 7–10 所示。高达 35.25% 的估值回归收益即投资收益。

表 7-10　五粮液公司的估值回归

科目	2019 年买入成本	2020 年 8 月 17 日市值
对应市值（亿元）	1930	3000
对应市盈率倍数	11.09（买入估值）	15（真实价值中枢）
估值回归收益[a]（%）	35.25	

注：a. 估值回归收益 =（真实价值中枢 ÷ 买入估值 -1）× 100%。

从 5 年的投资周期（2019 年 10 月至 2024 年 9 月）看，投资该公司的总收益如表 7-11 所示。在市场整体弱势的环境下，5 年股票总收益 151.61%，年化复利 20.5%，应该是不错的投资业绩。

表 7-11　五粮液公司投资收益表（2019 年 10 月—2024 年 9 月）

公司名称	2019 年买入成本（元）	2024 年 9 月卖出价格（元）	5 年现金分红（元）	股票总收益（%）	年化复利（%）
五粮液	49.71（11 倍市盈率）	109.2（15 倍市盈率）	15.88	151.61	20.5

在不考虑现金分红复投的情况下，投资收益[①]的构成及贡献率如表 7-12 所示。

表 7-12　五粮液公司投资收益构成及贡献率

股票收益	收益来源	2019 年 10 月	2024 年 9 月 19 日	收益率	贡献率
投资收益	公司盈利收益	174 亿元	301 亿元	72.98%	52.07%
	现金分红收益	49.71 元（买入成本）	5 年现金分红 15.88 元	31.94%	22.79%
	估值回归收益	11.09 倍（买入成本）	15 倍（真实价值中枢）	35.25%	25.15%

结　论

价值定律告诉我们，市场价格一定围绕真实价值上下波动。高估和低估的股价一定会回归真实价值。估值回归是由价值定律、经济规律和周期规律

① 请注意：该公司 2024 年 9 月 19 日的市值正好位于真实价值中枢附近（15 倍市盈率），投机收益可以忽略不计。

决定的，是必然的、可靠的，也是我们可以把握的。

投机收益[①]：市场高估

投机收益主要来自市场的大幅高估，我们来看看五粮液公司的估值怎么走向疯狂，如表 7–13 所示。

表 7–13 五粮液公司估值非理性攀升对比（2019—2020 年）

科目	2019 年 买入成本	2020 年 真实价值中枢	2020 年 12 月 31 日 市值上涨至
对应市值（亿元）	1930	3000	10129
对应股价（元）	49.71	77	260
投机收益[a]（%）	—	—	237.66

注：a. 投机收益 =（市场价格 ÷ 真实价值中枢 –1）×100%。

由于情绪的推波助澜，股价回归到真实价值中枢后，又持续猛涨到 2020 年底的 260 元，对应市值 10129 亿元，对应市盈率高达 58 倍。短短半年时间投机收益竟高达 237.66%，更不可思议的是，股价继续上涨至 300 元上方，对应市盈率在 60 倍以上[②]。

由于“市场先生”的脾气不可捉摸，究竟高估到什么程度后再跌下来，我们无法猜测。面对这种大幅高估的情况，我们如果严格执行满足某个大幅高估的比例就卖出的标准，比如高于真实价值中枢 100%，或者高于市盈率 40 倍，便不失为明智之举。

假设我们在 2020 年该公司市盈率达到 40 倍（对应股价 206 元）时卖出，仅持有一年的收益也非常可观。如表 7–14 所示。

表 7–14 五粮液公司 2020 年高估卖出收益分析

公司名称	2019 年 买入成本 （元）	2020 年 卖出价格 （元）	2020 年 现金分红 （元）	股票总收益 （%）	年化复利 （%）
五粮液	49.71 （11 倍市盈率）	206 （40 倍市盈率）	2.210	318.84	318.84

① 在没有违法交易的情况下，投机收益主要来自市场高估。

② 在五粮液上市 20 多年的历史上，仅 2008 年和 2021 年市盈率曾达到 60 倍，该估值属于罕见的高估状态。

短期高达318.84%的收益构成及贡献率如表7–15所示。我们必须清醒地认识到，2020年大幅高于77元（对应真实价值3000亿元）的价格是乐观情绪助推的“击鼓传花”，有很强的游戏性和投机性。在以40倍市盈率高价卖出的收益构成中，投机收益的贡献率高达73.24%。

表7–15 五粮液公司投资收益和投机收益构成及贡献率

股票收益	收益来源	2019年	2020年	收益率（%）	贡献率（%）
投资收益	公司盈利收益（亿元）	174	200	14.94	6.86
	现金分红收益（元）	49.71（买入成本）	现金分红2.21	4.44	2.04
	估值回归收益（元）	49.71（买入成本）	77（真实价值中枢）	38.90	17.86
投机收益	高估部分收益（元）	206（卖出价格）减去77（真实价值中枢）		159.50	73.24

这个令人血脉偾张的短期高收益既是偶然的、不可持续的，也是可遇而不可求的。我们对待投机收益的正确态度应该是：“得之我幸，失之无谓。”如果我们认为股价的迅猛上涨是因为我们敏锐的预测和高超的投资能力，那就很容易掉入两个危险的陷阱：高估值买入和放弃安全边际。

假设有位仁兄认为自己具有猜测股价的能力，或者非常看好该公司的发展，在市盈率达到40倍，对应股价206元时买入，并且由于种种原因（上涨了认为还能继续上涨，舍不得获利了结，下跌了舍不得割肉）一直持有到2024年9月19日，损益情况如表7–16所示。遗憾的是，这位仁兄4年下来不仅没有盈利，还出现了–40.35%的大幅亏损。

表7–16 五粮液公司投资亏损分析

公司名称	2021年买入成本（元）	2024年9月卖出价格（元）	4年现金分红（元）	股票总收益（%）	年化复利（%）
五粮液	206（40倍市盈率）	109.2（15倍市盈率）	13.67	–40.35	–8.80

亏损的主要原因如表7–17所示。公司盈利和现金分红并没有帮助这位仁

兑盈利，4 年的现金分红收益仅占买入本金的 6.64%，现金分红对本金的保护作用微乎其微，原因就在于买入的估值大幅高于真实价值，失去了安全边际的保护，导致了 4 年以后还大幅亏损。

疯狂之后一定是均值回归的过程。该公司的股价从 2021 年的最高点 343.14 元，开启了长达 4 年的下跌之旅，至 2024 年 9 月 19 日收盘时仅为 109.2 元，对应市盈率 15 倍，跌幅高达 68.18%。以远高于真实价值的价格买入的投资者不仅没有了安全边际的保护，还有可能承受漫长的暂时性损失。

表 7–17　五粮液公司投资收益和投机亏损构成及贡献率

股票损益	来源	2021 年	2024 年 9 月 19 日	收益率（%）	贡献率（%）
投资收益	公司盈利收益（亿元）	200	301	50.50	19.19
	现金分红收益（元）	206（买入成本）	4 年现金分红 13.67	6.64	2.51
投机亏损	均值回归	40 倍（买入成本）	15 倍（卖出价格）	–62.50	–62.50

随着好公司盈利的持续增长，股价多年后还有可能涨回来，但至于多少年后，谁也不知道。五粮液这样的好公司尚且可以连跌 4 年（跌幅高达 68.18%），更何况烂公司。如果我们以远高于真实价值的价格买入的是一家烂公司的股票，就不仅仅是暂时性损失这么简单了，因为大跌的股价很可能永远也涨不回来了，我们需要承受的就是永久性损失。

投机收益看起来既温柔又美好，似乎唾手可得，但实际上我们需要运气才能得到它，这种偶然性可遇而不可求。投机的胜率不会超过 50%，博取投机收益与赌博的本质并无异处。希望那些向往火中取栗的朋友可以从中得到一些启示。

通过分析我们可以看出安全边际和现金分红对确保本金安全和投资胜利的关键支撑作用。如果未来几年该公司股价原地踏步或者下跌（市场无法预测，一切皆有可能），安全边际和持续的现金分红对于该笔投资具有双重的保护作用。如果我们不想让自己的投资陷入危险的境地（大熊市或公司盈利能力下降），就一定要留有足够的安全边际。如果我们想要潜在的投资收益越大，那么买入的安全边际就要越大。

结论

在评估股票收益的时候，一定要能把投资收益和投机收益区分开来（可参照本书的方法），这样做的目的是让我们弄清楚当初买入这家公司的基本逻辑是否正确，同时也让我们弄清楚这笔收益中究竟有多少是因为好运的眷顾，使我们能够更冷静、更客观地评价自身的投资能力，减少误判，避免陷入危险的境地。

拓展小链接

大师论投资与投机

美国企业在过去 200 多年的真实回报率和红利率总体上接近 7%，几乎与股票价格 7% 的实际回报率相等。因此，长期而言，决定一切的是公司的真实价值而非市场价格。但在短期，公司的真实价值通常会让位于投机的巨大噪声。

约翰 · 伯格《伯格投资：聪明投资者的最初 50 年》

表面和眼前的现象是金融世界的梦幻泡影与无底深渊。投机往往是奇思异想和猜测。

本杰明 · 格雷厄姆《证券分析》

如果你手持火把穿过炸药库，即使毫发无伤，也改变不了你是一个蠢货的事实。市场经常会重奖错误的行为，以鼓励他们下一次慷慨赴死。

唐朝《价值投资实战手册》

只要投机者还在股市上交易，那么赢来的钱就只是借来的钱。股市是一个残忍的高利贷剥削者，投机者必须把借来的钱加上高利息返还。

科斯托拉尼

很多买入并持有的实际上也是投机分子，因为他们其实不知道自己买的是什么，买了以后需要整天问别人怎么看，在被套时拿出“长期持有”来安慰自己。要知道，没有什么比买错股票并长期持有伤害更大的了。

段永平

你的目的应该是期望你投入的生意在此后能够为你带来更多的现金流入，而不是期望把它卖给别人获利，后者仅仅是互掏腰包的游戏。如果你是一个投资者，你的注意力集中在资产的表现上，如果你是一个投机者，你的注意力集中在价格会如何变化，后者不是我们擅长的游戏。

沃伦·巴菲特

作者按：本书多处引用白色家电业三巨头的数据，经过长达六年时间的发展变化，这三家公司的四大基本面和竞争格局是否有变化呢？它们股价的变化与基本面的变化趋势一致吗？

第七节 价值与价格的变化

为了客观分析真实价值和市场价格的中长期变化趋势是否一致，我们选取了格力电器、美的集团和海尔智家[①]从 2018 年 9 月到 2024 年 9 月长达六年时间作为分析的依据。由于 2018 年 9 月和 2024 年 9 月这两个时点恰好都位于市场估值水平的历史底部区域，资本市场经历了由低估到高估，再由高估到低估的完整周期，这有利于我们剔除投机（运气）的成分，在同一估值标准下对比股价的变化。长达六年的公司发展态势和股价走势也忽略了短期因素的干扰，有助于我们真正看清这三家公司价值和价格的中长期变化趋势。

我们先揭开谜底，看一看三家公司六年间给投资者带来了怎样的投资收益。

如表 7-18 所示，六年间，在估值水平变化不大、投机收益很少甚至可以忽略不计的情况下，投资者在两个市场底部之间长期持有这三家公司，都取得了丰厚的投资收益。其中美的集团和海尔智家的总收益大幅高于格力电器。它们为投资者带来的投资收益由大到小依次为：美的集团（122.26%）大于海尔智家（108.54%）大于格力电器（62.6%）。

① 青岛海尔于 2018 年更名为海尔智家。

表 7-18 白色家电业三巨头长期投资回报对比分析

公司名称	2018 年 9 月 13 日			2024 年 9 月 13 日			2018 年 9 月至 2024 年 9 月			
	上证指数	股价（元）	市盈率	上证指数	股价（元）	市盈率[a]	股价涨幅（%）	现金分红（元）	分红占成本比例（%）[b]	总收益（%）
格力电器	2686	36.45	8.56	2617	39.24	7.51	7.65	18.61	51.05	62.60
美的集团		40.30	10.32		63.51	12.88	57.59	16.54	41.04	122.26
海尔智家		15.08	9.46		25.28	14.20	67.63	3.68	24.40	108.54

注：a. 市盈率 = 市值 ÷ 净利润或市盈率 = 每股股价 ÷ 每股收益

b. 分红占成本比例 = 六年间的每股分红总额 ÷ 购买时支付的股价成本

我们都知道基本面决定了公司的真实价值，而真实价值又决定了市场价格，这也是我们立足资本市场必须掌握的基本真理。那么这三家公司的价格变化（投资收益）到底有没有客观反映它们真实价值的变化呢？还是通过数据来说话。

一、净资产收益率的情况

如表 7-19 所示，净资产收益率可以帮助我们衡量盈利的效率。2018 年至 2023 年，它们的净资产收益率仍然能持续保持在 15% 以上，格力电器和美的集团更是常年保持在 25% 左右的水平。三家公司都表现出了非常强大的盈利效率，尤其是在国内外经济发展面临诸多不利因素的情况下，三家公司净资产收益率持续优异的表现，已经超越了 98% 的上市公司，这也是白色家电业三巨头为什么能在两个市场底部（买入成本低）依然能为投资者创造巨额、长期投资回报[①]。

表 7-19 家电三巨头净资产收益率情况（2018—2023 年） 单位：%

公司名称	净资产收益率							说明
	2018 年	2019 年	2020 年	2021 年	2022 年	2023 年	平均	
格力电器	33.36	25.72	18.88	21.34	24.19	26.53	25.00	非常优秀
美的集团	25.66	26.43	24.95	24.09	22.21	22.23	24.26	非常优秀
海尔智家	18.63	13.43	12.85	15.65	15.95	16.06	15.43	优秀

① 在大熊市中跌幅较小或者仍能取得正收益的上市公司非常难得，这类公司大多拥有优秀的基本面。

在三家公司净资产收益率都很优秀的情况上，我们再来一探其他指标中透露的信息。

二、净利润和每股盈利的增长情况

如表 7–20 所示，格力电器回购注销股份导致每股收益增幅大于净利润增幅。美的集团未大幅增加股本，故净利润的增幅与每股收益增幅相当。海尔智家发行新股导致每股收益增幅小于净利润增幅。

表 7–20　家电三巨头净利润和每股盈利增长情况（2018—2023 年）

指标	2018 年	2019 年	2020 年	2021 年	2022 年	2023 年	增长（%）
格力电器							
净利润[a.]（亿元）	255.8	241.71	202.8	218.5	239.8	275.6	7.74
每股收益[b.]（亿元）	4.36	4.11	3.71	4.04	4.43	5.22	19.72
美的集团							
净利润（亿元）	200.5	227.2	246.1	259.2	286	329.7	64.44
每股收益（亿元）	3.08	3.6	3.93	4.17	4.34	4.93	60.06
海尔智家							
净利润（亿元）	66	57.6	64.5	118.31	139.6	158.2	139.70
每股收益（亿元）	1.189	0.903	0.973	1.27	1.57	1.78	49.71

注：a. 净利率 = 净利润 ÷ 营业收入，本书皆指扣除非经常性损益后的归属于母公司股东的净利润。
b. 每股收益 = 净利润 ÷ 总股本。

持续盈利能力（净利润、每股收益及增长潜力）是评估公司真实价值的核心指标，该指标的增长幅度往往决定了真实价值的增长幅度。剔除增发新股和注销股本的影响，考虑现金回购因素后，三家公司的每股收益增长幅度由大到小依次为美的集团（60.06%）、海尔智家（49.71%）、格力电器（19.72%）。

美的集团和海尔智家每股收益的增幅大幅高于格力电器，这是六年间美的集团和海尔智家的投资收益大幅领先格力电器的重要原因（不考虑投机因素）。

三、净利率的变化情况

在营业收益率、毛利率和净利率三个指标中，净利率兼顾了各种成本税费的影响，最能综合体现产品的竞争力和成本控制能力。如表 7–21 所示，三家公司的净利率由高到低的顺序排名与 2014 年至 2016 年一样：格力电器（13.51%）、美的集团（8.86%）、海尔智家（6.05%）。但是，在其他条件相当的情况下，如果净利率的增幅优于同行，往往盈利能力的增幅也优于同行，这是公司在行业内竞争力提升的重要积极信号。三家公司净利率的增幅由大到小依次是：海尔智家提升 2.47%，美的集团提升 1.14%，格力电器提升 0.6%。

表 7–21　家电三巨头净利率变化情况（2018—2023 年）　　单位：%

指标	2018 年	2019 年	2020 年	2021 年	2022 年	2023 年	变化
格力集团							
营业利润率[a]	15.60	14.94	15.46	14.20	14.44	15.09	–0.51
毛利率[b]	41.64	33.90	32.59	30.25	31.07	34.98	–6.66
净利率	12.91	12.20	12.06	11.63	12.69	13.51	0.6
美的集团							
营业利润率	9.84	10.67	11.08	9.75	10.11	10.84	1
毛利率	23.74	30.55	26.63	24.05	25.67	28.37	4.63
净利率	7.72	8.17	8.66	7.60	8.32	8.86	1.14
海尔智家							
营业利润率	6.26	7.19	6.48	6.97	7.33	7.60	1.34
毛利率	31.77	32.19	29.70	31.20	31.30	31.50	–0.27
净利率	3.59	2.87	3.08	5.20	5.73	6.05	2.47

注：a. 营业利润率 = 营业利润 ÷ 营业收入。
　　b. 毛利率 = 毛利润 ÷ 营业收入。

格力电器的净利率保持稳定，而美的集团和海尔智家的净利率有了较大的提升，这种积极的变化也是美的集团和海尔智家的净利润增幅高于格力电器的主要原因。

四、现金分红的情况

如表 7–22 所示，格力电器（71.95%）和美的集团（68.81%）的分红占净利润比例旗鼓相当，长期高达 70% 的分红比例，在 A 股中也战胜了 98% 的上市公司。海尔智家 48% 的分红比例在处于扩张期的公司中也属于优秀的表现。

表 7–22 家电三巨头现金分红情况（2018—2023 年）

指标	2018 年	2019 年	2020 年	2021 年	2022 年	2023 年	合计	分红占净利润比例（%）
格力电器								
净利润（亿元）	255.8	241.71	202.8	218.5	239.8	275.6	1434.21	71.95
现金分红（亿元）	126.33	72.18	286.01	329.9	56.13	161.4	1031.95	
每股收益（%）	4.36	4.11	3.71	4.04	4.43	5.22	19.72	
美的集团								
净利润（亿元）	200.5	227.2	246.1	259.2	286	329.7	1548.7	68.81
现金分红（亿元）	125.6	143.3	137.6	253.4	198.2	207.6	1065.7	
每股收益（%）	3.08	3.6	3.93	4.17	4.34	4.93	60.06	
海尔智家								
净利润（亿元）	66	57.6	64.5	118.31	139.6	158.2	604.21	48
现金分红（亿元）	22.35	24.67	33.97	65.22	52.97	90.84	290.02	
每股收益（%）	1.189	0.903	0.973	1.27	1.57	1.78	49.71	

高比例分红与利润高增长，两者一般很难兼得。格力电器在经过高比例分红后净利润却增长缓慢。难能可贵的是美的集团，既能持续 68.81% 的高比例分红，还能取得每股收益 60.06% 的高增长。

从现金分红占净利润比例和每股收益这两大指标看，美的集团胜出格力电器和海尔智家。

五、经营现金流①和净利润的匹配情况

一般来说经营现金流占净利润的比例越大，表明盈利的质量越高。如表 7–23 所示，格力电器（112.26%）表现堪称合格，而美的集团（144.35%）和海尔智家（199.17%）的表现则非常优秀。

表 7–23 家电三巨头经营现金流和净利润匹配情况（2018—2023 年）

单位：亿元

指标	2018 年	2019 年	2020 年	2021 年	2022 年	2023 年	合计
格力电器							
经营现金流	269.4	278.93	192.3	18.94	286.6	563.9	1610.07
净利润	255.8	241.71	202.8	218.5	239.8	275.6	1434.21
美的集团							
经营现金流	278.6	385.9	295.5	350	346.5	579	2235.5
净利润	200.5	227.2	246.1	259.2	286	329.7	1548.7
海尔智家							
经营现金流	191.4	150.8	175.9	231.2	201.5	252.6	1203.4
净利润	66	57.6	64.5	118.31	139.6	158.2	604.21

相比 2012 年至 2017 年，格力电器经营现金流和净利润的匹配水平有所下降，海尔智家和美的集团则明显提升。该指标的良性提升②也是公司兴旺发达的积极信号。

六、议价能力和谈判地位情况

我们可以通过应收账款③和预收账款④占营业收入的比例分析公司议价能力和谈判地位的情况，先来回忆一下本书前文中已分析的 2014 年至 2016 年三家公司的排序情况。

---

① 经营现金流：本书皆指经营活动产生的现金流量净额。

② 在比较重资产类公司经营现金流占净利润的比例时还需要考虑巨额折旧的因素。

③ 应收账款数据中已剔除等同于现金的银行承兑的应收票据和应收票据融资。

④ 自 2020 年 1 月 1 日起执行新收入准则，预收款项科目调整为合同负债。

应收账款强势程度（越小越强势）由强到弱依次是：格力电器（2.4%）强于美的集团（7.5%）强于青岛海尔（8.1%）。

预收账款强势程度（越大越强势）由强到弱依次是：格力电器（6.9%）强于美的集团（4.4%）强于青岛海尔（4.3%）。

时过境迁，2018 年至 2023 年的三家公司的相关数据如表 7-24 所示。

表 7-24　家电三巨头应收账款和预收账款对比（2018—2023 年）

格力电器财务指标	2018 年	2019 年	2020 年	2021 年	2022 年	2023 年	合计	应收账款占营业收入比例（%）
应收账款（亿元）	76	85	87.3	138.4	148.2	160.9	695.8	6.08
预收账款（亿元）	97	82	116	150	149.7	135.8	730.5	**预收账款占营业收入比例（%）**
营业收入（亿元）	1981.23	1981.53	1681.9	1878.6	1889.8	2039.7	11452.76	6.38
美的集团财务指标	**2018 年**	**2019 年**	**2020 年**	**2021 年**	**2022 年**	**2023 年**	**合计**	**应收账款占营业收入比例（%）**
应收账款（亿元）	193.9	186.6	229.7	246.3	282.3	328.8	1467.6	7.81
预收账款（亿元）	167.8	162.3	184	239.1	279.6	417.6	1450.4	**预收账款占营业收入比例（%）**
营业收入（亿元）	2596.6	2782.1	2842.2	3412.3	3439.1	3720.3	18792.6	7.72
海尔智家财务指标	**2018 年**	**2019 年**	**2020 年**	**2021 年**	**2022 年**	**2023 年**	**合计**	**应收账款占营业收入比例（%）**
应收账款（亿元）	105	110	159.3	146	159.1	202.6	882	6.65
预收账款（亿元）	55.1	55.8	70.4	100.1	93.2	77.3	451.9	**预收账款占营业收入比例（%）**
营业收入（亿元）	1841	2007.6	2097.2	2275.5	2435.1	2614.2	13270.6	3.41

应收账款强势程度（越小越强势）由强到弱依次是：格力电器（6.08%）强于海尔智家（6.65%）强于美的集团（7.81%）。

预收账款强势程度（越大越强势）由强到弱依次是：美的集团（7.72%）强于格力电器（6.38%）强于海尔智家（3.41%）。

相比2014年至2016年，格力电器在应收账款上的明显优势被美的集团和海尔智家追赶，在预收账款上的明显优势则被美的集团超越。这些数据的变化反映了三家公司议价能力和谈判地位的强弱变化，也反映了它们之间的竞争力和竞争格局发生了微妙的变化。

七、空调业务和海外市场拓展情况

公司需要通过巩固现有市场地位、开拓新市场、提升市场份额来提高盈利能力。我们来看看三家公司这六年间空调营业收入和国外营业收入的变化情况，如表7-25所示。

尽管格力电器在2020年至2023年的年报中仍然声称自己在空调领域的老大地位，但实际上从2020年开始空调的营业收入就已经被美的集团超越，失去了空调市场连续20多年的领先地位。与此同时，海尔智家的空调业务也乘势而上，空调的营业收入大幅增长44.01%。

表7-25 家电三巨头空调业务和海外市场拓展情况对比（2018—2023年）

营业收入	2018年	2019年	2020年	2021年	2022年	2023年	变化	增幅（%）
格力电器								
空调（亿元）	1556.7	1386	1178	1317	1348	1512	-44.7	-2.87
国外（亿元）	222.6	208.1	200.2	225.3	232.7	249	26.4	11.86
美的集团								
空调（亿元）	1093.9	1196	1212	1418	1506	1611.1	517.2	47.28
国外（亿元）	1104	1167	1210	1376	1426	1509	405	36.68
海尔智家								
空调（亿元）	317	291	299	375	400.5	456.5	139.5	44.01
国外（亿元）	766	933	1013	1147	1261	1356	590	77.02

国际业务方面，格力电器仅增长11.86%，低于海尔智家（77.02%）和美的集团（36.68%）。这主要得益于美的集团和海尔智家对跨国并购①的成功整合，跨国并购能够取得协同效应、增收又增利的长期积极成果是很难得的，

① 美的集团于2016年收购德国库卡。海尔智家于2016年收购GEAppliance，于2018年收购新西兰Fisher&Paykel公司，于2019年收购意大利公司Candy。

我们认为功劳主要在于这两家公司优秀的管理层。

相比之下，格力电器的非主营业务并购则相形见绌。2020 年，格力电器终于如愿以偿收购银隆汽车，不仅为此支付了巨额成本，还分散了公司资源持续投入。截至 2023 年，仍然持续亏损数十亿元，拖累了公司整体的资产质量和盈利能力。如表 7–26 所示。

表 7–26　格力电器少数股东损益表（2021—2023 年）　　单位：亿元

格力电器	2021 年	2022 年	2023 年	合计
少数股东损益[a]	−2.3	−14.9	−12.9	−30.1

注：a. 少数股东损益即归属于少数股东的综合收益总额。

2018 年至 2023 年，从空调基本盘、海外市场拓展和兼并收购三个方面看，美的集团和海尔智家完胜格力电器。

八、员工人数情况

如表 7–27 所示，美的集团员工人数大幅增长 47.23%，海尔智家的员工人数增长 12.73%，员工人数的增长与这两家公司规模扩张、营业收入的大幅增长保持一致。格力电器的员工人数下降了 18.27%，员工人数的下降与格力电器营业收入增长的疲态也保持一致。

表 7–27　家电三巨头员工人数情况（2019—2023 年）

公司名称	员工人数（人）					变化趋势	增长幅度（%）
	2019 年	2020 年	2021 年	2022 年	2023 年		
格力电器	88846	83952	81884	72380	72610	收缩下降	−18.27
美的集团	134897	149239	165799	166243	198613	大幅扩张	47.23
海尔智家	99757	99299	104806	109586	112458	扩张增长	12.73

九、研发费用情况

如表 7–28 所示，美的集团和海尔智家的研发费用大幅增长，格力电器的研发费用则小幅下降。在家电行业竞争日趋激烈的态势下，研发费用与长期竞争力是相互促进、互为因果的关系。若要长期保持竞争力的领先、推动良性增长，高强度的研发投入必不可少。通过分析长期研发费用的变化，我们对美的集团和海尔智家竞争力的提升就不感到意外了。

表 7-28　家电三巨头研发费用情况（2019 年—2023 年）

研发费用[a]	2018 年	2019 年	2020 年	2021 年	2022 年	2023 年	变化趋势	增长幅度（%）
格力电器	69.8	58.9	60.5	62.9	62.8	67.6	小幅下降	-3.15
美的集团	83.7	96.3	101.1	120.1	126.1	145.8	大幅增长	74.19
海尔智家	51	62.6	68.6	83.5	94.9	102.1	大幅增长	100.20

注：a. 研发费用即不含研发资本化。

十、资产负债情况

由于这三家公司的现金流都非常充沛，而且都可以无偿占用上下游的巨额资金，还有大量金融机构授信的尚未使用的贷款额度。它们的长期借款、短期借款大多是用现金类资产质押或找自己的财务公司“借款”，并不是真正意义上的有息负债，且都有足够覆盖负债的现金。综合各项财务指标都处于安全区间。

我们认为同其他制造业的上市公司相比，分析这三家好公司的财务抗风险能力和资产的轻重程度不必过于复杂，只需要大致看两个指标即可，即现金覆盖系数[①]和资产轻重系数[②]。

如表 7-29 所示，三家公司根据各自的经营思路选择相应的财务政策。格力电器高比例分红导致净资产增幅低于总资产增幅，现金覆盖系数下降，资产变重。美的集团虽然是高比例分红，但公司现金创造能力也在大幅提升，现金覆盖系数不降反升，资产变轻。海尔智家通过增发股本，提高现金创造能力，降低有息负债率，维持现金覆盖系数，资产变轻。六年来，美的集团和海尔智家的现金覆盖系数和资产轻重系数呈积极变化趋势，而格力电器的现金覆盖系数和资产轻重系数呈消极变化趋势，这些变化趋势同三家公司其他主要指标的变化趋势保持一致。

---

① 现金覆盖系数=（货币资金+应收票据+应收款项融资+其他流动资产+交易性金融资产+一年内到期非流动资产+其他债券资产+其他权益工具投资）÷（应付账款+预收账款+应付票据+短期借款+长期借款+其他流动负债+一年内到期流动负债+其他应付款）。

② 资产轻重系数=（固资资产+在建工程+无形资产）÷ 净资产。

表 7–29 家电三巨头现金覆盖系数和资产轻重系数情况（2018—2023 年）

单位：%

指标	2018 年	2019 年	2020 年	2021 年	2022 年	2023 年
格力电器						
现金覆盖系数	199.05	115.26	117.37	91.89	90.67	82.81
资产轻重系数	27.55	24.36	25.06	45.94	53.12	44.02
美的集团						
现金覆盖系数	80.73	88.34	91.12	82.92	88.10	93.51
资产轻重系数	49.01	37.73	33.29	34.22	32.76	33.21
海尔智家						
现金覆盖系数	64.13	55.40	57.42	56.18	64.86	61.22
资产轻重系数	76.83	71.65	51.63	45.14	44.64	44.44

结　论

商业领域没有永恒的赢家。那些敢于打破自己的优势、勇于超越自我的公司，才有可能形成新的竞争优势，才有可能占据更有利的竞争地位。

竞争力和管理层的水平往往隐含在公司年报的诸多信息里，各个财务指标和细枝末节因实际经营情况的变化而变化，相互牵制、相互关联、互为因果。长期的财务数据具有天然的防伪特点，牵一发而动全身，也没有人能够做到恶性造假而不留痕迹。

通过对上述各项财务指标和细枝末节的分析，我们可以看出，三家公司的长期竞争力和竞争格局在这六年间发生了较大的变化，美的集团和海尔智家真实价值的增幅明显优于格力电器，这也是六年来美的集团和海尔智家的投资收益大幅高于格力电器的根本原因。

六年时间足以“吹尽狂沙始到金”，经历市场周期的有形波动和经济规律的无形牵引，三家公司的价值变化和价格变化所自然呈现的一致性，再次证明了价值决定价格的不变真谛。

作者按： 本节为全书最核心的内容，看似简单，却极为重要。

第八节　复利有话说

一、前进的秘诀是不能后退

我们先来看一张简易版的复利表，如表 7–30 所示。复利是以乘法的形式加倍递增，前 5 年的差异还不明显，但随着时间的积累，持续的时间越长，复利的效果越惊人。投资者可千万不能小瞧了这 15%~26% 的复利系数。15%~26% 的复利系数正是世上最大的"暴利"！

表 7–30　复利表（简易版）

持续年数	复利系数 10%	复利系数 16%	复利系数 26%
5	1.61 倍	2.1 倍	3.17 倍
10	2.59 倍	4.41 倍	10.09 倍
15	4.18 倍	9.26 倍	32.03 倍
20	6.73 倍	19.46 倍	101.72 倍
25	10.83 倍	40.87 倍	323.05 倍
30	17.45 倍	85.84 倍	1025.93 倍

投机炒股者难以持久成功。缺乏安全边际的投机行为，极易让投资本金遭受大幅度的永久性损失。或许一时因运气暂未受损，但随着时间推移，本金大幅永久性损失必然会出现。就像赌场里没有永远的赢家，哪怕连赢百场的赌徒，也可能一场就输得血本无归，投机炒股的风险与之类似。

若以 5 年为考核周期，投机者和投资者中长期的业绩规律大致如表 7–31 所示。

投机者第 1 年和第 5 年取得了令人惊艳的 150% 和 100% 的业绩增长，在各类基金排行榜名列前茅，看起来牛气十足，但是在市场泥沙俱下的第 2 年和第 4 年均出现了 80% 和 50% 的大幅后退，最终 5 年下来的总成绩不仅不能盈利，反而大幅亏损。

表 7–31 投机者和投资者中长期的业绩规律对比

市场环境	年度	投机者投 100 万元本金		投资者投 100 万元本金	
		组合的股价变动（%）	年终市值（万元）	组合的股价变动（%）	年终市值（万元）
疯狂期	第 1 年	150	250	50	150
低迷期	第 2 年	–80	50	–20	120
兴旺期	第 3 年	30	65	30	156
低迷期	第 4 年	–50	32.5	–10	140.4
兴旺期	第 5 年	100	65	50	210.6
5 年总业绩（%）		–35		110.6	

与此同时，投资者每一年的成绩看起来乏善可陈，也不能进入当年各类基金业绩的风云榜，但是由于投资者在短期市场泥沙俱下时的第 2 年和第 4 年均未发生较大幅度的后退，最终依然取得了增长 110.6% 的骄人成绩，反而大幅战胜了投机者。若这种长期表现能够持续 10 年、15 年、20 年……最终，投机者很可能血本无归，投资者很可能实现惊人的复利。

翻看证券基金行业的历史足以证明，基金业绩一时的排名靠前，可能由于投资（投机）风格的激进，如参与市场投机，或者资产集中于某一个行业，而这个板块恰好偶然出现了超出真实价值的表现（不可持续）。某一年（或某一较短时期）业绩超过 50% 的表现就存在较大的运气成分（适度分散的资产组合的真实价值不可能在正常的经济环境下整体持续 50% 以上的高增长），经济规律也告诉我们，这种情况是不可持续的。

如果仅以某一年的业绩排名看，巴菲特先生过去 68 年中的绝大部分时间的年度业绩进不了“美国基金年度排行榜”，但由于他几十年如一日始终坚持正确的投资理念，公司的真实价值在从未发生较大幅度的永久性损失的基础上实现了较快的复利增长，并最终取得了令世界惊叹的长期复利增长。因此，许多投资者只根据较短时期内的亮眼业绩选择基金经理的做法，其实是不太明智的。

再来看表 7–32 的数据。26% 的复利系数，20 年下来的复利成果是 101.72 倍，但在这 20 年中，如果有任意 2 年出现 50% 的后退，那么 20 年的复利成果就只有 16.02 倍了，如果任意 3 年出现 50% 的后退，那么 20 年的复利成果就只有 6.35 倍了，如果任意 1 年出现 100% 的后退，那么任何复利成果都将全部归零。

表 7-32　收益波动对长期复利的影响

复利系数	综合 20 年 +26%	综合 18 年 +26% 任意 2 年 -50%	综合 17 年 +26% 任意 3 年 -50%	综合 19 年 +30% 任意 1 年 -100%
共 20 年的复利成果	101.72 倍	16.02 倍	6.35 倍	0

围棋世界冠军李昌镐落子追求攻守平衡的“俗手”，51% 进攻 +49% 防守看似平淡，却能稳步扩大势力范围。而初学者多求“妙手”一鸣惊人，然多是毕其功于一役的冒险之举。投资如围棋，短期锋芒未必带来长期胜利。巴菲特“永远不要亏损”的理念与李昌镐的“俗手”相通。投资中，秉持循序渐进，从容兼顾攻守，不求胜而自胜，便是“俗手”法则的精髓。

据《中国证券报》2021 年 7 月 28 日报道，国内公募基金长期收益最高的 10 位基金经理所管理的 56 只基金（投资总收益都超过 10 倍），其中 54 只成立于 2006 年前，平均成立时间 16.6 年，这些基金的特点都是较少追求短期热点而放弃长期坚持的投资策略，其中仅有 7 只基金获得同类别基金的年度冠军，13 只基金从未进入过年度同类别基金排行榜的前 10，鲜有连续两年进入同类前 10 的基金，而这些基金才是最终给投资者带来最高回报的基金。

在实践中，陈正则没有任何兴趣去参与高风险的投机赌博活动，坚决拒绝去借钱投资，也没有兴趣与意气风发的同行比较某一个月、某一年的业绩，**因为我们的投资事业绝不是一场只比速度的短程赛跑，而是一场兼具速度与耐力的长期较量。取得持久胜利不仅需要速度，更需要耐力。如果有人想以百米冲刺的速度去跑完马拉松全程，他一定会失败。**

结　论

前进的秘诀是不能后退，避免本金出现较大比例的永久性损失，是最终实现惊人复利的最大秘密。这也是陈正则为何始终极力反对投机活动（不能确保本金安全）。

二、暂时性损失无法阻挡最终惊人复利的实现

首先我们回顾一下，本书前文中已讨论过的暂时性损失和永久性损失的根本区别，如表 7-33 所示。

表 7–33 暂时性损失和永久性损失的区别

对比项	暂时性损失	永久性损失
发生原因	以合理的估值或合理估值以下的价格买入，买入后市场估值出现下降	以超高估值的价格买入，买入后市场估值大幅下降
	公司的真实盈利水平在合理区间内波动，基本面并没有变坏，甚至变得更好	公司的真实盈利水平出现大幅下滑，基本面已经变坏，甚至恶化
	公司受负面消息影响，遇到了暂时性的危机	公司因恶劣造假或其他严重违法行为被退市
	市场大跌或处于低迷期	市场大跌或处于低迷期
持续时间	**只是暂时性的账面损失（只要不卖出）**	**是永久性的实质损失（无论是否卖出）**
	大部分好公司暂时性损失持续的时间在 18 个月以内，具体视公司的基本面及市场波动的情况而定，一般不超过 36 个月。如果股价在下跌，真实盈利却在持续增长，则未来将会大概率迎来戴维斯双击	大部分永久性的损失即使 5 年、10 年、20 年以后也不能恢复。因为离奇的超高估值也许永远都无法再现，变坏甚至恶化的基本面也许永远都不可能恢复。永久性损失常常伴随不可逆转的戴维斯双杀
典型案例	2008 年的伊利股份（“三聚氰胺”事件和市场大跌）； 2013 年的贵州茅台（塑化剂风波）； 2015 年的格力电器（盈利合理波动和市场大跌）	2007 年以 13 倍市净率买入中国石油 2015 年以 400 倍的“市梦率”买入乐视网
能否避免	无法避免	可以避免
	世上根本无人可以连续正确预测短期市场波动	完全可以避免盲目地以超高估值买入任何公司股票
应对之策	保持良好的心态，毫不动摇地坚持理性投资的原则	不抱侥幸心理，果断卖出

我们再来回忆一下本书中反复提及的公司真实价值与市场价格的区别。真实价值只与公司的四大基本面有关，或者主要考虑真实盈利、净资产和现金分红等指标。而市场价格经常出现高估或低估，并且短期的上下波动没有任何规律可循。从长远看，公司的真实价值最终决定市场价格。

我们再来深入探究一下巴菲特执掌的伯克希尔 – 哈撒韦公司 53 年投资业绩中的玄机，如表 7–34 所示。

表 7-34　伯克希尔－哈撒韦公司投资业绩（1965—2017 年）

年度	伯克希尔每股净资产变化率 %	伯克希尔每股市值变化率 %	标普 500 指数变化率 %（含分红）	年度	伯克希尔每股净资产变化率 %	伯克希尔每股市值变化率 %	标普 500 指数变化率 %（含分红）
1965	23.8	49.5	10.0	1992	20.3	29.8	7.6
1966	20.3	–3.4	–11.7	1993	14.3	38.9	10.1
1967	11.0	13.3	30.9	1994	13.9	25.0	1.3
1968	19.0	77.8	11.0	1995	43.1	57.4	37.6
1969	16.2	19.4	–8.4	1996	31.8	6.2	23.0
1970	12.0	–4.6	3.9	1997	34.1	34.9	33.4
1971	16.4	80.5	14.6	1998	48.3	52.2	28.6
1972	21.7	8.1	18.9	1999	0.5	–19.9	21.0
1973	4.7	–2.5	–14.8	2000	6.5	26.6	–9.1
1974	5.5	–48.7	–26.4	2001	–6.2	6.5	–11.9
1975	21.9	2.5	37.2	2002	10.0	–3.8	–22.1
1976	59.3	129.3	23.6	2003	21.0	15.8	28.7
1977	31.9	46.8	–7.4	2004	10.5	4.3	10.9
1978	24.0	14.5	6.4	2005	6.4	0.8	4.9
1979	35.7	102.5	18.2	2006	18.4	24.1	15.8
1980	19.3	32.8	32.3	2007	11.0	28.7	5.5
1981	31.4	31.8	–5.0	2008	–9.6	–31.8	–37.0
1982	40.0	38.4	21.4	2009	19.8	2.7	26.5
1983	32.3	69.0	22.4	2010	13.0	21.4	15.1
1984	13.6	–2.7	6.1	2011	4.6	–4.7	2.1
1985	48.2	93.7	31.6	2012	14.4	16.8	16.0
1986	26.1	14.2	18.6	2013	18.2	32.7	32.4
1987	19.5	4.6	5.1	2014	8.3	27.0	13.7
1988	20.1	59.3	16.6	2015	6.4	–12.5	1.4
1989	44.4	84.6	31.7	2016	10.7	23.4	12.0
1990	7.4	–23.1	–3.1	2017	23.0	21.9	21.8
1991	39.6	35.6	30.5				
年均复利系数（%）					19.1	20.9	9.9
总收益倍数					10880.29	24047.48	155.08

伯克希尔－哈撒韦公司所投资的各个控股和参股公司，涉及保险、银行、食品饮料、消费品、能源、铁路、建材、地毯、制造、服务、零售等行业，由于各个子公司之间的资产都相互独立，并分别由不同的优秀管理层负责日常经营，各个子公司之间的经营风险也就相互隔离了，即使其中一个行业或公司的经营出现了较大波动也不会对伯克希尔－哈撒韦公司整体的真实价值造成较大影响。因此，**伯克希尔－哈撒韦公司完全可以视为一个集中持股并适度分散于不同行业的投资组合。**在伯克希尔－哈撒韦公司全球总部仅有 25 名员工（2016 年）的情况下，巴菲特通过投资不同行业的优秀公司，留用（或者选拔培养）每个公司优秀的管理层，并给予充分的信任和授权。50 多年（1965—2017 年）来，集团公司不仅没有出现因跨行业经营而导致多元恶化的情况，而且集团公司的真实价值还持续取得了惊人的复利增长，这也体现了巴菲特作为集团掌舵者在投资决策和知人善任上拥有极其高超的智慧。

由于伯克希尔－哈撒韦公司所控股和参股的公司众多，我们难以一一罗列出每个子公司的真实价值，另外伯克希尔－哈撒韦公司也长期不实施现金分红，所有子公司的盈利都累积到了公司的净资产中，因此，我们可以大致将公司每股净资产的减少视为永久性损失。

而每股市值的变化体现了公司市场价格的波动情况。由于 53 年间（1965—2017 年），公司的四大基本面没有出现过实质性的恶化，因此，伯克希尔－哈撒韦公司的股价下跌即可视为暂时性损失。

基于以上分析，巴菲特 53 年（1965—2017 年）的投资生涯实现惊人复利的玄机就格外清晰了。53 年中，公司的真实价值（仅考虑净资产的情况下[①]），只在 2001 年“9・11”恐怖袭击中永久性损失 6.2% 和在 2008 年百年一遇的金融危机中永久性损失 9.6%。仅有的两次永久性损失占净资产的比重都在 10% 以内。其余 51 年，公司的真实价值全部实现了复利的正增长。

结　论

避免本金在投资过程中出现较大幅度的永久性损失，是最终能够实现惊人复利的终极玄机。

我们再来看一下，在巴菲特先生的投资生涯中，历时最长的一次股市低迷期中（1970 年至 1974 年）公司的表现，如表 7-35 所示。

---

① 对于大多数普通公司和烂公司，不能仅依据账面净资产来评估公司的真实价值。

如果仅从公司股价的角度看，在1970年至1974年的5年中，有3年公司的股价表现落后于市场的平均水平，并且股价在1974年几乎腰斩。5年的时间里，公司股价不仅没有上涨，反而还下跌了6.9%。此时此刻难免会有许多人开始质疑"股神"的投资水平了，但是请大家注意，这5年间公司的真实价值并没有任何一年出现下降，更是逆市增长了75.25%，也就是说，公司的真实价值在5年的时间里增长了75.25%，但市场价格却下降了6.9%，公司反而更"物美价廉"！此时此刻，真正的理性投资者一定会坚定持有，更明智的做法是加仓增持，因为**价格必然回归价值**，好日子一定还在后头呢。

表7–35　伯克希尔–哈撒韦公司表现（1970—1974年）　单位：%

年度	每股净资产变化率（可大致视为公司真实价值的变化率）	每股股价变化率（视为市场波动）	市场平均表现
1970	12	–4.6	3.9
1971	16.4	80.5	14.6
1972	21.7	8.1	18.9
1973	4.7	–2.5	–14.8
1974	5.5	–48.7	–26.4
5年累计	75.25	–6.9	–11.23

如表7–36所示，1975年至1979年的5年中，公司的真实价值继续增长了330.98%，而公司股价更是大涨了699.98%。其中1976年和1979年公司股价实现了翻倍，不仅一举收复失地，涨幅更是超过同时期市场平均水平的7倍。

表7–36　伯克希尔–哈撒韦公司表现（1975—1979年）　单位：%

年度	每股净资产变化率（可大致视为公司真实价值的变化率）	每股股价变化率（视为市场波动）	市场平均表现
1975	21.9	2.5	37.2
1976	59.3	129.3	23.6
1977	31.9	46.8	–7.4
1978	24	14.5	6.4
1979	35.7	102.5	18.2

续表

年度	每股净资产变化率（可大致视为公司真实价值的变化率）	每股股价变化率（视为市场波动）	市场平均表现
5 年累计（1975 年至 1979 年）	330.98	699.98	97.48
10 年累计（1970 年至 1979 年）	655.29	644.78	75.3

细心的读者还会发现，如果以 1970 年至 1979 年这 10 年为一个整体考核期看，10 年间，公司的真实价值增长了 655.29%，而公司的股价也增长了 644.78%，两者的增长幅度是何其相似！

在过去的 53 年中（1965 年至 2017 年），公司的股价有 11 年是下跌的，并且还经历了以下四次巨幅重挫，如表 7–37 所示。

表 7–37　伯克希尔 – 哈撒韦公司股价四次巨幅重挫

时间	每股最高股价（美元）	每股最低股价（美元）	下跌幅度（%）
1973 年 1 月—1975 年 1 月	93	38	59.1
1987 年 10 月 2 日—10 月 27 日	4250	2675	37.1
1998 年 6 月 19 日—2000 年 3 月 10 日	80900	41300	48.9
2008 年 9 月 19 日—2009 年 3 月 5 日	147000	72400	50.7

但是，伯克希尔 – 哈撒韦公司并没有因股价的大跌而完蛋，随着公司真实价值的持续增长，截至 2017 年底公司的每股股价已势不可当地攀升至 30 万美元。

结　论

公司的真实价值最终决定市场价格。在公司真实价值持续增长的前提下，市场价格的暂时性损失（市场波动）根本无法阻挡最终复利的实现。投资者应当将 99.99% 的精力用于对公司真实价值的深入研究，而不是整天盲目地盯着股价。

三、借钱投资和不稳定的资金是终结复利的杀手

我们先来看一下，借钱投资（加杠杆投资）的利弊，如表 7–38 所示。从表 7–38 中可以看到，**借钱投资在股价大涨时会赚得更多，但在股价大跌时也**

会亏得更惨。

表 7–38 借钱投资（加杠杆投资）的利弊

本金	借钱	一年利息	若股价上涨 50%	归还借款扣除利息后	若股价下跌 50%	归还借款扣除利息后
100 万元	100 万元	10 万元	市值 300 万元	赚 90 万元	市值为 100 万元	本金亏完还欠债主 10 万元利息（永久性损失）
100 万元	0	0	市值 150 万元	赚 50 万元	市值为 50 万元	亏 50 万元（暂时性损失）

通过本书的学习，我们已经知道了好公司有着较高的确定性，尤其是长跑冠军型的好公司，既有确定性又有成长性。那么我们是不是就能通过借钱投资于长跑冠军型的好公司提高投资的收益呢？不能！

实例分析：

巴菲特所执掌的伯克希尔–哈撒韦公司称得上四大基本面极为优秀的长跑冠军型公司，但是如果你只有100万元，又借了100万元，并在2008年9月19日购买了这家公司的股票，那么你在2009年3月5日就已经破产了！因为没人可以预测好公司的股价会非理性下跌到什么程度。

如果你只有100万元，没有借钱，你在2008年9月19日购买了这家公司的股票，随后该公司的股价在市场波动中大跌了50.7%，此时，你不用理会，你也不会破产，这只是暂时性损失而已。2017年底，该公司的股价依然比2008年股价的最高点大涨了1倍以上。

需要注意的是，有些投资者认为，在留有足够的安全边际，或在市场整体低估时，适当地使用净资产50%以内的借款（有息负债）进行投资是安全可控的。可陈正则认为，尽管这种做法在理论上是相对安全的，但依然存在永久性损失本金的潜在危险[①]，即使这种危险发生的概率只有万分之一，我们也不应当将全体股东和投资人的本金安全置于这种危险之中。**即使是以合理估值买入最优秀的公司，借钱投资也可能最终导致彻底失败！**

不稳定的资金也不能参与理性投资，假如你有100万元的资金，但是半年以后必须撤走。还是以投资伯克希尔–哈撒韦公司为例，你只有半年投资

① 若类似美国1929年漫长的大萧条或1971年至1974年的经济危机重现，即使你使用很小比例的有息负债，也很可能因此破产。

期限的资金，如果在 2008 年 9 月 19 日买入该公司，那么半年后你的投资市值在市场波动中大跌了 50.7%，但此时你又不得不以低价卖出，从而十分遗憾地使投资的暂时性损失变成永久性损失。**不稳定的资金无法让投资者理性应对市场的非理性波动，在市场的非理性大跌中会造成良机的错失和永久性损失的发生。**

四、理性投资实现较高复利系数的优势

陈正则本人在实业经营的实战中拼搏多年，深知亲自去创立和经营一家公司在实现较高的复利系数上存在诸多局限（陈正则绝非否认企业家精神和创新动力，本书只务实地谈论投资），深感**投资于优秀上市公司的股权和亲自去创立一家公司，在投资的本质上并没有区别。**

相比亲自去创立和经营一家公司，理性投资在持续实现较高的复利系数上具备的优势如表 7–39 所示。

表 7–39　创立经营和投资公司的优势对比

对比项	亲自创立经营一家公司	投资于好公司的股权
行业选择（前景）	**空间小**	**空间大**
	前景明朗、竞争格局合理、资本回报水平较高的好行业很难进入，就算进入了，也很难生存和发展	银行业、保险业、食品饮料业、品牌消费业、医药业等好行业任君挑选
竞争力	**开创难**	**选择易**
	强大竞争力的保持和提升是历史机遇、稀缺人才、专利技术、巨额的研发投入和品牌口碑的积淀等各种因素相互作用的结果。遗憾的是，大部分民营企业和创业公司不具备或者不可能具备强大的长期竞争力，也就不可能持续地获得较高的资本回报水平	在中国已经上市的几千家公司中，具备可持续的强大竞争力的公司有数百家。这些公司竞争力强大，具备持续获得较高资本回报的可能
管理层	**试错代价大**	**优中选优**
	创业者亲自管理或者培养管理层，需要在实践中千锤百炼，需要经营成果来佐证管理水平，而外聘的管理层常常存在“水土不服”的风险	可以在已经成功的上市公司中选择拥有最优秀管理层的公司进行投资

续表

对比项	亲自创立经营一家公司	投资于好公司的股权
突发事件和行业变革风险的应对能力	**较弱** 通过多元化跨行业经营来规避风险的公司很难取得持久的成功，对突发事件和行业变革风险的应对能力弱	**较强** 可以通过适度分散投资于3~10个不同的行业、3~20家不同的公司，避免发生较大比例本金永久性损失的风险
资金容纳能力	**有局限** 开一个烧烤摊只需很少的资本就够用，而开一家保险公司需要极高的资本。创立经营一家不同行业的公司对资本的要求有不同的局限	**海纳百川** 无论拥有50亿元资本，还是5000万元资本，甚至5000元的资本，都可以投资上市公司，成为上市公司的股东。投资资金的大小不受局限，因为资本市场能够海纳百川
复利持续能力	**较弱** 一旦自己创立经营的公司出现四大基本面恶化或者遇到发展瓶颈，公司就不能获得较高的资本回报，甚至会亏损，此时公司不能轻易地卖出变现，那么就一定会影响复利产生的进程，甚至出现永久性损失	**较强** 一旦所投资的上市公司出现四大基本面恶化，或者遇到发展瓶颈，投资者可以迅速卖出股权变现，避免发生更大的永久性损失，并且可以继续选择投资到其他更“物美价廉”的公司，以持续实现较高的复利系数

结　论

相比亲自去创办和经营一家公司，理性投资在持续实现较高复利系数的进程中，具有无可比拟的绝对优势。

第九节　理性投资者立于不败之地的十大原则

理性投资者立于不败之地的十大原则如表7–40所示。陈正则谨以此十大原则，与各位投资者共勉。

表 7-40　理性投资者立于不败之地的十大原则

四个方面	十大原则	如何立于不败之地？
目标	深入调研（专业投资者）	命运牢牢地掌握在自己手里是专业投资者立于不败之地的首要条件[a]
	适度分散	适度分散投资于不同的行业和公司，能够留有应对突发事件、行业变革以及投资失误时的回旋余地，是使投资组合能够长期牢牢地掌控主动权，始终立于不败之地的基础策略
估值	安全边际	只有避免本金的永久性损失，远离投机，复利系数才有意义。确保本金的安全是理性投资者立于不败之地的根本原则
	管控人性	市场价格不可能永无止境地偏离其真实价值，大智知止，急流勇退者方能立于不败之地
资金	基金封闭	可避免投资人在市场大跌或低迷期中，不明智地撤资和挤兑，是理性投资者立于不败之地的资金保障
	合法募资	既是对投资人利益和管理人利益的保障，也是避免落入非法集资风险的法律保障。稳定合法的资金来源，是理性投资者立于不败之地的前提条件
	远离息债	我们必须高估市场可能达到的非理性程度，并充分认识有息负债可能造成的毁灭性灾难。不使用有息负债，将有助于投资者在极端恶劣的市场境地仍然能够立于不败之地
法律方面	规范交易	抵制暴利诱惑，远离非法作弊，避免一切交易风险，确保立于不败之地
	规范财税	经得起税务部门“掘地三尺”的上门查账，避免一切税务风险，确保立于不败之地
	遵纪守法	所有环节依法办事，谨言慎行，避免一切法律风险，确保立于不败之地

注：a. 如果你是一位可支配时间十分有限的投资者，也可选择将资产托付于品德、才能、风控等方面绝对可靠的专业理性投资人进行管理。

第十节 给投资者的建议

一、不能支付高于价值的价格

从长远看，表 7–41 所示的六大等式一定成立。化繁为简，理性投资的精髓其实就在这六个简单的等式之中。

表 7–41 判定公司的六大等式

公司类型	六大等式
烂公司	高估值 + 烂公司 = 血本无归
	低估值 + 烂公司 = 很有可能血本无归
普通公司	高估值 + 普通公司 = 本金可能永久损失
	低估值 + 普通公司 = 本金相对安全 + 合理收益
好公司	高估值 + 好公司 = 本金相对安全 + 较低收益
	低估值 + 好公司 = 本金安全 + 超额收益

二、不使用有息负债进行投资

千万不要将自己置于可能被一击致命的风险之中，哪怕这个概率只有万分之一。只有长期稳定（3 年以上）的无息投资本金，才能令理性投资者在非理性的市场波动中始终保持理性。

三、保持理性思考和独立判断

投资者必须依靠自己成熟的知识经验体系进行独立思考，**在阳光灿烂时不得意忘形、在泥沙俱下时不放弃希望。**

正是人类天性中的弱点导致的贪婪和愚蠢，给了聪明的投资者无穷无尽的投资良机。

没有人能够连续准确预测市场的短期波动，投资者应当将有限的精力放到对公司真实价值的深入研究上。

四、不能停止学习

上市公司精心编制的《招股说明书》和《年度报告》是投资者学习、研究、分析各行各业最有价值的免费材料，专业投资者应当大量地阅读和学习，辩证地研究和分析。如果你可以保持每年都阅读大量不同行业、不同公司的原版报告，那么，你将在不知不觉中炼就一双火眼金睛。

陈正则建议专业投资者广泛地阅读和学习，不仅包括金融、财务、心理、管理、经济、法律，还包括成功或失败者的人物传记，此外，还可以涉猎历史、哲学、文学、医学、物理、化学等学科，因为你可能在投资中随时用到它们。

证券市场的专业报刊是投资者必不可少的阅读和学习材料，对这些实时讯息的阅读和思考有助于投资者保持耳聪目明。陈正则建议专业人士还可以去读一读历年的报刊，把自己置于当年的市场环境中，你会在历史上无数次智慧与愚蠢的碰撞中豁然开朗，你会发现很多当年备受追捧者，今天已经黯然失色，有些当年备受冷落者，今天正大放异彩。这仿佛是一种轮回，在不断地反复上演。**历史永远不会重演，但一定会有相似之处。**

当你不断地拥有更丰富的经验、更广博的学识时，你就能拥有更加沉静自如的心态、更具远见卓识的慧眼，如此，你就一定能够在理性投资的无穷天地里运筹帷幄，取得持久的成功。

第十一节　如何理性选择投资机构

在投资中，当所有人都预期一家好公司会获得超高增长率的时候，就算该公司实际取得了较高的增长率，但由于低于人们的心理预期，股价不仅不会上涨，反而可能大跌。

《2023 年中国私人财富报告》显示，2022 年中国个人可投资资产达到 278 万亿元，可投资资产（持有现金或金融资产，不含房产）在 1000 万元以上的有316万人。随着国家经济的持续发展，财富的总规模和高净值人群规模还将以更快的速度增长，庞大的、不断累积的社会财富强烈呼唤着优秀的资本配置机构。

然而财富管理市场却云谲波诡，从业者和金融产品琳琅满目、鱼目混珠，稍有不慎，就有可能落入陷阱，面临永久性损失。虽然高净值人士相较于中小投资者具有更强的专业素养和抗风险能力，但是近十年来，金融领域的各种高风险事件层出不穷，信托违约、P2P爆雷、伪私募跑路、大公司崩盘等，动辄数百亿元、数千亿元损失的最终买单者除了广大投资人，也不乏高净值人士。

那么到底如何有效甄别金融产品和财富管理机构，使我们持有的资产在确保本金安全的基础上追求不错的收益，做出适合自己的正确选择呢？我们需要从以下六个方面来分析。

一、看资质

为了金融行业的有序运行，国家对这个行业施行严格的监管，几乎全部金融活动都被纳入金融监管。在选择金融产品时，我们需要对方提供相关资质证明，只有具备行业从业资质和胜任能力的金融机构才能从事相关金融活动，对于无资质或者资质造假的机构，我们可登录监管机构的网站来辨别。

经营资质只是行业的基础门槛，有资质的机构也并不能保证它们的运行一定合法合规。有些机构通过自身稀缺的金融资质，从事非法金融活动。

我们还要区分资质的等级。一般来说，国务院下属的部级金融监管机构是中国金融监管的国家级法定机构，具有最高的权威性。很多不法者利用时间差和政策信息差获取了所谓的地方级的金融资质，这些资质大多用于包装打擦边球的、不合法的或非标准化的金融产品。近年来，该领域金融风险频发，国家也加大了对所谓地方金融资质进行清理整顿的力度。

二、看资产

我们所说的看“资产”并不是看财富管理机构表面的有形资产（如办公室、车辆、厂房、土地等），而是要看投资机构把我们的资金究竟投向了哪里、变成了什么。比如存定期存款（现金变成银行存款）、买黄金（现金变成黄金）、买房子（现金变成房子）和买股票（现金变成上市公司股权），这些都是非常清晰的资产。

财富管理的本质是将现有的资金配置到其他类别的资产上，以达到未来可能保值增值的目的。如果一些财富管理机构的金融产品让你看着头晕目眩，根本搞不清自己的稀缺资源（现金）变成了什么，那么还是远离为妙。

金融产品大致可以分为标准化产品①（如债券基金、指数基金、货币基金、股票基金、存款和净值型理财等）和非标准化产品②（如金交所产品、P2P 理财、应收账款融资、融资租赁、委托贷款、比特币产品、信托通道产品、创投基金、产业基金、天使投资、字画等）。一般来说，标准化产品接受监管的严格程度要大幅高于非标准化产品，前者投资失败的损失也要大幅小于后者。追求安全的保守型投资者应该更青睐标准化产品。

近年来，中国金融监管越来越严，资产所有权的穿透属性越来越强，资金池③的运作方式大多已被监管层禁止，也就是说，目前市面上合法的金融产品大多已经告别资金池属性，投资者投资资产的去向更加明确。投资者在选择投资时，第一件事就要搞清楚这个金融产品的投资目标究竟是什么。

通过分析近年来爆雷的金融事件，无论是信托、房地产，还是 P2P、伪私募等领域造成重大损失的金融产品，大多与资金池有关。也就是资金形成了资金池，但没有锁定明确的单一去向。

此外，对于自融类的理财需要格外警惕，自融理财虽然有明确的去向，但去向是财富管理公司的关联企业。自融类理财产品表面上合法合规，实际上背后并没有实质性的风险审查评估和抵押担保措施，其实质是非法吸收公众存款。自融企业通常有息负债率较高，无法再向银行和资本市场扩大融资规模，同时有大量的表外负债和隐性负债④，这类企业通过激进举债扩张或者借新债来偿还旧债，虽然表面上可以维持日常运营，但实质上抗风险能力很弱，一旦遭遇市场或行业的周期波动就会脆弱不堪，中国恒大、明天系、雪

---

① 标准化产品：在集中交易市场（如证券交易所、期货交易所等）按照统一的标准规则进行交易的金融产品或资产。这些标准涵盖产品的基础要素、交易规则、信息披露等方面，具有规范性强、流动性强、透明度高的特点。

② 非标准化产品：未在公开市场交易，交易条款由交易双方私下协商确定的金融产品或资产。与标准化产品相比，它灵活性高，但规范性和流动性差，风险也更难评估。

③ 资金池：一种资金集中管理模式，将多个来源的资金汇聚到一个“池子”中，统一进行调配、管理和运用，以实现资金的优化配置和效益最大化，在金融机构、企业集团等场景中广泛应用。由于资金池模式监管的难度较大，一些非法金融活动导致的本金损失和巨大风险多由资金池导致。

④ 表外负债和隐性负债：没有体现在公司资产负债表中的负债。

松系等企业就属于此类情况。在高额的收益面前要保持清醒的认识，不能抱有侥幸心理。这类公司出事只是早晚的事，现在不出事不代表将来不出事，一旦风险爆发，资金就撤不出来了。这类企业虽然有很多资产，但是爆雷后，资产优先清偿的是抵押权人，普通理财投资者通常会血本无归。

恒大系、明天系、雪松系只是我们所知的大企业爆雷的案例。如今在金融市场上以金融创新产品为名，行自融之实的大有人在，聪明的投资者一定要擦亮你们的双眼。

财富管理市场上还有些产品是投向虚拟的和衍生的金融资产，这类资产虽然也是存在的，但是虚拟性和杠杆更大，对投资的专业性要求更高，同时还存在更多不可控因素，不建议一般的投资者尝试。

我们还需要对所投资资产的流动性①有所了解。同样市价的资产却有着完全不同的流动性。一套市价两亿元的别墅，想立马变现几乎是不可能的事情，如果想快速转换成现金，可能需要折价销售，甚至大幅折价。一个造价两亿元的一般工厂，变现的难度会更大、折价会更多。在经济下行周期，资产的流动性差决定了成交价低，万达广场占据城市的核心商业地带，当万达面临债务危机时，就只能以建造成本，即市场价的 1/5，挥泪甩卖核心资产。近年来，由于资本市场的低迷，很多私募股权基金投资了流动性很差的非上市公司股权，封闭期到期后面临难以退出的尴尬局面。但是，如果我们持有价值 2 亿元的中国国债或者 2 亿元贵州茅台的股票，无论经济环境如何，既不用打折，也不用看别人眼色，就能分分钟变成现金。

我们要避免落入流动性陷阱。通过分析所投资资产的流动性，我们就会对投资一片树林、一座养老院、一张毕加索的画兴趣大减了。这些低流动性资产并不能代表高收益率，相反，这些资产的不确定性更高，遭遇大幅永久性损失的可能性也更大。而高流动性资产因为其更容易变现的优势，即使面临不确定风险，也能及时止损。

股权投资（风险投资和创业投资）主要将基金投资于未上市公司的股权（低流动性资产），虽然可以通过其中部分公司的成功上市退出获得高回报，但大部分失败的投资会极大地拉低基金的整体收益率，而高流动性资产投资成功的确定性也丝毫不逊色于低流动性资产。我们通过比较一流私募证券基金（高流动性资产）和一流私募股权基金（低流动性资产）近 15 年的收益数据发现，前者的长期收益丝毫不逊色于后者。

---

① 流动性：资产转换成现金的容易程度。

投资者是资产安全的第一责任人，因此需要在日常做一些功课，学习和了解所投资资产的属性、概念、原理等基本知识。如今，投资资产的相关知识和经验在网络和书籍上随手可得。只要花上几天，甚至几个小时的工夫，就能对所投资资产的正常收益水平和可能存在的风险有大致的了解，在投资时就可以避免对收益的非理性预期，也可以避免被理财经理误导。

三、看收益

甄别财富管理机构是否合法合规，有一个最简单的方法，就是看他是否承诺收益，特别是承诺 10% 以上的高收益。如果承诺，投资者就要先打上一个大大的问号，因为这种行为很可能违法。根据《证券法》和《证券投资基金法》等有关法律的规定，除了银行存款、国债等极少数品种的资产可以承诺低息的收益，大部分的理财产品和投资项目是不得向投资者承诺收益的，如果承诺，就涉嫌违法。

前银监会主席郭树清说过："高收益意味着高风险，理财产品收益率超过 6% 就要打问号，超过 8% 就很危险，10% 以上就要准备损失全部本金。"投资之神巴菲特掌管的伯克希尔－哈撒韦公司近 60 年的长期复利收益率也只能保持在 20% 左右。

追求高收益是可以理解的人之常情，但投资者对收益的期望值应该在安全的基础上回归理性。我们从过去 200 年各种投资品种的长期收益率①（烫平市场波动后）对比看，股票投资为 10% 左右，房产为 2%~7%，黄金为 2%，债券为 2.5%，存款为 1% 以下。在这些投资品种里，股票最高也只能保持在 10% 的长期复利水平。

我们还要注意投资的周期波动性。有些标准化的投资产品，比如股票型证券基金，由于股票市场的周期性波动会导致基金净值出现较大的波动，进而导致收益率出现较大的波动，有的年份收益特别好，有的年份特别不好。根据颠扑不破的价值定律，市场估值太高或估值太低都一定会回归。有些投资者迷恋"冠军"，去追逐当年收益最高的基金经理，通常情况下他们明年就会让你失望，因为市场波动和好运气不可能只眷顾某一个人。基金经理的投资水平也不能只看牛市时谁涨得最多，因为这可能是估值太高、行业偏向、杠杆等投机因素导致的，还要看其在包含熊市在内的一个完整市场周期是否

---

① 参见杰里米 · J. 西格尔著《投资者的未来》《股市长线法宝》。

依然能取得不错的复利回报，只有穿越了牛熊还能独领风骚，才能真正称为经得起市场和时间的检验。

由于证券市场存在周期性、投机性和不可预测性，上市公司股票的价格和价值也经常存在暂时性的偏离，所以从短期看，股票的价格根本不具有预测性，因此承诺保底保收益的股票基金既是违法的，也是忽悠人的。

任何投资都一定遵循价值规律和经济发展规律，我国当前正处于经济转型时期，持续获得 26% 以上的投资收益是不切实际的幻想。很多财富管理机构为了迎合投资者对高收益的狂热追逐，不负责任地宣称高收益，动辄承诺或隐性承诺 20%、30% 以上的高收益。这些人要么拿这些钱去搞投机、要么搞庞氏骗局，本金毁灭的变量只是时间而已。

近年来，国家从规模最大、投资最保守的银行开始整顿承诺保底保收益的问题，银行的理财产品必须全面净值化①，大家可以想象，银行的理财产品保底收益 3%~5% 现在都是违法的，更何况其他标榜 10%、20%，甚至 30% 以上收益的机构？

四、看场所

长期以来，我们对金融机构形成的思维定式：办公场所一定要豪华，豪华代表实力，实力代表安全。这就导致了许多金融机构为了迎合投资者心理，不惜耗费巨资把自己装扮得高大上，甚至极尽奢华。

投资者需要注意的是，办公场所豪华与否与您的资产安全与否、收益率是否靠谱没有任何必然联系，甚至是反向关系。史上最伟大的投资公司伯克希尔 - 哈撒韦至今仍在 50 多年前②的陈旧大楼里工作，却丝毫没有使它成绩逊色。很多骗子公司的办公室却极尽奢华，而它们大都已经烟消云散。

理性看待办公场所的问题是聪明的投资者选择机构的时候应当注意的一个重要细节。所谓“真书法不争笔墨，真美人不争珠玉”，杰出的投资机构想让投资者看到的是它们真实的投资能力，而不是被粉饰的外表。只有那些对投资者利益置若罔闻的机构或者骗子才想让投资者看到他们浮华的外表，以

① 净值化：金融产品以净值形式展示价值和收益，告别预期收益模式，真实反映资产实际价值波动，投资者按净值买卖，收益取决于买卖价差和资产增值。

② 1970年8月1日，伯克希尔－哈撒韦公司总部搬入美国内布拉斯加州奥马哈市基维特大厦14层，一直使用至今。

此来迷惑投资者，并掩盖自己的无能。这个世界上没有乱花自己钱而不心疼的正常人，因此我们需要对办公场所过分豪华的机构特别警惕，也需要对那些办公环境朴实无华却勤勉踏实、尊重投资者利益的机构另眼相看。

五、看人员

同有形的办公场所一样，财富管理机构的理财师职业素养和投资决策者的专业水准也能透露出这家机构的投资理念、管理水准和企业文化。

当我们来到一家财富管理机构的办公场所，如果在这里工作的员工处在一种漫无目的、神情恍惚、各自为政的消极状态，管理人员也呈现出警惕和压抑的态度，很大概率这是一家有问题的公司，轻则只是管理问题，重则是家骗子公司。如果在这里工作的员工处在一种紧张有序、精神昂扬、相互协作的积极状态，管理人员也呈现出敬业和谦逊的态度，很大概率这将是一家前程似锦、兴旺发达的公司。

在与理财师和投资决策者（如果可以见到）沟通交流的时候，要注意观察他们言语和行为中体现出的投资理念和企业价值观，如果他们对投资理念、资金去向、法律规范等核心问题闭口不谈或含糊其词，却带我们参观豪华的场所、冷清的固定资产，请我们享用奢华的宴会礼品，承诺高收益高回报，等等，这些都是非常危险的信号。

优秀投资机构的从业人员都具有基本的从业资质，拥有过硬的职业素养和专业能力，对我们提出的问题都能提供专业性的回答。投资者还可以提出一些诱导性的问题来测验投资机构是否合法合规，比如问："你们的基金产品能保底 15% 收益吗？""你们的私募证券基金产品能拆开来卖吗？""我可以把钱汇至你们不用托管的账户避税吗？""签合同录音录像太麻烦，咱们省了这一步吧？"

六、看披露

我们发现，那些长期为投资者带来巨额回报的上市公司和投资机构，在信息披露方面都做得非常好。它们每年发布经审计的可靠财务报表和《年度报告》，每季度发布《季度报告》，还会根据金融监管部门的要求做好各项披露工作。在法律法规确立的框架内，做到了内容翔实、准确、及时、全面，没有虚假和误导性陈述。我们可以通过登录相关机构的网站和 App 等渠道，浏览该机构披露的历史信息，了解该公司信息披露的态度和行为。

良好的信息披露意识、自觉的信息披露行为和高质量的信息披露内容是优秀投资机构的标配。我们在与投资机构进行沟通交流的时候，需要重点问询该机构信息披露的时间、方式、内容和历史记录，了解它们是否符合国家的相关规定、披露质量是否高于行业平均水平。

信息披露的内容和质量，是投资机构是否具有投资者利益至上价值观的直接体现，也是投资机构是否规范经营、是否接受了有效监督、是否具有长远战略眼光的直接体现，这些重要的信息也与我们资金的安全和长期收益密切相关。

结　论

金融从业者管理着规模庞大的社会财富，表面上看起来高不可攀，实际上业内的许多从业者并不完全具备这个行业的基本职业素养，他们并没有真正尊重投资者的利益，集中表现在肤浅浮躁、唯利是图、目光短浅、定力不足和能力欠缺。只有那些长期坚持以投资者利益至上，拥有更强烈的社会责任感，更加专注于强化投资能力，更加脚踏实地、务实求真的管理者，才真正值得托付。

作者按：这是一篇关于《润泽兄弟公司基本法》的解读文章，仿宋体为原条文，宋体字为解读内容。面向的读者主要为关心润泽兄弟发展的伙伴和社会友好人士。

第十二节　星星之火能否燎原

这个时代是知识经济时代，它的核心是人类创造财富和致富的方式有了根本的改变。随着时代的进步，人的创造力得到了极大的解放。在这种情况下，创造财富的方式主要是由知识、管理、奋斗产生的，也就是说，人的因素是第一位的。

人们通过知识、管理和奋斗所创造的财富不断累积，形成了规模越来越庞大的家庭和社会财富。人们把这些财富转换成资源进行再配置，形成新的生产力和竞争力，从而再创造出更多的财富……如此不断地良性循环，使人的创造力更加解放，使经济更加繁荣，使国家更加强大，也使我们的生活更幸福和便利。

为了使资本获得合理的回报，庞大和不断累积的社会财富强烈呼唤着优秀的资本配置能力。在这样的时代背景下，润泽兄弟公司应运而生。

证券投资行业犹如浩瀚的海洋，它风雨交加、阴晴不定、无边无际。它既能承载巍巍巨轮，也能让它瞬间消失在茫茫大海。我们作为受托人，管理着他人的资产，就好像大海中驾驶船只的舵手，保证船不翻是第一位的，赚钱当然重要，但对风险的防范可能更加重要。润泽兄弟公司到底能不能正确把握安全与发展之间的关系、能不能步入长期良性循环的轨道，是关系到企业生存和发展的核心命题。

一个事业怎样才能始终保持良性循环，也是古往今来最大的一个问题。我们这朵星星之火能否燎原，不仅社会友好人士关心，也是我们十分关心并研究的问题。润泽兄弟在研究这个问题时重点聚焦两个维度：其一，系统识别了影响安全的风险因素，并建立预防性机制，将其消弭于无形，而不致兴风作浪；其二，深入分析推动润泽兄弟发展的核心动力源，确保这些动力长期稳定运行，而不致偏离航向。

促使良性循环的发展目标实现的动力源是企业的核心价值观。这个核心价值观要被公司的每一个利益相关者，特别是管理者、投资者和员工确认，同时管理者要有持续学习和自我批判的能力。管理者能不能塑造正确的核心价值观，并受到正确核心价值观的约束，这是润泽兄弟公司能不能步入良性循环，渐成大势的关键。

润泽兄弟公司的核心价值观分为六条，下面将逐条解释。

第一条 追求

润泽兄弟的追求是在证券投资领域实现投资者的梦想，并依靠点点滴滴、日积月累、坚定不移的卓越追求，使我们成为世界级领先的投资机构。

为了使公司成为世界一流的投资机构，我们坚定奉行“润泽兄弟理性投资十大原则”，坚决拒绝任何形式的高风险投机活动和非理性的杠杆融资，在确保投资者所托付的资产不发生较大幅度的永久性损失的基础上，追求较高的复利增长，以此来推动我们的事业在良性循环的正确轨道上取得坚实、可靠、持久的成功。

核心价值观的第一条表达了润泽兄弟公司的追求。证券投资行业最流行的追求是短期收益最大化，而润泽兄弟公司的追求是相反的，润泽兄弟公司科学理性地对待短期收益和市场波动、不追求违背规律的高收益，只将收益目标定在一个较合理的、可以持续实现的尺度：在严控有息负债的前提下，以连续5~10年为考核周期，投资组合整体的净资产收益率比国家的GDP增长率和社会平均资本回报率均高出五个百分点以上的复利增长速度。

我们事业的总规划分为三个阶段。

第一步为蓄力阶段。以参股式投资为主的模式，通过13年左右的奋斗，在2038年前后，使公司的企业文化、投资体系、治理能力基本完善，长期复利水平优异，投资能力得到验证，净资本实力、长期竞争力和品牌影响力逐步形成，资产规模跻身全国行业百强。

第二步为聚力阶段。以参股式投资与控股式投资相结合的模式，再通过10年左右的努力，使公司的企业文化、投资体系、治理能力更加成熟，长期复利保持在较高水平，形成较强的净资本实力、长期竞争力和品牌影响力，跻身全国一流的投资机构。

第三步为固力阶段。以控股式投资为主，形成参股控股共同发展的投资模式，再通过20年左右的发展，使公司的企业文化、投资体系、治理能力达到世界级水准，长期复利稳定在世界一流水平，形成强大的净资本实力、长期竞争力和品牌影响力，成为世界级领先的投资机构。

为了科学有序地实现“三步走战略”，我们将根据实事求是的原则，分阶段制定若干个“三年计划”，分步实施各阶段经营目标。目前我们正处于公司发展的第一个战略阶段，就是经历十多年的艰苦奋斗，向着第一个蓄力阶段的目标推进。

润泽兄弟公司追求什么呢？我们依靠点点滴滴、日积月累、坚定不移的卓越追求，成为世界级领先的投资机构，来为我们的投资者持续创造真实价值。也许大家觉得可笑，小小的润泽兄弟公司竟提出如此狂妄的口号，特别是在蓄力阶段的前几年；但正是这种目标导向，才使我们从昨天走到了今天。若不树立一个企业发展的目标和导向，就建立不起投资者对我们的信赖，也建立不起员工的远大奋斗目标和脚踏实地的精神。因为证券投资行业是一个急功近利的行业，而长期投资者需要甄别润泽兄弟公司凭借什么能立足当下，并实现长远发展。润泽兄弟公司若想在行业内占据一席之地，就一定要有成为世界级领先的志向。

第二条 坚持

为了实现公司的宗旨、战略、政策和目标，我们必须：

坚持理性投资。

坚持底线思维。

坚持良性循环。

坚持艰苦奋斗。

坚持自我批判。

第一，坚持理性投资。

我们主要以参股或者控股的形式投资于流动性较强的优秀上市公司股权。

上市公司的股权与非上市公司相比具有更好的流动性，在价值发现、信息获取、投资退出等方面具有更高的便利性和确定性。流动性较强的优秀上市公司股权是我们主要的投资领域，我们并不擅长从事非上市公司的股权投资、创业投资和风险投资。

我们青睐于前景明朗、竞争格局合理和资本回报水平较高的行业。我们青睐于那些拥有强大的长期竞争力、优秀的管理层、固若金汤的财务状况，并且股权价格合理的企业。

我们从根本上看重所投资企业是否可以持续产生真实、稳定且充裕的自由现金流，是否拥有良好的盈利增长潜力。稳定且可持续增长的自由现金流，是我们的事业能够实现良性循环和复利增长的根本动力。

我们从根本上看重资产的买入估值。足够的安全边际是我们长期立于不败之地的核心关键。

我们有意控股投资的企业，必须拥有已被证实十分优秀的管理层，并且愿意留任，我们才会考虑控股式投资。人是决定企业成败的关键。

自由现金流是实现良性循环和复利的基础，是发展的必要条件；买入估值是安全的必要条件，是本金立于不败之地的保证；管理层的因素是至关重要的。

我们抵制和拒绝预测股价的短期波动，不会根据宏观经济的预测做出重大投资决策。

我们从根本上否定预测短期股价的波动。短期的股价只是一时的成交价，预测它没有意义，由于众人的情绪具有随机性，它本身也不可能被准确预测。

我们是长期投资者，有足够的耐心等待时机。在市场的疯狂期或者相对缺乏投资机会时采取更为保守的操作，在市场的低迷期或者估值偏低时展开更为积极的操作。选择合适的时机部署资本，以实现中长期投资收益的最大化。

我们必须看到证券市场的周期规律是：当市场低迷萧条的时候，公司面临的机遇要远远大于危机；当市场高奏凯歌的时候，市场面临的风险要远远大于机会。

我们要透过现象看本质，历史已经无数次证明了这条真理：重大机会往往出现在市场一片萧条的时候，重大风险往往出现在市场一片欢腾的时候。

保持足够的耐心，是一件看似简单，实则很艰难的事情。投资最忌急功近利，我们认为投资能力的终极比拼主要在定力，其次才是专业知识。只要肯用功，专业知识学起来并不难，但是坚强的定力却需要具备超乎寻常的人性管控能力，这是绝大多数人所不具备的。

我们将注意力集中在资产表现上，而不是股价变化上。我们不认为金融市场上乐观高估或者悲观低估的股价可以衡量我们的投资成绩。我们将所投资各家企业实际取得的经营成果，即各家企业整体自由现金流的稳定性，持续获得高于社会平均的净资产收益率，以及在合理资本支出前提下真实盈利的增长潜力，作为衡量和评价我们投资成绩的最终标准。

如果用短期高估或者低估的股价来评估投资成果，就会对资产的真实价值产生错误的判断，这种做法不仅会错失良好的买入和卖出时机，还会对公司决策者和投资者产生错误的导向，促使其去从事投机性的操作。因此，使用符合价值投资理念的评估标准，是推动润泽兄弟公司聚焦核心竞争力、不偏离航向的关键。

我们提出的理性投资是一种在确保整体风险安全可控的前提下，以真实价值为支撑，追求最优收益的投资方法。

理性投资的核心是底线思维（确保整体风险安全可控）和良性循环（由真实价值支撑的良性增长），这三者的实现又必须紧紧依靠艰苦奋斗和自我批判。在时代的巨变面前，理性主义不是一种选择，而是一种内在的能力，需要时时刻刻地积累。

第二，坚持底线思维。

我们强调坚持底线思维，就是要对可能影响公司安全的一切危险因素作出有效防范，让重大风险安全可控，使各种潜在的不利影响降至最低，从源头上避免被动和失败。

投资是风险与收益的博弈。不顾风险而获得的高收益是好运的眷顾，一旦重大风险降临，失败就会接踵而来。我们不想看运气的脸色，也不想面临被动的局面，更不想走向失败。我们希望通过有效的方法将风险的缰绳牢牢控制住，把底线坚守住，使各项风险在整体上处于安全可控的状态。为了使整体风险安全可控，我们必须牢牢抓住以下十个方面。

一是深入调研。通过广泛、深入、细致的调研，透析一家公司的四大基本面，是研判这家公司究竟价值几何的唯一可靠途径。我们十分看重那些盈利效率高、真实现金流强大的公司。只有阅读大量报表和报告、走访调研、集思广益、求实证伪，才能减少误判，找出那些真正符合我们投资标准的好公司。

二是适度分散。集中持有一两个行业的公司可以使正确的投资决策产生最大的收益，可一旦遭遇到难以预料的三大风险，即突发事件、行业变革和投资失误，就会使投资组合蒙受较大的永久性损失。因此，底线思维要求我们必须适度分散到三个以上行业、五家以上公司，才能在遭遇上述三大风险时，留有足够的回旋余地。在此推荐大家了解一下著名的“墨菲定律”。

三是安全边际。市场价格始终围绕真实价值上下波动，价格一定回归价值。四百多年来，没有任何一家公司可以打破这条颠扑不破的价值定律。因此，在高估时盲目追捧显然不太明智。概率学和底线思维告诉我们，为投资组合中的每一笔投资留有低估的安全边际，是投资组合在整体上立于不败之地的关键。

四是管控人性。人类依靠趋利时贪婪、避害时恐惧的天性和本能，才得以在亿万年的演化中脱颖而出，人类社会才可繁荣至今；但是投资不同，我们不能随波逐流，必须总结历史规律，跳出周期去抓住这些人性的特点，在周而复始的市场中，掌控人性，善于逆向投资。市场经常会重奖那些投机者，以鼓励他们下一次“慷慨赴死”。借钱加杠杆、追高逐热、迷信“砖家”消息、痴迷K线图形……常常会得到重奖，但是，“墨菲定律”已经证明，贪婪的投机者最终的结局并不美好。底线思维告诫我们：避免被动败局的最好方法，就是主动远离它们。

五是基金封闭。我们奉行的理性投资理念决定了我们需要至少经历一轮完整的市场周期（至少三年），才可能体现出投资收益的最大化。我们恐怕没有多余的时间和精力在市场加剧动荡时阻止客户做出愚蠢的决定，事实上我们也阻止不了。如果投资者的理念与我们不一致，就势必会出现南辕北辙的被动局面。我们喜欢在从容不迫的状态下做出正确的决定，而不是被迫做出糟糕的决定。底线思维提醒我们：从一开始就慎重选择理念相契的投资者是决定我们投资成功的关键原则。

六是合法募资。我们不能为了追求一时的规模，去突破合格投资者100万元起投的金额限制，不能违反《证券投资基金法》的规定承诺最低收益。严格执行合法募资的法定程序，虽然增加了一时的成本，影响了一时的规模，但体现了我们对规则红线的敬畏，以及对投资者长远利益的保护。

七是远离息债。我们必须高估市场可能达到的非理性程度，并充分认识有息负债可能造成的毁灭性灾难。不使用有息负债有助于投资者在极端恶劣的市场境地仍然立于不败之地。

八是规范交易。作为掌管着巨额资金的机构投资者，我们具备从非法内幕交易中获取暴利的条件，这也是我们时刻需要面临的外在诱惑和考验。我们坚守底线思维，清醒认识到非法交易必然失败的命运和长期危害，在不可靠的必然风险和可靠的长期复利面前，我们当然选择后者。

九是规范财税。底线思维要求我们，执行高于行业的财务和税务标准，规范财务流程，加强审计工作，按时足额纳税，从根源上避免各种财税风险。

十是遵纪守法。我们认为，国家的法律法规是一条永远不可逾越的红线。对规则的敬畏，是金融从业者行稳致远、基业长青的关键。

我们不断强调底线思维，就是要对可能存在的各项不利环境、条件、因素，可能造成的各种被动、危险、失败提前做出有效防范，将其扼杀在摇篮里，让不利影响降至最低，甚至不可能发生。我们必须从事业的初始阶段就将这种确定性牢牢掌握在自己手中。只有让整体风险安全可控，才能从源头上避免失败，才能使资本的良性复利增长具备最坚实的保证。纪律是自由的第一条件。面对未来的风险，我们必须用规则的确定来应对结果的不确定。只有这样，我们才能在发展中获得自由。

第三，坚持良性循环。

我们追求的公司良性循环是一种建立在安全的基础上，由真实价值支撑的良性增长状态。是一种既有目标牵引和利益驱动，又有程序可依和制度保证的活跃、高效和稳定的良性发展局面。是公司的组织影响力和内生动力都达到了无为而治的自由境界。

公司实现良性循环的内生动力是什么？这是我们需要解答的问题。

机会、能力、好公司和自由现金流是我们成长的内生动力，这四种力量之间存在着相互作用。国家和时代的发展给我们提供了源源不断、层出不穷的机会。这就需要我们具备抓住和实现这些机会的能力。这些能力需要通过市场主体（主要是好公司）去实现价值创造。这些不断创造出来的价值，不是捏造出来的数字，也不能只体现在固化的且不断折旧的设备、厂房和土地上，而是要体现在可以自由支配的现金上。充裕的自由现金流再投入更好的机会……由这四种力量组成的闭环一旦形成良性循环，就可以使我们的净资本实力、长期竞争力和品牌影响力实现从无到有、从点到面、从弱到强的蜕变和复利成长。

我们以投资者至上，实事求是、遵循规律、尊重周期、管控人性，建立成熟理性的投资、经营和管理体系。在做强的基础上做大，在安全的根基上发展，用底线思维促进良性循环。

拥有一群认同润泽兄弟公司价值观的投资者是我们的价值之母、成长之源，我们必须在投资者至上原则的基础上，与投资者保持坦诚沟通，增强理解信任，结成共同目标趋于一致的长期利益共同体。

组织的成长必然要求向外有序扩张。在扩张的过程中，我们不从事任何分散公司资源和高层管理精力的非相关多元化经营。

我们的基本方针是减少组织的层次，以提高组织的灵活性，降低管理成本和提高工作效率。

资本经营和外部扩张，应当有利于潜力的增长，有利于效益的增长，有利于公司组织和文化的统一性。

我们必须厘清做强与做大之间的关系，大而不强的公司是“纸老虎”，经不住风吹雨打。如果组织自身的基础不够强，是不能抵御重大风险的，再急剧扩张的后果往往是灾难性的。在做强的基础上做大，在安全的根基上发展，是保障良性循环的必要条件。

第四，坚持艰苦奋斗。

我们不主张通过豪华的办公场所、车辆、宴会等外在形式来彰显我们的“实力”，无节制的各项费用支出并不能有助于提高我们的投资成绩。我们的各项费用支出应当贯彻厉行节俭的方针。坚持艰苦奋斗是我们的事业长期实现良性循环不可或缺的精神力量。艰苦奋斗的精神永不过时！

投资行业的潜规则就是门面一定要“高大上”，投资者才会感觉你有实力、有能力；但实事求是地看，史上最伟大的投资公司伯克希尔－哈撒韦的全球总部一点儿也不豪华，仅有的 25 名员工的高效工作却令人难以置信。面子和里子其实没有必然的联系。对于投资行业的公司而言，实力更应该体现在净资产盈利的效率上，能力更应该体现在长期业绩表现上。

特别是润泽兄弟公司还处于发展的蓄力阶段，在我们的资产规模和盈利的绝对数字还较小的时候，我们更应该懂得节流，不应该将公司的宝贵资本金浪费在那些没必要的面子上。这些钱节省下来，本质上还是为投资者而节省，这些钱无论是在账面上充实公司的资本实力还是配置到资产上静待增值，都比作为无谓的费用花掉更有价值。如何辩证看待面子里子的关系问题是我们应当具备的能力，同时还要学会正面影响我们的投资者。

我们必须态度鲜明地反对浪费，理性、严格、科学地执行财务预算制度，将行政、管理、销售等费用率控制在合理的范围内；但我们在报酬上从不吝啬，要坚决向优秀员工倾斜。高层管理者不要领取短期的高额现金报酬，要由长期机制来约束和激励。

我们所谓的艰苦奋斗，不是学道光皇帝自己穿着打补丁的衣服标榜简朴而国家却在加速倒退，也不是在物质并不缺乏的时代去挖野菜、吃树皮。今天的国家繁荣稳定，我们也丰衣足食，那还坚持什么艰苦奋斗？其实“成由勤俭败由奢”具有很深的历史哲学。“俭”与“奢”虽然只是物质态度，看起来与成败关系不大，但是物质态度往往决定精神状态，而精神状态与成败息息相关。历史上至今也找不到哪一次伟大的成功是靠骄奢淫逸就能得来的，许多伟大的成功正是依靠艰苦奋斗创造的。

在持有和配置巨额净资本的同时，我们仍推崇艰苦奋斗的工作作风。管理者以上率下，艰苦奋斗不仅体现在支出的减少和盈利的增加，更体现了一群奋斗者永不褪色的意志品质和精神面貌。

我们坚持的艰苦奋斗是一种不畏艰难、目标坚定的远大志向。是一种锲而不舍、脚踏实地的奋斗精神。是一种君子慎独、知行合一的高尚品德。是一种取之有道、知足知止的金钱观念。是一种自我批判、终身学习的人生态度。我们敢于向自己开刀，在思想上永远艰苦奋斗，我们就永不会失败。

唯有艰苦方显卓绝，唯有奋斗才能成就。

第五，坚持自我批判。

我们承认个人的知识、经验和能力存在必然的局限性，任何人和企业都会犯错误，这是历史的规律。我们只有通过长期、持续不断地自我批判、自我反省、自我学习，才能在实践中不断吸收先进知识经验和优化自己，才能具备面向未来的战略性思考能力，才能真正地塑造自己和公司的未来。不断地坚持自我学习、坚持自我批判，我们才能葆有生机。

历史上有许多了不起的人物，建立了了不起的功业；但他们一生中还是会犯错误，甚至严重的错误，最终导致失败，成为历史的笑柄。故步自封、骄傲自满、不能自我批判、不能善始善终，是自古以来很难破除的一个难题，这不得不引起我们反躬自省和高度警惕。

这个时代前进得太快了。知识宇宙的大爆炸、创新洪流的大爆发、经济社会的大发展，使地球再也不是宇宙的中心，使个人再也不是世界的中心了。个人获取知识经验的能力是有限的，而知识经验的宇宙是无限的。个人推动时代进步的能力是有限的，而推动时代发展的洪荒之力是无限的。过去正确的经验、知识和真理，可能明天就不再先进、不再正确，甚至成为前进的阻力。

功劳簿的反面就是墓志铭。一个人，一项事业，如果不能实事求是，思想僵化、自满自足、拒绝学习、拒绝自我批判，那他 / 它就不能前进，他 / 它的生机就停止了。无论你曾经拥有怎样丰富的知识、充足的经验和辉煌的成就，都会使过去的优势转变成今天的劣势，用不了多久，你就会从辉煌走向衰落，从成功走向失败，被历史淘汰。

圣哲先贤尚能一日三省吾身，我们这些普通人更应该做到，为什么反而做不到？坚持自我批判的精神是极其困难的。难在哪里？难在批判失败容易，忘记成功很难；批判谬误容易，怀疑“真理”很难；批判别人容易，刀口向内很难；一时的批判容易，一生的坚持很难。

可自我批判再难，我们也必须敢为天下先。因为我们要活下去，要发展，就只有超越；要超越，首先必须超越自我。超越自我的前提就是要敢于自我批判。

自我批判并不是消极的退缩，它是一种积极的主动修正，是一种成本最低的自我革命。敢于自我批判需要极大的勇气和毅力，需要不断地与自己的灵魂搏斗，是人生真正的大智大勇。

我们不是为了批判而批判，也不是为了停留在过去和沉溺于全面否定而批判，而是为了应对变化和避免失败、为了优化和建设而批判，总的目标导向是提升个人和公司的整体核心竞争力。要使用批判的武器，对自己、对昨天、对今天、对明天批判，以及对批判进行批判。自我批判的目的是不断进步、不断改进，只有承认自己的无知和幼稚，才能用心倾听，不断扬弃和持续超越，才能把公司打造成为在瞬息万变的环境中存活更久的自我进化型组织。

我们希望润泽兄弟公司所有的骨干成员都努力塑造自己。由于历史的原因，公司把你们推到了领导的岗位，并不意味着你就能与时俱进一直具备必需的才干。公司信任你，你必须努力学习。公司认为自我批判是促使个人进步的好方法，还没掌握这个武器的员工，希望各级部门不要再给予提拔。

我们十分认真对待投资者、合作伙伴的批评，全体听录音、讨论、整改。“闻过则改”，认真听取批评意见，不断地自我批判，不断地改进，使自己变得更优秀。

第三条　精神

热爱国家、热爱荣誉、热爱事业、热爱生活是我们凝聚力的源泉。

谦虚谨慎、终身学习、知行合一、自我批判是我们立身立业的根本。

责任意识、危机意识、合作精神、敬业精神、艰苦奋斗是我们企业文化的精髓。

投资者至上、实事求是、遵循规律、尊重周期、管控人性是我们一切行为的准则。

为投资者创造真实价值，是润泽兄弟公司存在的唯一理由。

我们是坚定的爱国者，没有哪个投资者是依靠不爱国反而能持久成功的。投资者的所有重大成果都来自一个最基本的判断，即一个国家的经济必须长期走向繁荣。我们为能在一个繁荣稳定、欣欣向荣的国度里安居和乐业而感到幸运。

我们视声誉如生命，注重持续建立自己的声誉：诚实善良、吃苦耐劳、尊重他人、信守承诺。我们鼓励优秀的品质、奖励杰出的成就，以隆重的仪式表彰各项荣誉。

我们努力工作、热爱工作、快乐并享受着。我们不仅热爱事业，也热爱生活。事业和生活不是对立的关系，而是彼此融入、相互促进、相互成就的关系。

作为资产的管理者，我们必须牢固树立强烈的责任意识，始终坚持以投资者利益至上。学习精神、合作精神、敬业精神都是我们开创事业所需要的优秀品质。遵循规律、尊重周期、管控人性都是我们投资中最重要的准则，这些准则都必须建立在实事求是的基础上。

证券投资行业需要经常面对许多重大诱惑和市场波动的考验，一旦定力不足或稍有不慎，我们就会走向失败。我们必须居安思危，保持谦虚谨慎，坚持终身学习和自我批判，时刻警惕骄傲懈怠和自我膨胀的危险。

投资者的利益就是我们的利益。只有帮助投资者实现他们的利益，在利益链条上才有我们的位置。我们必须明白，为投资者创造真实价值，才是润泽兄弟公司存在的唯一理由。

第四条　利益

我们认为机会、能力、好公司和自由现金流创造了公司的全部价值。

公司和投资者的一切利益来源都是我们所创造的价值，这些价值来源的核心体现在公司自由现金流的创造能力上。无论是盈余资本再投资还是营业利润再分配，都要在新创造的总价值的合理范围内进行。

遵循价值规律，恪守契约，坚持实事求是、公平、高效、开放、透明，兼顾可持续发展，是我们利益分配的基本原则。

价值规律是经济运行的总规律，违背价值规律行事的结果必然是走向失败。契约精神是诚信社会的基石，我们必须长期尊重和恪守契约，只有这样才能一点一滴累积起社会对润泽兄弟公司的信赖，才能建立起越来越强的品牌影响力。在利益分配的过程中，还必须兼顾可持续发展。

衡量价值分配合理性的最终标准，是净资本的良性增长、公司的长期竞争力，以及全体员工的士气和对公司的归属意识。

公司的净资本实力、竞争力、凝聚力是衡量利益分配合理性的最终标准。净资本实力、竞争力、凝聚力决定了公司的影响力。

我们主张在投资者、员工与合作者之间结成目标趋于一致的长期利益共同体。我们重视广泛的对等合作和建立战略伙伴关系，积极探索在互利基础上的多种外部合作形式。

我们通过选择和接纳具有长远战略眼光的投资者和合作者来避免未来可能在利益取向上的分歧，通过当期、中期和长期三种期限的合作激励机制，使公司、投资者、员工及合作者之间结成目标趋于一致的长期利益共同体。

公司净资本的良性增长与投资者急功近利的矛盾，公司的长期竞争力与当期利益的矛盾，员工与管理者之间的矛盾……这些矛盾既是动力，也会形成破坏力。在诸多的矛盾中，要寻找一种合二为一的利益平衡点，驱动员工和管理者共同为之努力。

我们实行员工持股制度。一方面，普惠认同润泽兄弟的模范员工，结成公司与员工的利益与命运共同体。另一方面，将不断地使最有责任心与才能的人成为公司的中坚力量。

用宽阔的历史视野思考和解决发展中的问题，避免短视思维。在眼前利益和长期利益发生矛盾时，必须立足长远。

公司的高层管理者一定要通过持续学习和自我批判来避免与时代的脱节和自我膨胀的危险，如此，在面对关系安全和发展的重大问题的时候，才能清醒地把握方向。

第五条　文化

企业文化就是员工的行为文化，它体现了公司的精神特质。精神是可以转化成物质的，物质文明有利于巩固精神文明。我们坚持以精神文明促进物质文明的方针。

这里的文化不仅包含知识、管理、精神……也包含了一切促进公司良性循环发展的无形因素。

一颗种子在播下的那一刻，其基因就决定了它能长成什么样、开什么花、结什么果。一个事业的基因和灵魂就是它的文化价值观！一家立足长期良性发展的投资机构不能没有文化，只有文化才能支撑它持续发展。

润泽兄弟公司的文化就是以投资者至上、实事求是、遵循规律、尊重周期、管控人性的奋斗文化，它的所有文化的内涵，都是来自历史的、哲学的、世界的……若说润泽兄弟公司自己的核心文化，那就剩下奋斗与牺牲精神吧！其实奋斗与牺牲也是从别人那里借鉴的。有人让我形象地描述一下润泽兄弟公司的文化是什么。我也不能形象地描述什么叫润泽兄弟公司文化，我看了菲尔·奈特的著作《鞋狗》，以及卡萝尔·卢米斯的《跳着踢踏舞去上班》后，我想他们的精神就叫润泽兄弟公司文化吧！

润泽兄弟公司经年累月艰苦奋斗的成果是什么？就是社会和投资者对润泽兄弟公司的信任。信任的建立需要经过漫长的过程，既买不到也换不来，而信任的毁灭只需一瞬间。信任的基础就是彼此尊重、坦诚沟通、恪守契约、知行合一！我们必须珍视每一位投资者重若千钧的托付，工作中绝不能有一丝一毫的含糊。在我们这个行业，诚信就是生命线。在润泽兄弟公司的净资本实力和组织影响力由点及面、从弱到强，渐渐成势的发展过程中，诚信的力量将发挥出令人难以想象的推动作用，诚信品牌的影响力是润泽兄弟公司迈向良性循环、形成燎原之势的必要条件。诚信不仅是公司最重要的无形资产，也是每一位员工最宝贵的财富。

对于公司的每一位员工来说，融入润泽兄弟文化需要一个艰苦过程，每一位员工都要积极主动、脚踏实地地在做实工作的过程中不断去领悟润泽兄弟公司文化的核心价值，从而认同甚至消化接纳润泽兄弟公司的文化价值观，使自己成为一个既认同润泽兄弟公司文化，又能创造价值的润泽兄弟人。只有每一批新员工都能尽早地接纳和弘扬润泽兄弟公司的文化，才能使润泽兄弟公司的文化生生不息。

第六条 责任

我们支持实业报国，以参股和控股的形式投资于优秀的企业，以企业真实价值的持续提升为社会和家庭创造财富。为伟大祖国的繁荣富强，为中华民族的伟大复兴，为自己和家人的幸福而不懈努力。

两股驱动力，为国家，也为自己与亲人。实事求是，合乎现阶段人们的思想水平。客观上实现了为国家。

中国是一个大国，正走在强国复兴的康庄大道上。我们支持以实业报国，在优化社会资本配置方面贡献我们的一点力量，这是企业的社会责任。

2015 年至 2024 年，一束微弱的光，从无到有，润泽兄弟的灵魂经历了十年的浴火锤炼，塑造并确立了自己的价值观，这些价值观与企业的行为逐步形成一个闭合的良性循环。接下来，它的辐射将由点及面、从弱到强。像江河水一样不断地自我流动、自我优化，不断地丰富和完善管理。净资本实力和组织影响力不断地辐射、不断地流动、不断地优化，在不断地良性壮大中，渐渐成势。

这朵星星之火到底能否燎原？让我们用奋斗接受时代的检验吧！

后记　投资人生

在股市中，当市场一致预期一家优质公司将迎来超高增长率时，即便公司实际增长可观，可一旦未达大众心理预期，股价往往不涨反跌。这背后，是预期与现实落差导致的市场反应。

人生何尝不是这样，若无法从内心真正满足于当下，不懂得珍视身边美好，便会陷入“想要越多，幸福越远”的困境。有人说，成功是得偿所愿，幸福则是知足常乐。金钱与幸福并非必然挂钩，2002 年诺贝尔经济学奖得主丹尼尔·卡尼曼研究发现，内心的富足才是幸福的源泉。老子讲“多则惑，少则得”，拥有和渴望过多，易在诱惑中迷失；内心富足且珍惜拥有，方能成为幸福之人。

在投资中，获得长期超额收益的投资者多奉行集中持股策略，将资金投入精心研究的少数公司，而非盲目分散。时间是人生最宝贵且有限的资产，不可逆、不可存。若把宝贵时间浪费在无意义的人和事上，则一生恐碌碌无为；若聚焦热爱的事业，与欣赏和尊重的人同行，拥有真挚的爱情，那么将收获美满家庭、真诚友谊，受人尊敬，成就幸福人生。

强大的长期竞争力是企业在市场竞争中脱颖而出、持续领先的关键。人生同样如此，在激烈竞争与挑战面前，真正的竞争力并非认识多少人，而是多少人渴望结识你。令人折服的才华、点石成金的能力、丰富的阅历、善良正直的品格、宽广的胸怀和坚毅的意志，才是个人强大的长期竞争力。减少无意义的交际应酬，将时间用于自我提升，随着时间推移，个人影响力将不断增强，牢牢掌握人生主导权。

市场波动难以预测，股灾时股价暴跌常与公司真实价值严重偏离。投资者在市场恐慌中保持独立判断、坚守对优质公司的信心，是战胜市场的关键。

人生之路也绝非坦途，顺境与逆境如影随形，精彩人生往往伴随着残酷逆境。无数人在逆境中迷失、被击垮，若在逆境中放弃，便彻底输了。

身处逆境，我们要直面现实，更要坚守信念。即便一无所有、被世界抛弃，也要坚信人生价值取决于自身竞争力，而非一时成败与外界态度。逆境无法改变人生价值与未来，真正的竞争力才决定未来走向。在逆境中不丧失信念，珍惜时光，锤炼强大竞争力，逆境终将成为过往，未来必定光明。

谨以此书，献给所有在逆境中坚守信念的人们！

北京润泽兄弟资产管理有限公司

陈正则　王燕燕

二〇二五年一月